三明学院学术著作出版基金资助出版
2020年三明学院引进高层次人才科研启动经费资助项目（编号：20YG02S）

The Criticism of Historical Nihilism: History, Theory and Method

历史虚无主义批判

历史、理论和方法

范文文 著

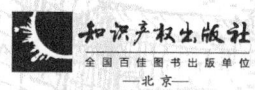

图书在版编目（CIP）数据

历史虚无主义批判：历史、理论和方法/范文文著.—北京：知识产权出版社，2023.5

ISBN 978-7-5130-8677-6

I.①历… II.①范… III.①虚无主义—史学—批判—研究—中国 IV.①K092.7

中国国家版本馆 CIP 数据核字（2023）第 016050 号

责任编辑：罗　慧　　　　　　　　责任校对：王　岩
封面设计：乾达文化　　　　　　　责任印制：刘译文

历史虚无主义批判：历史、理论和方法

范文文　著

出版发行	知识产权出版社有限责任公司	网　址	http：//www.ipph.cn
社　址	北京市海淀区气象路 50 号院	邮　编	100081
责编电话	010-82000860 转 8343	责编邮箱	lhy734@126.com
发行电话	010-82000860 转 8101/8102	发行传真	010-82000893/82005070/82000270
印　刷	北京九州迅驰传媒文化有限公司	经　销	新华书店、各大网上书店及相关专业书店
开　本	720mm×1000mm　1/16	印　张	16.75
版　次	2023 年 5 月第 1 版	印　次	2023 年 5 月第 1 次印刷
字　数	244 千字	定　价	88.00 元
ISBN 978-7-5130-8677-6			

出版权专有　侵权必究
如有印装质量问题，本社负责调换。

目　录

绪　论 ··· 1

一、研究缘起及研究意义 ··· 3
　　（一）问题提出 ·· 3
　　（二）研究意义 ·· 9
二、学术史梳理 ·· 10
　　（一）国内外研究现状 ··· 11
　　（二）研究述评 ·· 25
三、研究思路、框架与方法 ·· 26
　　（一）研究思路 ·· 26
　　（二）研究框架 ·· 26
　　（三）研究方法 ·· 28
四、研究重点、难点 ··· 28
　　（一）研究重点 ·· 28
　　（二）研究难点 ·· 29
五、创新之处 ··· 29

第一章　历史虚无主义相关概念及理论阐释 ················ 31

一、虚无主义内涵及分类 ·· 33
　　（一）虚无主义内涵 ··· 34
　　（二）虚无主义分类 ··· 35

二、历史虚无主义概念内涵和特点 ………………………… 40
　　（一）历史虚无主义概念内涵 ……………………………… 41
　　（二）历史虚无主义特点 …………………………………… 42
三、历史虚无主义理论基础和方法论 ……………………… 46
　　（一）理论基础：唯心史观 ………………………………… 46
　　（二）方法论：形而上学 …………………………………… 48

第二章　历史虚无主义思潮的泛起与演进 …………………… 53
一、历史虚无主义思潮泛起与传播原因 …………………… 55
　　（一）近代中国的落后与发展迟滞 ………………………… 56
　　（二）西方和平演变战略的渗透 …………………………… 58
　　（三）发展过程中的负面问题和效应 ……………………… 60
　　（四）互联网技术的影响和传播 …………………………… 62
二、历史虚无主义思潮演进与流变情况 …………………… 66
　　（一）历史虚无主义思潮的肇始（20世纪20—30年代）…… 66
　　（二）历史虚无主义思潮的泛起（20世纪70年代末
　　　　　80年代初）…………………………………………… 68
　　（三）历史虚无主义思潮的再兴（20世纪80年代末）…… 70
　　（四）历史虚无主义思潮的演进（20世纪90年代）……… 74
　　（五）历史虚无主义思潮的流变（21世纪）……………… 79

第三章　历史虚无主义的表现与危害 ………………………… 85
一、历史虚无主义表现与传播特点 ………………………… 87
　　（一）历史虚无主义表现 …………………………………… 87
　　（二）历史虚无主义传播特点 ……………………………… 103
二、历史虚无主义的危害 …………………………………… 115
　　（一）扭曲历史观 …………………………………………… 115
　　（二）影响政权稳定 ………………………………………… 118
　　（三）消解"四个自信" …………………………………… 120
　　（四）解构主流价值观 ……………………………………… 130

第四章　历史虚无主义的批判与应对 … 131

一、历史虚无主义批判原则 … 133
（一）政治性 … 133
（二）实践性 … 135
（三）理论性 … 138
（四）斗争性 … 142

二、历史虚无主义的应对 … 145
（一）加强理论学习研究 … 145
（二）治理新兴网络媒介 … 157
（三）加强"四史"学习教育 … 161
（四）完善法律保障体系 … 167
（五）坚持历史辩证法 … 173
（六）坚定"四个自信" … 178

第五章　历史虚无主义批判的经验与启示 … 189

一、历史虚无主义批判的经验 … 191
（一）加强党的领导，坚持人民立场 … 191
（二）开展学理研究，提高批判能力 … 197
（三）严肃党纪国法，加强法治建设 … 200
（四）加强思政教育，筑牢思想防线 … 203
（五）加强网络治理，引导网络舆情 … 206
（六）强化价值导向，引领社会思潮 … 209

二、历史虚无主义批判的启示 … 212
（一）坚定政治立场，敢于亮剑交锋 … 212
（二）开展红色教育，注重实践养成 … 214
（三）加强历史教育，建构政治认同 … 217
（四）健全机制体制，形成强大合力 … 220
（五）运用科学方法，实现破立并举 … 223
（六）强化舆情管控，弘扬社会正气 … 227

结　论 ·· 231
　一、汲取历史经验，反对和平演变 ························ 233
　二、尊重历史文化，涵养文化自信 ························ 236
参考文献 ·· 241
后　记 ·· 259

绪 论

一、研究缘起及研究意义

历史虚无主义是发源于西方的社会思潮，近代传入中国以后逐步演变为具有意识形态色彩的错误的政治思潮。历史虚无主义试图解构主流价值观，严重威胁国家的意识形态安全和政治安全。本书从历史、理论、方法三个层面或维度研究历史虚无主义批判，从学理上进一步认清这种错误思潮的历史来源、理论基础、现实危害，有助于遏制历史虚无主义的传播，有利于从意识形态方面维护国家安全，具有较好的理论意义和实践意义。

（一）问题提出

"虚无主义"是一个舶来词，起源于西方古典哲学发达的德国，故有学者把"虚无主义"视为"德国现象"。唯心主义哲学家雅各比最先提出和使用了这一概念，"虚无主义"意为否定人生、否定存在，后来尼采等人又对其进行了进一步的阐释和解读，消解传统的虚无主义色彩更加明显。这些学者用西方现代性推崇备至的理性精神，否定历史传统和道德原则，推翻历史逻辑基础，否定人的基本价值，使人在理性精神面前陷入动摇、极度空虚和虚无的境界。尼采提出："虚无主义意味着什么？最高价值的自行贬黜。"❶因此，在西方哲学界，"虚无主义"是指人的信仰丧失状态下的悲观绝望的生存状况。随着时间的推移，虚无主义经过流变和发展，形成历史虚无主义、民族虚无主义、文化虚无主义等分支。

历史虚无主义产生于19世纪末的西方，进入近代以后，历史虚无主义开始传入中国。20世纪二三十年代，以陈序经和胡适为代表的自由派知识分子提出"全盘西化"的主张，他们开启了近代以来"全盘西化"论的先河，这也是近代中国历史虚无主义的滥觞。改革开放以来，历史虚无主义重新泛起，发展成为一种具有意识形态色彩的政治思潮，其理论基础是唯心主义历史观，政治意图是否定党的领导和社会主义制度，解构社会主义

---

❶ 尼采：《权力意志》（上），孙周兴译，商务印书馆2007年版，第399页。

主流意识形态，严重威胁着国家的政治安全和意识形态安全。研究历史虚无主义批判，主要基于以下两个方面的缘由。

1. 国家安全建设的需要

产生于西方的虚无主义传入中国后，极力贬损中华传统文化，倡导西方文明，不断形塑人们的文化心理和文化需求。随着时间的推移，历史虚无主义在中国大肆传播和流布，呈现出不同的时代特点和文化样态特征，但不管怎样变化，其虚无中华民族历史文化、解构社会主义核心价值观、推行西方发展模式和价值观的本质一直没有发生改变，对国家安全和意识形态建设产生了极为严重的影响和危害，给党和人民带来了挑战，提出了严峻的考验。

"冷战"结束后，当今世界意识形态领域之间的对立、斗争一直没有休止。意识形态领域的斗争关系到政权的稳固，乃至一个国家的生死存亡。西方资本主义国家凭借其国际话语强势、文化霸权及强大的文化软实力，推行"和平演变"战略，加紧对意识形态领域进行渗透，企图颠覆其他国家的政权，对中国的意识形态安全和国家安全造成了严重威胁。历史虚无主义者自觉不自觉地充当了西方"和平演变"的"急先锋"和"马前卒"。

改革开放之初，在西方"和平演变"战略的影响下，意识形态领域的斗争异常激烈，国家安全面临着严重的挑战，胡耀邦在党的十二大报告中明确地指出，一些人"偏离马克思主义的轨道，发展到了怀疑甚至否定党的领导和社会主义道路的地步"[1]。这种行为触犯了国家安全的底线，给我们敲响了维护国家安全和意识形态安全的警钟。国家安全和意识形态建设是安邦定国的重要基础。

从党的十二大到二十大，党中央对国内外形势作了清醒而正确的研判，强调反对错误思潮，粉碎反对势力西化、分化的政治图谋，建构主流

---

[1] 中共中央文献研究室编：《十一届三中全会以来重要文献选读》（上），人民出版社1987年版，第473页。

意识形态的重要性。新时代意识形态领域的斗争、西方的"和平演变"渗透仍然是影响国家安全的首要因素之一，习近平总书记在党的二十大报告中强调："拜金主义、享乐主义、极端个人主义和历史虚无主义等错误思潮不时出现，网络舆论乱象丛生，严重影响人们思想和社会舆论环境。"❶没有意识形态安全就没有国家安全。意识形态斗争是一场没有硝烟的你死我活的斗争，因此，在新时代，我们要对影响社会主义核心价值观建构、危害国家安全的言行保持高度警惕，自觉地站在维护整个国家安全的战略高度，认清历史虚无主义的实质和危害，进一步明晰意识形态斗争的重要性。习近平总书记提出的总体国家安全观，立意高远，内涵丰富，为反对历史虚无主义、维护国家安全提供了理论指导和基本遵循。只有旗帜鲜明地开展反对历史虚无主义的斗争，揭露历史虚无主义的现实危害和错误的价值倾向，应对意识形态领域挑战，建构社会主义主流意识形态的话语权，才能维护意识形态安全，维护国家战略利益和总体安全。

历史虚无主义以软性、柔和的方式继续从事危害国家总体安全、社会稳定的行为，以新的样态和蒙蔽性的手段对党的领导和社会主义制度进行隐性否定，使人们陷入了"西方文明优越论"的认识误区，颠覆社会价值共识和历史认知，严重冲击主流意识形态话语权，造成社会主义国家思想文化领域的严重混乱。"我们同历史虚无主义之间的斗争，绝不是什么学术之争，而是激烈的意识形态斗争。"❷反对和批判历史虚无主义错误思潮，应该说是一场新的历史条件下意识形态领域的尖锐、复杂、激烈的斗争，是建构社会主义主流意识形态和维护国家总体安全的必然要求和重要手段。在反对历史虚无主义的斗争中，只有密切跟踪历史虚无主义演进和传播新特点、新态势，形成联合力量，才能取得遏制历史虚无主义的新胜利。意识形态斗争是一项紧迫、长期的没有硝烟的政治斗争，是关系到民心向背和政权稳固的重大问题，因此适应意识形态斗争的新情况、新特

---

❶ 习近平：《高举中国特色社会主义伟大旗帜 为全面建设社会主义现代化国家而团结奋斗——在中国共产党第二十次全国代表大会上的报告》，《人民日报》2022年11月1日第1版。

❷ 洪晓楠：《当代西方社会思潮研究》，人民出版社2017年版，第346页。

点、新要求，掌握意识形态斗争的领导权、主动权，在意识形态领域斗争中敢于亮剑、勇于批驳，是反对历史虚无主义、维护意识形态安全和国家总体安全的迫切要求和前提条件。

2. 历史虚无主义的危害

作为一种消极的社会政治思潮，历史虚无主义具有严重的危害性，主要体现在以下三个方面。

一是瓦解思想基础。历史虚无主义是一种为现实政治服务的错误社会思潮，基于解构、歪曲历史的价值旨趣和理论目的，扭曲出极度失真的历史，从而陷入唯心史观的泥沼和理论误区，动摇人们对民族历史文化的认同和对社会主义的信心、信念，造成思想文化领域的乱象。历史虚无主义打着"信仰自由"的旗号，编织历史迷雾，使一些人的理想信念丧失。历史虚无主义的泛滥导致对马克思主义、社会主义的信仰迷失，扰乱人们的历史认知，消解神圣、崇高的信仰，形成信念式微、思想危机，使人民群众政治立场不坚定，瓦解人民群众团结奋斗的共同思想基础。

坚定的信念和崇高的信仰，能够凝心聚力，筑牢信仰之基，有效地激发人民群众的信心和热情，坚定实现中国特色社会主义伟大目标的决心。如果让历史虚无主义泛滥传播，任其兴风作浪，就会瓦解社会公众的信仰信念，瓦解民心，造成极为严重的后果。

二是解构主流价值。历史虚无主义恶搞、篡改红色经典，罔顾道德要求和公众良知，娱乐历史，取悦观众，以一种极不严肃的态度对红色经典进行恶意篡改，制造对历史的错误认知，使社会公众质疑马克思主义的信仰、社会主义主流意识形态，消解对中国特色社会主义先进文化和政权的价值导向的认同，解构社会主流价值观。

红色经典是红色革命和建设历史的艺术创作，蕴含着一代代人的历史记忆、精神内涵和革命信仰，应受到保护、崇敬和传承。但历史虚无主义者却亵渎经典，把红色经典作为他们逻辑重构和消费娱乐历史的创作素材。如红色经典京剧《沙家浜》就遭到了恶搞，阿庆嫂是家喻户晓的抗日女英雄，这已经成为共识，但在新编小说《沙家浜》中，作者断章取义，挑战正义良知，阿庆嫂的光辉形象遭到丑化和恶搞，阿庆嫂成为一个卖弄风情的女性。阿庆嫂与胡传魁的冲突和斗争，随着故事情节的开展，也不再是爱国志士与反动人物的斗智斗勇的正义之举，而成了落入俗套、争风吃醋的"爱情"戏码。这种追名逐利、丧失底线的所谓"文艺创作"为历史虚无主义思潮的传播推波助澜。这种恶意贬损严重亵渎了红色经典，使红色经典的历史镜像失去本真，侵蚀了社会公众的信念和情感，解构了社会的主流价值观。

英雄人物和革命先烈是中华民族精神脊梁、价值坐标的载体。历史虚无主义者以戏谑的心态来阐释历史、消费历史，肆意歪曲、丑化和抹黑英雄烈士，质疑特定历史情境中英雄人物的行为，毫无底线和下限，污蔑英雄烈士人格和尊严，严重颠覆了社会公众早已形成的正确的历史认知，对主流价值观的养成和确立产生了极为严重的不利影响。历史虚无主义以"泛娱乐化"方式丑化英烈，罔顾真实的历史本相，拒绝崇高，告别英雄，颠覆英雄先烈的美好和高大形象，在其虚构个体历史记忆的背后，隐藏着险恶的蛊惑人心的政治图谋。抹黑丑化英雄英烈实质上就是解构新民主主义革命和社会主义道路的合理性及必然性，虚无英雄英烈背后隐含的民族自豪感、社会主义核心价值观，从而摧毁中华民族的精神支柱，消解中华民族的价值认同。

历史虚无主义者为达到政治目的，对已有公论的负面历史人物采取"善待先人"的手法和态度，进行"翻案"式评价，以吸引公众眼球和关注，达到混淆视听的目的，评价历史人物，抛开当时具体的历史环境。历史虚无主义者把反动的统治阶级对人民群众革命的镇压视为正义之举，他们断章取义，阉割历史，污蔑太平天国农民起义，没有任何革命意义，没有带来任何社会进步，相反，这场"内乱"给中国东南地区带来了巨大的灾难，经济萧条，生产力发展滞后，而曾国藩、李鸿章等率军镇压太平天国却成了"义举"，这些太平天国对立面的人物却成为代表"历史前进方向"的进步人物，这就消解了中华民族的历史记忆、民族情感。

三是颠覆国家政权。历史虚无主义是一种有害的政治思潮，其泛滥传播不仅会颠覆人们的历史观，也在解构一个国家、一个民族的价值体系，试图瓦解主流意识形态，从而可能导致执政党垮台、国家政权被倾覆。因此必须大力反对历史虚无主义思潮，抵御历史虚无主义的渗透、荼毒，对西方敌对势力的渗透、倾覆活动保持清醒的态度和高度的警觉。

一般而言，国家政权的颠覆是从意识形态工作的主导权和话语权的丧失开始的。东欧剧变、苏联解体就是明证。20世纪80年代末，西方敌对势力凭借国际话语权和经济的优势地位，加紧变换形式和手法对社会主义国家进行"和平演变"战略的渗透，一以贯之地发动意识形态的和平攻势，制造反社会主义舆论，试图达到不战而胜、颠覆社会主义制度的目的。历史上在外部西方国家加紧意识形态渗透下，苏联国内历史虚无主义思潮泛滥，从赫鲁晓夫彻底丑化、抹黑斯大林开始，历史虚无主义者歪曲苏联历史，诋毁苏联共产党的领袖。对待斯大林的评价问题，绝不能认为只是一个历史人物的评判问题，它关涉着对苏联共产党历史及苏联社会主义革命和建设成就的评价问题，因此否定斯大林，苏联的社会主义制度也就丧失了合法存在的理由。20世纪80年代中后期，戈尔巴乔夫等苏共领导人同赫鲁晓夫一脉相承，在意识形态领域斗争异常激烈之时，放弃了主流媒体的管控，让历史虚无主义大肆泛滥、兴风作浪，最终导致苏联共产党垮台，第一个社会主义国家苏联解体。殷鉴不远，苏联亡党亡国的历史教训警示我们，否定党的领袖、扭曲党的历史就会瓦解社会主义主流意识形态，把对党的领导人的诋毁转向对社会主义制度的否定，瓦解民心，并将导致共产党执政失去合法性、合理性。

20世纪80年代中后期，西方国家加大对中国实施"和平演变"战略的渗透力度，中国国内历史虚无主义思潮沉渣泛起，资产阶级自由化思潮就是当时历史虚无主义思潮的一个特定表现形式。资产阶级自由化思潮的浊流冲击着社会主义主流价值观，绝不是一种单纯的不具政治色彩的社会思潮，而是有其强烈意识形态色彩的政治思潮。这种错误思潮在经济上主张搞私有化、资本主义化，推行西方的经济发展模式；政治上主张搞多党制和多元政治，轮流执政，否定党的领导；思想文化领域推行西方的价值观，鼓吹思想多元化，解构社会主义主流价值观，提出"马克思主义过时论"，否定马克思主义在意识形态领域的指导地位。这股思潮实际上就是分化、西化中国，颠覆中国的社会主义制度，让中国走改旗易帜的资本主义发展道路，严重影响了社会秩序的稳定，在国际上也产生了极为不利的影响。

（二）研究意义

历史虚无主义是一种带有特定政治倾向的错误思潮，危害甚大。进入21世纪以来，学术界和理论界发表了关于历史虚无主义研究的有针对性和前瞻性的丰硕理论成果，从学理上厘清了历史虚无主义的实质、特点及危害，为有效、精准批驳历史虚无主义提供理论支撑。本书从历史、理论、方法三个层面或维度对历史虚无主义批判进行了系统深入的研究，有助于深化这一问题的学理研究，有助于维护意识形态安全和国家安全，建构社会主义核心价值观，具有重大的理论意义和实践意义。

1. 理论意义

一是有助于从学理上批判历史虚无主义。历史虚无主义打着"学术研究"的旗号，按照自己的主观意愿和政治喜好，臧否历史、解构历史，具有较大的迷惑性、欺骗性、蛊惑性，本书的研究有助于从学理上认清历史虚无主义的实质和危害，深度剖析历史虚无主义的认识论和方法论，有助于从学术上加大对历史虚无主义研究和批判的力度，推进历史虚无主义思潮的理论研究，有助于摧毁历史虚无主义的理论基础，努力廓清历史虚无主义造成的理论混乱和思想混乱，铲除历史虚无主义生存的理论根基，具有一定的理论意义。

二是有助于从学理上深化社会思潮的研究。改革开放以来，新自由主义、历史虚无主义、民主社会主义等具有强烈倾向性的唯心主义思潮在中国互相呼应、不断涌动，侵蚀社会主义主流价值观，为西方"和平演变"战略效力。历史虚无主义是新自由主义、民主社会主义的工具，为新自由主义、民主社会主义思潮提供历史依据；新自由主义、民主社会主义思潮给历史虚无主义提供理论基础。这些错误思潮在全球化传播环境中有着共同的政治诉求，就是西化和分化中国，使中国走上西方资本主义的发展道路。由于历史虚无主义、新自由主义、民主社会主义思潮结成天然的同盟，互相策应，密切联系，所以批判历史虚无主义有助于深化新自由主义、民主社会主义、"意识形态终结论"、"历史终结论"、"普世价值论"等思潮的研究，有助于从学理上批判这些错误思潮，科学把握各种错误社会思潮的热点问题、前沿问题，提升用马克思主义明辨是非、答疑解惑的能力，有助于增强批判错误思潮的理论自觉，弘扬社会正能量，维护主流意识形态安全。

2. 实践意义

一是有助于建构社会主义主流价值观，维护国家总体安全。本书深度剖析历史虚无主义思潮的本质、表现，分析对我国产生的严重危害，有助于树立正确的历史观，弘扬和传承优秀历史传统文化，有助于巩固马克思主义的指导地位，坚定"四个自信"，有助于培育和建构社会主义核心价值观，维护国家总体安全。

二是有助于强化实证研究。本书通过社会调研、社会实践等方式收集相关历史虚无主义的资料，用大量的典型的有针对性的史料驱散历史虚无主义编织的迷雾，有助于强化实证研究，从而形成历史虚无主义的理论批判与实证研究贯通合一，有助于遏止历史虚无主义思潮的传播。

三是有助于历史虚无主义批判的研究成果为现实政治服务。本书以学术为依托，为政府部门和相关部门提供政策咨询服务，服务于现实政治，有效地批驳错误思潮，巩固社会主义主流意识形态，维护国家的总体安全。

二、学术史梳理

进入 21 世纪以后，学术界对历史虚无主义进行了较为系统深入的研究，对批判历史虚无主义从学理方面作出了较大的贡献，本书从国内外研究现状及研究述评两个层面进行简要的学术史梳理。

（一）国内外研究现状

1. 国内研究现状

20世纪90年代以来，学术界、理论界研究西方社会思潮、批判历史虚无主义的理论成果较为丰硕，为历史虚无主义批判奠定了坚实的理论基础。这些成果的呈现有两个特点：一是学术论文多，学术专著或论文集较少。学术论文不可计数，有上千篇，但研究质量参差不齐，发表在CSSCI来源期刊的有五百余篇。代表性学术著作或论文集主要有：龚书铎等编的《民族文化虚无主义评析》❶、梁柱和龚书铎主编的《警惕历史虚无主义思潮》❷、梅荣政的《用马克思主义引领社会思潮》❸、周新城的《围绕改革问题马克思主义同反马克思主义的斗争——改革开放30年历程的回顾与反思》❹、梁柱的《历史虚无主义评析》❺、朱汉国主编的《当代中国社会思潮研究》❻、唐忠宝的《虚无主义及其克服——马克思的启示》❼、杨金华的《历史虚无主义的生成机理及其克服》❽、中国社会科学院组织专家学者编写的《中国社会科学院历史虚无主义批判文选》❾、中共中央党史研究室编写的《反对历史虚无主义》❿、"历史虚无主义辨析"编写组编写的《历史虚无主义辨析》⓫、宋月红主编的《历史虚无主义的破产》⓬、周兵主编

---

❶ 龚书铎，刘桂生，王俊义：《民族文化虚无主义评析》，中国人民大学出版社1990年版。
❷ 梁柱、龚书铎：《警惕历史虚无主义思潮》，人民教育出版社2006年版。
❸ 梅荣政：《用马克思主义引领社会思潮》，武汉大学出版社2008年版。
❹ 周新城：《围绕改革问题马克思主义同反马克思主义的斗争——改革开放30年历程的回顾与反思》，中国社会科学出版社2010年版。
❺ 梁柱：《历史虚无主义评析》，社会科学文献出版社2012年版。
❻ 朱汉国：《当代中国社会思潮研究》，北京师范大学出版社2012年版。
❼ 唐忠宝：《虚无主义及其克服——马克思的启示》，人民出版社2014年版。
❽ 杨金华：《历史虚无主义的生成机理及其克服》，中国社会科学出版社2015年版。
❾ 中国社会科学院：《中国社会科学院历史虚无主义批判文选》，中国社会科学出版社2015年版。
❿ 中共中央党史研究室：《反对历史虚无主义》，中共党史出版社2017年版。
⓫ "历史虚无主义辨析"编写组：《历史虚无主义辨析》，学习出版社2017年版。
⓬ 宋月红：《历史虚无主义的破产》，当代中国出版社2017年版。

的《历史虚无主义批判文选》❶、郭彦林的《历史虚无主义思潮评析》❷、丁辉的《历史虚无主义研究与批判》❸ 等。另外,《人民日报》、《光明日报》、《马克思主义研究》、《马克思主义与现实》、《思想教育研究》、《思想理论教育》、《思想理论教育导刊》、《中国高校社会科学》(原为《高校理论战线》)等报刊上也发表了一些有关主流意识形态认同和反对历史虚无主义的高质量的研究成果。一些社科界的专家学者积极撰写文章,揭露历史虚无主义错误思潮的理论实质、表现样态和现实危害,为批判历史虚无主义作出了较大的理论贡献。据不完全统计,北京大学梁柱教授从 2005 年起在《求是》《马克思主义研究》《思想理论教育导刊》等期刊发表了 20 余篇关于历史虚无主义的研究论文,清华大学教授刘书林在《求是》《思想理论教育》《领导科学》《人民论坛》《思想理论教育导刊》等期刊发表了十余篇反对历史虚无主义的学术论文,中国社会科学院研究员龚云也在上述刊物上发表了近 20 篇关于批判历史虚无主义的高质量的学术论文,表 1 列举了龚云研究员近年来研究与批判历史虚无主义的代表性论文。

表1 龚云研究员近年来研究与批判历史虚无主义的代表性论文

序号	论文题目	刊物名称	发表年份
1	正确处理改革开放前后两个历史时期的关系	马克思主义研究	2019
2	历史虚无主义的新动向	领导科学	2018
3	历史虚无主义的根源、动向与危害	前线	2018
4	历史虚无主义重评历史的六个特征	世界社会主义研究	2017
5	精准反对历史虚无主义——坚持唯物史观与翔实史实的统一	中国共青团	2017
6	历史虚无主义的危害	红旗文稿	2017
7	历史虚无主义研究	马克思主义研究	2017
8	历史虚无主义的迷惑性和欺骗性	理论建设	2017

---

❶ 周兵:《历史虚无主义批判文选》,红旗出版社 2018 年版。
❷ 郭彦林:《历史虚无主义思潮评析》,中国社会科学出版社 2018 年版。
❸ 丁辉:《历史虚无主义研究与批判》,格致出版社 2019 年版。

续表

序号	论文题目	刊物名称	发表年份
9	在批判历史虚无主义中坚持历史唯物主义	马克思主义研究	2016
10	坚持唯物史观指导与翔实准确史实的统一	毛泽东研究	2016
11	马克思主义岂是历史虚无主义	求是	2015
12	谁是真正的历史虚无主义者——与尹保云、马龙闪等学者商榷	马克思主义研究	2014
13	马克思主义是历史虚无主义吗？	红旗文稿	2014

据统计，截至2022年12月，中国知网收录的关于历史虚无主义研究论文的主要核心期刊，发文情况如表2。

表2　截至2022年12月中国知网收录的主要核心期刊发表的
关于历史虚无主义研究论文数量

序号	刊物名称	论文数量（篇）
1	思想理论教育导刊	46
2	人民论坛	44
3	马克思主义研究	30
4	思想理论教育	64
5	思想教育研究	72
6	马克思主义与现实	10
7	中国高校社会科学	15
8	红旗文稿	87

二是研究历史虚无主义的硕士学位论文较多，但相关博士学位论文较少。研究历史虚无主义的硕士学位论文有160余篇，但博士学位论文只有2篇：王莉的《当代中国历史虚无主义思潮研究》❶、韩吉木斯的《当代中国历史虚无主义思潮研究》❷。

---

❶ 王莉：《当代中国历史虚无主义思潮研究》，河北师范大学2016年博士学位论文。
❷ 韩吉木斯：《当代中国历史虚无主义思潮研究》，内蒙古大学2017年博士学位论文。

为了行文方便，本书从历史虚无主义批判的历史、理论、方法等三个层面或维度展开关于历史虚无主义批判的国内研究现状的学术回顾，以便在此基础上使研究有所创新、有所突破。

（1）关于历史虚无主义演进的历史研究。

第一，"全盘西化论"的研究。"全盘西化"是对待民族历史文化采取一种非历史主义的态度，最早由陈序经、胡适等倡导。学界从"全盘西化论"与历史虚无主义的关系、"全盘西化论"的理论基础实质及危害等方面进行研究。代表性的观点有，沈江平提出：历史虚无主义"与20世纪国内出现的否定中华民族传统文化和历史的'全盘西化'言论相伴而生"❶。杨红柳、钟明华的研究表明历史唯心主义和"全盘西化"如出一辙，认为："历史虚无主义思潮否定中国特色社会主义道路，努力要把中国引导到全盘西化的邪路上去。"❷ 张国义、郭斌认为20世纪二三十年代的"全盘西化派""以是否有利于推动他们认知中的中国现代化或者说'西化'为标准界定文化的优劣，从而否定中国的历史和文化"❸。此外，刘书林的《2013历史虚无主义"装扮"特点》❹、李艳艳的《当前历史虚无主义思潮的新特征》❺、王瑾和文世芳的《1949—1989年〈人民日报〉对历史虚无主义的解析》❻ 等也提出了类似的观点。

第二，改革开放和现代化建设时期的历史虚无主义思潮研究。这一时期主要有"非毛化"思潮、资产阶级自由化思潮、"告别革命论"等错误思潮。

一是关于"非毛化"思潮的研究。研究者主要从"非毛化"思潮与历

---

❶ 沈江平：《"历史虚无主义"的历史唯物主义评判》，《中国高校社会科学》，2021年第3期，第59页。

❷ 杨红柳、钟明华：《"四个自信"视阈下历史虚无主义思潮批判》，《思想理论教育导刊》，2018年第5期，第96页。

❸ 张国义、郭斌：《"四史"学习中的历史虚无主义批判》，《思想理论教育》，2021年第6期，第39页。

❹ 刘书林：《2013历史虚无主义"装扮"特点》，《人民论坛》，2014年第4期。

❺ 李艳艳：《当前历史虚无主义思潮的新特征》，《思想教育研究》，2015年第7期。

❻ 王瑾、文世芳：《1949—1989年〈人民日报〉对历史虚无主义的解析》，《当代中国史研究》，2017年第2期。

史虚无主义的关系,"非毛化"思潮的实质、理论表现及危害等方面进行研究,有研究者认为"非毛化"思潮是改革开放初期出现的一种错误思潮,"其政治目的在于否定毛泽东思想和中国共产党的领导,其哲学本质是历史虚无主义,其思想根源是形而上学的思维方式"❶。此外杨军的《透视非毛化思潮》❷、焦连志和黄一玲的《网络舆论中的"非毛化"思潮及其批判》❸、江大伟的《近年来"非毛化"思潮研究评析》❹、张远新的《对"非毛化"思潮几个代表性观点的批驳》❺等论文对"非毛化"思潮的演变、危害、特征及代表性观点也进行了研究和梳理,提出了新的见解,颇能给人以启迪。

二是关于资产阶级自由化思潮的研究。有研究者提出,"非毛化"思潮是资产阶级自由化思潮的浊流。❻有人认为:"资产阶级自由化思潮就是历史虚无主义、新自由主义和民主社会主义等政治思潮。"❼此外张晓红的《反对资产阶级自由化,巩固马克思主义在意识形态领域的指导地位》❽、陈前和吴敏先的《邓小平关于反对资产阶级自由化的战略思考及其现实启示》❾、李强的《邓小平与反对资产阶级自由化》❿、马福运的《邓小平论

---

❶ 杨萍、李包庚:《对当前"非毛化"思潮的若干思考》,《毛泽东思想研究》,2016年第4期,第25页。
❷ 杨军:《透视非毛化思潮》,《思想理论教育》,2013年第21期。
❸ 焦连志、黄一玲:《网络舆论中的"非毛化"思潮及其批判》,《当代青年研究》,2015年第5期。
❹ 江大伟:《近年来"非毛化"思潮研究评析》,《湘潭大学学报(哲学社会科学版)》,2018年第2期。
❺ 张远新:《对"非毛化"思潮几个代表性观点的批驳》,《毛泽东邓小平理论研究》,2019年第11期。
❻ 江大伟、张秀:《改革开放以来党抵御历史虚无主义思潮的历史审视——以毛泽东和毛泽东思想的评价为例》,《湘潭大学学报(哲学社会科学版)》,2020年第1期,第13页。
❼ 陈明凡:《解析历史虚无主义思潮的政治属性》,《马克思主义研究》,2017年第4期,第131页。
❽ 张晓红:《反对资产阶级自由化,巩固马克思主义在意识形态领域的指导地位》,《马克思主义研究》,2004年第5期。
❾ 陈前、吴敏先:《邓小平关于反对资产阶级自由化的战略思考及其现实启示》,《政治学研究》,2007年第1期。
❿ 李强:《邓小平与反对资产阶级自由化》,《马克思主义研究》,2009年第3期。

反对资产阶级自由化及其启示》❶、项启源的《关于全面改革必须坚持正确方向的学习体会——兼评资产阶级自由化思潮的谬误》❷、周新城的《对二十世纪八十年代我国反对资产阶级自由化斗争的回顾——过程、性质和基本经验》❸等研究论文对资产阶级自由化思潮的泛起、性质、批判及基本经验作了开拓性的研究,深化了对资产阶级自由化思潮的认识,提出了应对之策,总结了历史经验,从学理上对批判历史虚无主义思潮作出了较大的贡献。

三是关于"告别革命论"的研究。"告别革命论"是一种美化改革、否定革命的带有强烈的意识形态色彩的错误的政治思潮。20世纪90年代中期香港出版了李泽厚与刘再复的谈话录《告别革命》,之后,理论界、学术界对这一论调进行批驳,发表了大量的理论文章,也出版了一些学术专著。对"告别革命论"和历史虚无主义的关系,梁柱提出:所谓"告别革命论",既是历史虚无主义思潮的集中表现,又是它不加隐讳的真实目的。❹有研究者认为:"历史虚无主义重新抬头,形成了'告别革命'与'和平演变'遥相呼应的态势。"❺此外,沙健孙和龚书铎主编的《走什么路:关于中国近现代历史上的若干重大是非问题》一书坚持唯物史观,从历史研究的理论与方法、近代中国历史发展的主题和发展道路等角度对"告别革命论"作了批判,阐明了关于近现代中国革命道路的马克思主义的正确观点,指出了"告别革命论"的错误之处❻。此外,卢毅的《"告别革命论"评析》❼、吴爱萍的《革命是近代中国历史发展道路的必然选

---

❶ 马福运:《邓小平论反对资产阶级自由化及其启示》,《马克思主义研究》,2016年第12期。

❷ 项启源:《关于全面改革必须坚持正确方向的学习体会——兼评资产阶级自由化思潮的谬误》,《毛泽东邓小平理论研究》,2014年第2期。

❸ 周新城:《对二十世纪八十年代我国反对资产阶级自由化斗争的回顾——过程、性质和基本经验》,《贵州师范大学学报(社会科学版)》,2011年第3期。

❹ 梁柱:《警惕历史虚无主义新变种》,《人民论坛》,2015年第3期,第50页。

❺ 王斌、张志初:《历史虚无主义的表现、本质、根源及应对》,《湘湖论坛》,2017年第2期,第116页。

❻ 沙健孙、龚书铎:《走什么路:关于中国近现代历史上的若干重大是非问题》,山东人民出版社1997年版。

❼ 卢毅:《"告别革命论"评析》,《云南社会科学》,2000年第2期。

择——兼析"告别革命"论》❶、朱永嘉的《辛亥革命前前后后与百年来中国历史的结论——兼评以李泽厚为代表的"告别革命论"》❷、沈成飞和袁洪亮的《告别不了的革命——有关"辛亥革命爆发的历史条件"的教学体会》❸、欧阳军喜和于洋的《无法告别的革命：关于辛亥革命的几个问题辨析》❹等论文对"告别革命论"背景、实质、危害及批判的历史经验和启示作了进一步的研究，给"告别革命论"为代表的历史虚无主义思潮的批驳作出了理论贡献。

第三，新时代软性历史虚无主义的研究。软性历史虚无主义是新时代历史虚无主义思潮在中国的新样态、新表现，采用灵活、隐晦、柔软的手段方法传播错误观点，具有较强的迷惑性、欺骗性和危害性。近年来学界发表了关于软性历史虚无主义的系列学术论文，阐释了这种思潮的来源、表现、特点、实质、危害。代表性的观点有：何文校认为软性历史虚无主义"有着浓厚的资产阶级意识形态属性，服务于国内外反动势力的'和平演变'策略"❺。郑志康认为软性历史虚无主义是新形势下历史虚无主义的新变种，具有新的传播特点和表现形态，因此批判软性历史虚无主义首先必须认清软性历史虚无主义的思想来源，在文中他提出这种错误思潮有三重理论根源：虚无主义思潮、后现代主义思潮和"意识形态终结论"。❻此外，杨全海的《软性历史虚无主义的实质与危害》❼、邢中先和张平的《软

---

❶ 吴爱萍：《革命是近代中国历史发展道路的必然选择——兼析"告别革命"论》，《清华大学学报（哲学社会科学版）》，2008年S1期。
❷ 朱永嘉：《辛亥革命前前后后与百年来中国历史的结论——兼评以李泽厚为代表的"告别革命论"》，《探索》，2011年第1期。
❸ 沈成飞、袁洪亮：《告别不了的革命——有关"辛亥革命爆发的历史条件"的教学体会》，《思想理论教育导刊》，2011年第9期。
❹ 欧阳军喜、于洋：《无法告别的革命：关于辛亥革命的几个问题辨析》，《思想理论教育导刊》，2014年第10期。
❺ 何文校：《软性历史虚无主义的实践新样态》，《马克思主义研究》，2021年第3期，第128页。
❻ 郑志康：《当代中国软性历史虚无主义思潮的四维逻辑透视》，《当代世界与社会主义》，2020年第6期，第193页。
❼ 杨全海：《软性历史虚无主义的实质与危害》，《马克思主义与现实》，2018年第6期。

性历史虚无主义的生成机理及其异化历史观批判》❶、孙洲的《当代中国软性历史虚无主义的审视与批判》❷、郑志康的《软性历史虚无主义：现实成因、基本样态与纠治进路》❸、洪晓楠和王坤平的《智媒时代软性历史虚无主义：表征、实质及其治理》❹ 等从不同角度分析和研究了软性历史虚无主义的成因、表征、实质、危害及其应对策略，提出了一些新的思路和见解，有利于纠治历史虚无主义的最新变种。

（2）关于历史虚无主义批判的理论研究。

国内学者一致认为历史虚无主义是以唯心史观为基础的社会思潮，针对其性质，从以下三个方面提出了历史虚无主义批判的理论依据。

第一，历史观上坚持历史唯物主义。历史唯物主义是科学的世界观和方法论的统一。胡中月认为只有坚持历史唯物主义，才能有效批驳历史虚无主义，"涤荡历史虚无主义的错误言论，在理性辨析中树立科学的历史观"❺。朱继东认为，抵御历史虚无主义，必须"坚持历史唯物主义和辩证唯物主义的立场、观点、方法，才能全面正确把握党的百年历史，真正树立正确党史观"❻。此外方艳华的《以社会主义核心价值体系引领历史虚无主义思潮论析——唯物史观视域下的考察》❼、江大伟的《抵制历史虚无主义在网络上蔓延需精准发力》❽、逄先知的《准确把握党的历史发展的主流

---

❶ 邢中先、张平：《软性历史虚无主义的生成机理及其异化历史观批判》，《毛泽东邓小平理论研究》，2019年第7期。

❷ 孙洲：《当代中国软性历史虚无主义的审视与批判》，《思想教育研究》，2019年第11期。

❸ 郑志康：《软性历史虚无主义：现实成因、基本样态与纠治进路》，《思想教育研究》，2020年第8期。

❹ 洪晓楠、王坤平：《智媒时代软性历史虚无主义：表征、实质及其治理》，《思想教育研究》，2021年第2期。

❺ 胡中月：《苏共党内历史虚无主义的表现、危害及启示》，《当代世界与社会主义》，2019年第6期，第74页。

❻ 朱继东：《学习党史必须旗帜鲜明反对历史虚无主义》，《天津师范大学学报》（社会科学版），2021年第5期，第12页。

❼ 方艳华：《以社会主义核心价值体系引领历史虚无主义思潮论析——唯物史观视域下的考察》，《求实》，2010年第10期。

❽ 江大伟：《抵制历史虚无主义在网络上蔓延需精准发力》，《红旗文稿》，2018年第2期。

本质》❶等论文也提出了类似的观点。

第二，方法论上以唯物辩证法为根本。唯物辩证法是科学的方法论，是破解历史虚无主义的唯一正确的方法。张蕊、张志丹提出：反对历史虚无主义，必须"处理好主观同客观、现象与本质的关系，必须坚持唯物史观与唯物辩证法的创作理路，拒斥创作方法论上的形而上学"❷。张博、孙兆阳强调："坚持用唯物辩证法观察历史，用联系的、发展的、系统的眼光看待历史，坚决抵制形而上学的错误思维。"❸此外刘玉珂的《"两个不能否定"的认识论和方法论意义——兼对历史虚无主义的批判》❹、闫方洁和宋德孝的《历史虚无主义的解构主义叙事及其方法论悖论》❺、庞超的《意识形态安全视阈下历史虚无主义批判的基本路向》❻、李元鹏的《学习习近平关于历史、历史问题重要论述的几点认识》❼、王志国的《唯物辩证法批驳历史虚无主义的方法论维度》❽ 等论文也从不同角度、路径探讨了坚持唯物辩证法、反对历史虚无主义的问题，立论别具一格，但在唯物辩证法是历史研究的科学的方法论基础，是抵御历史虚无主义的锐利武器这一认识上都没有歧义。

第三，价值观上坚持以人民为中心。价值观上坚持以人民为中心，才能建构社会主义核心价值观，维护国家意识形态安全，才能取得历史虚无主义的新胜利。何文校提出反对历史虚无主义，在价值观上"要坚守政治

---

❶ 逄先知：《准确把握党的历史发展的主流本质》，《世界社会主义研究》，2021年第7期。
❷ 张蕊、张志丹：《揭开"幽蔽的面纱"：文艺领域中的历史虚无主义批判》，《理论导刊》，2019年第2期，第97页。
❸ 张博、孙兆阳：《廓清历史虚无主义的迷雾》，《史学理论研究》，2021年第4期，第99页。
❹ 刘玉珂：《"两个不能否定"的认识论和方法论意义——兼对历史虚无主义的批判》，《湖南社会科学》，2016年第2期。
❺ 闫方洁、宋德孝：《历史虚无主义的解构主义叙事及其方法论悖论》，《思想教育研究》，2017年第4期。
❻ 庞超：《意识形态安全视阈下历史虚无主义批判的基本路向》，《马克思主义与现实》，2018年第4期。
❼ 李元鹏：《学习习近平关于历史、历史问题重要论述的几点认识》，《思想理论教育导刊》，2018年第9期。
❽ 王志国：《唯物辩证法批驳历史虚无主义的方法论维度》，《晋阳学刊》，2020年第6期。

立场，对党忠诚，坚持以人民为中心的伦理向度"❶。钟贞山、王希金指出："坚决与历史虚无主义作斗争，大力弘扬自己的集体道德记忆，坚持凝聚以人民为中心、为人民谋幸福的初心力量。"❷ 此外，余斌的《历史虚无主义批判》❸、杨军的《历史虚无主义的三个表现》❹、魏晓文和秦雪的《历史虚无主义批判的三重逻辑——学习习近平关于"四史"的重要论述》❺、齐卫平的《论树立正确党史观》❻、刘晓鹏的《历史虚无主义诘难改革开放的表现形态、主要推手与纾解之道》❼ 等论文坚持以人民为中心的价值导向、学术导向，体现了中国共产党的历史本质内涵，这些论文都从不同角度主张只有坚持以人民为中心，回应人民关切的思想问题，才能夯实反对错误思潮的群众基础，才能坚定"四个自信"，打赢反对历史虚无主义的这场"硬仗"。

（3）关于历史虚无主义批判的方法研究。

第一，坚持政治思维。反对历史虚无主义，坚持政治思维就是指反对错误思潮时，必须有坚定而正确的政治立场和政治信仰，符合建构主流价值观的要求。李文提出反对历史虚无主义，必须坚定政治思维，"即从意识形态的高度对历史虚无主义的实质和危害加以批判"❽。郭昌文认为："历史虚无主义在中国的泛起成潮具有某种特定的政治面相，严重威胁着国家意识形态安全。"❾ 因此，反对历史虚无主义，必须坚持政治思维，维

---

❶ 何文校：《历史虚无主义"靶向批判"体系建构的四重维度》，《思想教育研究》，2021年第4期，第92页。

❷ 钟贞山、王希金：《历史虚无主义的道德批判》，《伦理学研究》，2021年第6期，第13页。

❸ 余斌：《历史虚无主义批判》，《思想理论教育导刊》，2018年第4期。

❹ 杨军：《历史虚无主义的三个表现》，《人民论坛》，2019年第2期。

❺ 魏晓文、秦雪：《历史虚无主义批判的三重逻辑——学习习近平关于"四史"的重要论述》，《思想教育研究》，2020年第9期。

❻ 齐卫平：《论树立正确党史观》，《思想理论教育》，2021年第5期。

❼ 刘晓鹏：《历史虚无主义诘难改革开放的表现形态、主要推手与纾解之道》，《理论导刊》，2022年第2期。

❽ 李文：《唯物史观视域下历史虚无主义批判的基本路向》，《思想教育研究》，2019年第3期，第68页。

❾ 郭昌文：《马克思主义历史观视域下历史虚无主义批判研究述评》，《毛泽东邓小平理论研究》，2021年第11期，第39页。

护国家政治安全和意识形态安全。此外龚云的《历史虚无主义的根源、动向与危害》❶、阚和庆的《习近平反对历史虚无主义思想的鲜明特色》❷、孙帅的《国外毛泽东思想研究中的历史虚无主义思潮批判》❸、刘白杨的《当代中国虚无主义的理论样态与演变逻辑》❹、乔茂林和刘旸的《习近平反对历史虚无主义的思想结构与启示》❺ 等论文也提出了类似的观点。

第二，深化学理批判。朱继东认为："我们同历史虚无主义的斗争就是意识形态领域的一种阶级斗争。我们既要重视对历史虚无主义进行学理批判，又要彻底揭露其政治本质。"❻ 历史虚无主义思潮是一股具有严重危害性的政治思潮，张海鹏、龚云认为："要重视对其进行学理批判，通过说理，让群众看清事实的真相。"❼ 此外，阚和庆的《习近平反对历史虚无主义思想的鲜明特色》❽、卢黎歌和武星星的《道德虚无主义的学理批判——兼论恩格斯〈反杜林论〉中的马克思主义道德观》❾、向玉乔的《论中国共产党的集体道德记忆》❿、汪亭友和吴深林的《历史虚无主义的思想认识基础、理论本质及其批判》⓫ 等论文从多角度、多层面提出对历史虚无主义作出深刻学理批判，内涉历史虚无主义发展流变、传播样态、

---

❶ 龚云：《历史虚无主义的根源、动向与危害》，《前线》，2018 年第 3 期。
❷ 阚和庆：《习近平反对历史虚无主义思想的鲜明特色》，《中国高校社会科学》，2018 年第 4 期。
❸ 孙帅：《国外毛泽东思想研究中的历史虚无主义思潮批判》，《思想教育研究》，2018 年第 8 期。
❹ 刘白杨：《当代中国虚无主义的理论样态与演变逻辑》，《思想教育研究》，2019 年第4 期。
❺ 乔茂林、刘旸：《习近平反对历史虚无主义的思想结构与启示》，《马克思主义与现实》，2021 年第 1 期。
❻ 朱继东：《纪念抗日战争胜利 70 周年研究中的历史虚无主义表现及其危害、本质》，《思想理论教育导刊》，2015 年第 11 期，第 34 页。
❼ 张海鹏、龚云：《马克思主义是历史虚无主义吗?》，《红旗文稿》，2014 年第16 期，第12 页。
❽ 阚和庆：《习近平反对历史虚无主义思想的鲜明特色》，《中国高校社会科学》，2018 年第 4 期。
❾ 卢黎歌、武星星：《道德虚无主义的学理批判——兼论恩格斯〈反杜林论〉中的马克思主义道德观》，《马克思主义研究》，2020 年第 7 期。
❿ 向玉乔：《论中国共产党的集体道德记忆》，《齐鲁学刊》，2021 年第 4 期。
⓫ 汪亭友、吴深林：《历史虚无主义的思想认识基础、理论本质及其批判》，《马克思主义理论学科研究》，2021 年第 9 期。

惯用伎俩、理论基础、基本面相、现实危害等多个维度，提升学术研究的针对性，提升唯物史观的解释力。

第三，运用法治手段。反击历史虚无主义错误思潮，必须加强法治建设，运用法治手段，纳入法治化、制度化正轨，才能取得实效。周玉文提出："通过法治来防范、打击历史虚无主义，对制造、传播历史虚无主义的人及行为进行惩罚且罚当其罪体现了法的正义、秩序价值。"❶ 陈松友、卢亮亮认为："运用法治思维，依靠法律手段来处理历史虚无主义的典型案件，是批判和反制历史虚无主义的重要手段。"❷ 此外刘先春和李亚的《中国共产党对社会主义意识形态的合法性重构——兼论历史虚无主义思潮的价值悖离》❸、朱继东的《抓好意识形态工作是落实全面从严治党的关键》❹、易雯和陈始发的《改革开放以来党的依法治国方略演进特点与趋势探析》❺、赵晓耕的《70 年法治变迁：为法治现代化提供历史依据和借鉴》❻ 等文章提出批判的武器不能代替武器的批判，以法治化方式捍卫历史的尊严和真相，这些论文从法治的价值、全面从严治党、意识形态建设、法治特点和依据等角度探讨了运用法治手段反击历史虚无主义错误思潮的问题，特别是强调必须大力加强国家网络安全法治建设，斩断历史虚无主义传播的网络路径，依法治网，净化网络空间。

第四，用好网络新媒体。网络新媒体是一把双刃剑，一方面历史虚无主义利用网络新媒体，大肆传播错误观点；另一方面我们也可以充分利用

---

❶ 周玉文：《新时代思想舆论治理视域下抵制历史虚无主义思潮的理性审视》，《重庆社会科学》，2022 年第 1 期，第 118 页。

❷ 陈松友、卢亮亮：《批判与反制：旗帜鲜明反对历史虚无主义的双重路径——学习习近平关于党史、国史的重要论述》，《思想教育研究》，2020 年第 4 期，第 89 页。

❸ 刘先春、李亚：《中国共产党对社会主义意识形态的合法性重构——兼论历史虚无主义思潮的价值悖离》，《中南民族大学学报》（人文社会科学版），2016 年第 2 期。

❹ 朱继东：《抓好意识形态工作是落实全面从严治党的关键》，《红旗文稿》，2016 年第 21 期。

❺ 易雯、陈始发：《改革开放以来党的依法治国方略演进特点与趋势探析》，《理论学刊》，2017 年第 1 期。

❻ 赵晓耕：《70 年法治变迁：为法治现代化提供历史依据和借鉴》，《人民论坛》，2019 年第 31 期。

其优势，阻断历史虚无主义思潮的传播。

江大伟认为：我们要充分利用网络媒介的优势，"充分利用好网络新媒体，积极发声，抵制'非毛化'思潮的网络蔓延"❶，他还在另一篇论文中强调："运用网络新媒体手段，积极发声，占领信息传播的制高点，不断增强人们的历史认同和价值认同。"❷李艳艳认为："网络新媒体在传播这类虚无革命领袖、革命先烈观点的过程中发挥了推波助澜的重要作用。"❸ 因此，我们必须营造反对错误思潮的媒体网络环境，通过新媒体和网络平台弘扬主旋律，才能有效批驳和遏止历史虚无主义。此外，廖海花的《自媒体时代大学生抵制历史虚无主义思潮路径探讨》❹、吴满意和黄冬霞的《网络历史虚无主义的四性审视》❺、黄星清的《警惕网络历史虚无主义传播的新趋势》❻、周玉的《历史虚无主义网络传播的新特点及对策》❼、李辉源等合著的《祛除网络历史虚无主义》❽ 等从不同维度研究了网络历史虚无主义传播特点、路径、趋势及对策，探索如何发挥网络媒介优势遏止历史虚无主义传播，以牢牢把握网络空间意识形态主导权、领导权。

2. 国外研究现状

一是研究虚无主义。黑格尔❾、尼采❿、海德格尔⓫在其论著中对虚无主义都有所涉及，从哲学视角考察、研究虚无主义问题，对虚无主义从价

---

❶ 江大伟：《近年来"非毛化"思潮研究评析》，《湘潭大学学报》（哲学社会科学版），2018年第2期，第4页。

❷ 江大伟：《抵制历史虚无主义在网络上蔓延需精准发力》，《红旗文稿》，2018年第2期，第12页。

❸ 李艳艳：《当前历史虚无主义思潮的新特征》，《思想教育研究》，2015年第7期，第37页。

❹ 廖海花：《自媒体时代大学生抵制历史虚无主义思潮路径探讨》，《思想理论教育导刊》，2017年第5期。

❺ 吴满意、黄冬霞：《网络历史虚无主义的四性审视》，《天府新论》，2017年第1期。

❻ 黄星清：《警惕网络历史虚无主义传播的新趋势》，《红旗文稿》，2017年第1期。

❼ 周玉：《历史虚无主义网络传播的新特点及对策》，《马克思主义研究》，2020年第7期。

❽ 李辉源、李云崔、张俊：《祛除网络历史虚无主义》，《社会科学家》，2021年第5期。

❾ 黑格尔：《历史哲学》，王造时译，上海书店出版社1999年版。

❿ 尼采：《权力意志》（上），孙周兴译，商务印书馆2007年版。

⓫ 马丁·海德格尔：《形而上学导论》，熊伟、王庆节译，商务印书馆1996年版。

值、存在论方面开展哲学讨论。

21世纪以来,西方学者研究历史阐释、价值存在的著作被大量译介,如美国学者丹尼尔·贝尔的《意识形态的终结》❶、美国学者格奥尔格·伊格尔斯的《二十世纪的历史学:从科学的客观性到后现代的挑战》❷、美国学者海登·怀特的《元史学:十九世纪欧洲的历史想象》❸、法国学者米歇尔·福柯的《知识考古学》❹、美国学者凯伦·L.卡尔的《虚无主义的平庸化——20世纪对无意义感的回应》❺等,这些著作在对哲学基本问题进行研究和阐释历史时,都对虚无主义作了论述和相关研究。

美国学者唐纳德·A.克罗斯比在《荒诞的幽灵:现代虚无主义的根源与批判》❻一书中,把虚无主义分为政治虚无主义和哲学虚无主义两类。从认识论和方法论的角度,该书又把哲学虚无主义细分为四种类型,即认识论虚无主义、道德虚无主义、宇宙论虚无主义和存在主义虚无主义。

二是研究历史虚无主义批判。相对而言,国外研究虚无主义的成果较多,研究历史虚无主义和历史虚无主义批判的成果较少。瓦·博尔金在《戈尔巴乔夫沉浮录》❼一书中通过对戈尔巴乔夫在20世纪80年代中期在苏联推行的改革和"8·19"事件的研究阐释,深刻总结苏联解体的原因,指出苏共放松对媒体和主流意识形态管控,导致虚无历史的错误思潮泛滥,终致苏联亡党亡国,该书对虚无主义进行了深刻而尖锐的批判。尼·

---

❶ 丹尼尔·贝尔:《意识形态的终结》,张国清译,江苏人民出版社2001年版。
❷ 格奥尔格·伊格尔斯:《二十世纪的历史学:从科学的客观性到后现代的挑战》,何兆武译,辽宁教育出版社2003年版。
❸ 海登·怀特:《元史学:十九世纪欧洲的历史想象》,陈新译,彭刚校,译林出版社2004年版。
❹ 米歇尔·福柯:《知识考古学》,谢强、马月译,三联书店2013年版。
❺ 凯伦·L.卡尔:《虚无主义的平庸化——20世纪对无意义感的回应》,张红军、原红梅译,社会科学文献出版社2016年版。
❻ 唐纳德·A.克罗斯比:《荒诞的幽灵:现代虚无主义的根源与批判》,社会科学文献出版社2020年版。
❼ 瓦·博尔金:《戈尔巴乔夫沉浮录》,李永全译,中央编译出版社1996年版。

伊·雷日科夫的《大国悲剧：苏联解体的前因后果》❶也通过剖析苏联解体历史根源、具体过程和经验教训，认为历史虚无主义的泛滥是导致苏联解体的深层次原因。此外亚·雅科夫列夫的《"改革新思维"与苏联之命运》❷一书在评价戈尔巴乔夫的"改革新思维"的同时，也对历史虚无主义进行了驳斥和批判。

由上可知，国外学者对历史虚无主义的研究较多，对历史虚无主义及其批判研究多集中在苏联解体的研究评价问题上，对中国历史虚无主义批判的研究则较少涉及，成果较少。

（二）研究述评

学术界以历史唯物主义为批判武器，分析了历史虚无主义的理论基础、历史根源、传播特征和现实危害，从学理上对反对历史虚无主义作出了巨大贡献，历史虚无主义研究成效明显，但还存在一些不足之处。一是对历史虚无主义概念的界定仁者见仁，智者见智，始终没有一个统一的概念界定，很多研究者在撰写研究论文时，都对概念问题视而不见，直接指向研究主题，历史虚无主义概念的不确定性在一定程度上影响了对历史虚无主义错误思潮的学理批判。二是在历史虚无主义批判的过程中某种程度上存在形式主义、教条主义的倾向，导致概念化、程式化、零碎化、简单化地分析和解决问题，因而反对历史虚无主义效果不明显，减弱了批判力度。三是研究内容的深度、广度不够，有待进一步挖掘，在对历史虚无主义的批判中存在大量重复劳动，研究内容呈现碎片化、表面化的状态。关于历史虚无主义的研究成果总体数量很多，但大部分研究论文比较细碎，缺乏专题视角，研究的问题较为分散。四是专著数量偏少，期刊论文成果较多，历史虚无主义批判研究缺少整体性、系统性、宏观性，体系化程度

---

❶ 尼·伊·雷日科夫：《大国悲剧：苏联解体的前因后果》，徐昌翰等译，新华出版社2008年版。

❷ 亚·雅科夫列夫：《"改革新思维"与苏联之命运》，高洪山等译，吉林人民出版社1992年版。

不够，从而减弱了历史虚无主义思潮的批判效果。本书研究历史虚无主义批判，从历史、理论、方法三个维度作一个"贯通"研究，以期深化这一研究，为新时代历史虚无主义批判构筑稳固的防范体系，提供鉴戒和历史启迪，以维护国家意识形态安全。

三、研究思路、框架与方法

（一）研究思路

本书以历史虚无主义批判的历史逻辑、理论逻辑和方法逻辑为研究对象，立足于历史与现实两个大视野，综合运用多种研究方法从总体、全局的角度出发研究历史虚无主义批判，摒弃碎片化的研究方式，努力做到整体性、宏观性的深入研究，深刻把握历史发展规律和时代发展大势，增强历史虚无主义批判研究内容的深度与厚度。

本书立足于马克思主义唯物史观，明确相关概念，总结历史虚无主义的历史演进，分析其危害，探索批判历史虚无主义的对策及当代启示，提升历史虚无主义批判的理论深度，力争使历史虚无主义批判的研究达到一个较高的学术水平。

（二）研究框架

本书研究框架包括绪论和正文两个部分。绪论主要包括研究缘起及研究意义，学术史梳理，研究思路、框架与方法，研究重点、难点，创新之处等五个部分。正文内容除结论外，共五章，其中第一章、第三章侧重于历史虚无主义批判的理论研究，第二章侧重于历史虚无主义批判的历史研究，第四章侧重于历史虚无主义批判的方法研究，第五章体现了历史虚无主义批判历史研究、理论研究与方法研究的统一。具体框架如下：

第一章，历史虚无主义相关概念及理论阐释，分为三个方面的内容：(1) 虚无主义内涵及分类，概述虚无主义的缘起，梳理虚无主义的内涵以及分类。(2) 历史虚无主义内涵和特征，对当前学术界对于历史虚无主义思潮概念的多种解读进行梳理，界定历史虚无主义内涵。（3）历史虚无主义理论基础和方法论，明确历史虚无主义是以唯心史观为理论来源、形而上学为方法论、价值观上坚持个人主义的社会思潮。

第二章，历史虚无主义思潮的泛起与演进，分为两个方面内容：（1）历史虚无主义思潮泛起与传播原因，从近代中国的落后与发展迟滞、西方"和平演变"战略的渗透、发展过程中的负面问题和效应、互联网技术的影响和传播四个方面分析历史虚无主义在中国的传播缘由。（2）历史虚无主义思潮演进与流变情况，对历史虚无主义思潮在中国出现与传播的过程的肇始、泛起、再兴、演进、流变进行历史考察，探寻历史虚无主义批判的历史逻辑。

第三章，历史虚无主义的表现与危害，分为两个方面的内容：（1）历史虚无主义表现与传播特点，分析历史虚无主义目的性、快速性、欺骗性、迷惑性、多样性的特点，揭开历史虚无主义传播的特点和规律。（2）历史虚无主义的危害，阐述历史虚无主义在扭曲历史观、影响政权稳定、消解"四个自信"、解构主流价值观方面的危害。

第四章，历史虚无主义的批判与应对，分为两个方面的内容：（1）历史虚无主义批判原则，明确在历史虚无主义批判中应该秉持政治性、实践性、理论性和斗争性的原则。（2）历史虚无主义的应对，提出从加强理论学习、治理新兴网络媒介、加强"四史"学习教育、完善法律保障体系、坚持历史辩证法、坚定"四个自信"等六个方面应对历史虚无主义的渗透，在此基础上探寻历史虚无主义批判的方法逻辑。

第五章，历史虚无主义批判的经验与启示。总结历史虚无主义批判中加强党的领导，坚持人民立场；开展学理研究，提高批判能力；严肃党纪国法，加强法治建设；加强思政教育，筑牢思想防线；加强网络治理，引导网络舆情；强化价值导向，引领社会思潮等六个方面的历史经验，以及坚定政治立场，敢于亮剑交锋；开展红色教育，注重实践养成；加强历史教育，建构政治认同；健全机制体制，形成强大合力；运用科学方法，实现破立并举；强化舆情管控，弘扬社会正气等六个方面的启示，为新时代遏止历史虚无主义提供历史借鉴和发挥启迪作用，以维护国家意识形态安全，建构社会主义主流意识形态。

（三）研究方法

文献研究法：通过学校图书馆、中国知网等数据库收集历史虚无主义批判的相关文献资料，整理和分析马克思主义经典著作、西方历史哲学理论以及学术界关于历史虚无主义批判与意识形态建构相关的大量论著，整体把握前沿研究成果和学术动态，为本书的研究提供理论基础和学术支撑。

比较研究法：根据一定的标准，注重纵向与横向、点与面的有机结合，从应然与实然的对比中，从历史唯物主义与历史虚无主义的比较中，运用历史与逻辑相统一的辩证思维，挖掘出历史虚无主义思潮批判的规律，以深化对历史虚无主义历史来源、理论基础的认识，为有效抵制历史虚无主义思潮提供严谨的科学遵循。

跨学科研究方法：历史虚无主义思潮批判涉及多个学科，本书在学科的交叉融合方面，整合不同的学科资源，注重马克思主义理论、传播学、历史学、哲学、社会学、政治学等学科方法的综合运用，宽视野、多途径、全方位地研究历史虚无主义批判，力争使历史虚无主义批判的研究达到一个较高的学术水平。

四、研究重点、难点

（一）研究重点

一是分析历史虚无主义泛起与传播的理论基础，找准批判历史虚无主义的理论着力点。

二是以时间为纬度、以历史为线索，梳理历史虚无主义思潮在中国出现与传播的脉络，论述其在各个历史时期的不同表现、样态及批驳情况。

三是重点研究改革开放以来历史虚无主义批判的方法、路径及取得的历史经验，为新时代批驳历史虚无主义提供借鉴。

（二）研究难点

一是学界对于历史虚无主义思潮这一核心概念的认识并不统一，需要在多角度解释的基础上抽丝剥茧，进行分辨，存在一定的难度。

二是探寻新时代中国历史虚无主义思潮泛起的原因背景，如何以新的视角判断历史虚无主义思潮蔓延趋势，总结给国家和社会带来的危害以及作出相应的对策，是历史虚无主义批判研究的一个难点。

五、创新之处

一是实现"贯通"研究。厘清历史虚无主义批判的历史演进，进行历史虚无主义批判历史、理论与方法的一个"贯通"研究，为新时代抵制历史虚无主义提供历史借鉴，这是本书学术思想上的创新之处。

二是批判新的样态。研究新时代历史虚无主义传播的新样态和新特点，把握和认清新时代软性历史虚无主义泛起的原因、特征、表现和危害，剖析其实践新样态，增强驳斥软性历史虚无主义和批判网络历史虚无主义的理论深度，这是本书学术的一个创新。

三是加强比较研究。运用比较研究法，通过比较历史唯物主义和历史虚无主义的理论基础、方法论、认识论和历史观，揭示历史虚无主义的理论谬误和现实危害。将不同内容的思想和理论加以比较，加强历史虚无主义批判力度，这是研究方法上的创新。

第一章

历史虚无主义相关概念及理论阐释

科学认识的形成是一个"不破不立"的过程。历史虚无主义是一种否定历史的客观性，歪曲历史，质疑历史的普遍规律的极为有害的社会思潮。只有把握历史虚无主义相关概念，对历史虚无主义进行理论阐释，学习和坚持唯物史观，始终站在时代的前沿，从理论和实践层面探讨根除历史虚无主义的路径，反对形而上学的思维方法，才能一方面把握住历史虚无主义的理论基础和表现形式，从本质上揭示其唯心主义实质，建构坚固的防御阵地，另一方面树立正确的历史认知观，揭示历史本质和社会发展规律，摒弃历史虚无主义，形成正确的历史认知。

一、虚无主义内涵及分类

"虚无主义"在西方出现时最初是一个哲学领域的命题。虚无主义始于德国，虚无主义"Nihilism"一词最初来源于拉丁语中的"nihil"（虚无），意为"什么也没有"。"虚无主义乃物化时代以及过渡性时代的精神症候，是现代性的伴发症。"❶ 虚无主义否认世界上存在着普遍永恒的正确原则。1799 年，德国哲学家雅可比在致费希特的信中第一次提出了虚无主义的命题，他用这一概念评述康德哲学，否定人生的意义，但没有系统研究和阐释这一命题。尼采对虚无主义这一命题的研究在同时代是最先开始的，他把哲学和认识论问题上的否定历史传统和道德原则，称为"虚无主义"，其对人性的见解、诠释超过了同时代的学者，取得了显著的成就。尼采认为旧的价值已经崩溃，"人生没有意义"。据此，尼采在思辨世界中解决思辨问题，其哲学理论和伦理思想围绕价值观展开，在前人的基础上，提出了"上帝死了"的关于思辨问题和哲学伦理认识的著名论断，从这一认识和价值判断中逐渐剥离出"虚无主义"的含义。"尼采的'上帝死了'标志着欧洲虚无主义的降临，也标志着'坏的主观性'的全面扩

---

❶ 邹诗鹏：《虚无主义研究》，人民出版社 2016 年版，第 1 页。

张，表征着真相、现实、实体的客观性全面溃败。"❶ 尼采是西方第一个把"虚无主义"纳入哲学认识领域进行探研的哲学家，他转换了认识视角，认为方法只是观念的转变，这种体认和理解加剧了认识上的茫然，具有怀疑主义、颓废主义的特点，虚无主义特征更加鲜明。

近代以来西方哲学流派普遍追求一个永恒的普遍的价值标准或道德标准，思想传统中一直存在浓浓的虚无主义话语，受限于人的认识能力，结果就是追求极致的抽象，陷入虚无主义的泥沼。产生于西方的虚无主义传入中国后，销蚀中华优秀传统文化，倡导"普世价值"，不断形塑人们的文化心理和文化需求，在不同历史时期呈现出不同的特点和文化样态特征，遮蔽和虚化中华民族历史文化，降低人们对社会主义核心价值观和主流文化的认同感，制造出一种新的价值认同，产生了极为严重的影响和危害。

（一）虚无主义内涵

虚无主义是一个舶来品。作为一种西方社会思潮，虚无主义根植于西方的文化传统，首先出现在 19 世纪与 20 世纪之交的欧洲。虚无主义是一种"不加分析地盲目否定人类文化遗产、否定民族文化，甚至否定一切的思想倾向"❷。虚无主义的产生不是偶然的，它在西方出现时首先是一种哲学观点和思潮，雅各比、尼采、海德格尔等西方著名哲学家曾从哲学视角考察、研究虚无主义问题，对虚无主义从价值、存在论方面开展了哲学讨论。法国启蒙运动开始后，西方学界对历史进行某种虚无的思想开始展露，人们借助理性的力量实现对上帝的否定，否定了神的存在，消解了权威，颂扬"非理性"在历史发展中的意义和作用。这就是虚无主义的本质。海德格尔提出："在形而上学中，存在本身本质上必然地还是未被思考的。形而上学是这样一种历史，在其中存在本身本质上是一无所有的；

---

❶ 顾超：《"后真相"语境下历史虚无主义的传播及应对》，《思想教育研究》，2019 年第 1 期，第 90 页。

❷ 冯契：《哲学大辞典》，上海辞书出版社 2001 年版，第 1727 页。

形而上学作为形而上学是本真的虚无主义。"[1] 在海德格尔看来，当人们消解神圣、颠覆权威时，思想上必然会出现怀疑主义、相对主义、颓废主义而成为虚无。虚无主义最先出现时是哲学层面的问题，西方哲学家秉持抽象人性观，无限夸大认识主体的精神和意志的作用，否定了人自身的价值，虚无历史的意义和价值，从而陷入迷茫和虚无之中，对历史无法作出科学的阐释和评判。

虚无主义是西方传统现代化裂变和演进的结果，与相对性杂糅在一起，本质上源于西方文化的内在危机。在西方学界，虚无主义从虚无物质世界到虚无个人与社会，再到否认历史事实发生背后的深层次的客观必然性，有选择性地进行筛选与重构历史逻辑，虚无社会规律与历史事实。因此反对虚无主义，必须首先剖析虚无主义产生的哲学根基，认清其产生的理论基础，驳斥其二元对立的唯心史观，才能从哲学维度深刻批判历史虚无主义，坚持唯物史观基本原理，正确认识历史规律，辩证地认识历史必然性和历史偶然性，有效抵御历史虚无主义的侵扰。

（二）虚无主义分类

虚无主义是近代以来西方现代化进程中生成的文化现象和价值标准。虚无主义常常和无政府主义、民粹主义裹挟在一起，学界一般将其分为文化虚无主义、民族虚无主义、历史虚无主义等三种。三者都是基于唯心史观的政治思潮，内涵本质上是相同的，都崇尚西方文化，在中国只是在各个历史时期的提法和名称不同，但都对中国社会产生了极大的影响和危害。

1. 文化虚无主义

文化是一个国家、一个民族的灵魂，积淀着一个民族深层次的精神追求。文化虚无主义是一种否定民族文化的虚无主义思潮，这一思潮发轫于20世纪初近代中国的思想场域，是在中西文化冲突过程中出现的虚无中国

---

[1] 马丁·海德格尔：《尼采》（下），孙周兴译，商务印书馆2017年版，第1044页。

历史文化的思潮。20世纪二三十年代,中国的文化思想界开始出现"全盘西化"的论调,否认民族文化的独立性与价值意蕴,激进者鼓吹西方文明中心论,认为西方文明是世界文明的发展方向,中国的经济文化落后,要想实现现代化,必须抛弃传统文化,实行"全盘西化",根本无视中国文化的特殊属性和价值。陈序经声称:"西洋文化无论在思想上,艺术上,科学上,政治上,教育上,宗教上,哲学上,文学上,都比中国的好。就是在衣、食、住、行的生活上头,我们也不及西洋人的讲究。"❶ 这种认知必然会导致文化自卑,降低中华文化的精神旨趣,从而贬低和忽视中国优秀历史文化传统。胡适虽然赞同陈序经的观点,但对这种决绝的态度有所保留,提出充分西化。❷ 这种对文化的体认和理解,使中国的知识界笼罩在自我怀疑、批判之下。这种文化自卑,否定中国的历史和文化,尊崇西方的文化,认为中国要实现现代化,必须"全盘西化",其观点具有强烈的文化虚无主义色彩,消解了民族文化的核心价值。20世纪30年代蒋廷黻在其撰述的《中国近代史》一书中提出了发人深省的观点:"近百年的中华民族根本只有一个问题,那就是:中国能近代化吗?能赶上西洋人吗?能利用科学和机械吗?能废除我们家族和家乡观念而组织一个近代的民族国家吗?能的话,我们民族的前途是光明的;不能的话,我们这个民族是没有前途的。"❸ 蒋廷黻虽然关注20世纪30年代中国的前途命运,渴望找到民族的出路,但在其著述中也是推崇西方文化,提出中国近代的出路在于学习西方,全盘西化才是正途和出路,才能实现中国近代化,开辟中国光明的发展前景。

文化虚无主义以虚无之姿弱化、贬损、歧视中国的民族历史文化。文化虚无主义者对中国的民族历史文化怀有深深的敌意和偏见,持否定和偏激的态度,妄自菲薄,对传统的历史文化进行虚无消解,"即视本国以往

---

❶ 转引自罗荣渠:《从"西化"到现代化》(中册),黄山书社2008年版,第385页。
❷ 胡适:《胡适论学近著》,山东人民出版社1998年版,第503页。
❸ 蒋廷黻:《中国近代史》,岳麓书社1987年版,第11页。

历史为无一点有价值，亦无一处足以使彼满意"❶。文化虚无主义论调漠视中国的民族历史文化的独特价值，使人们丧失了文化自信、民族认同和国家意识，严重伤害民族自尊心和自信心，陷入文化自卑的窠臼。据此提出的西化论在当时受到了马克思主义者和知识界文化保守主义者的批判。毛泽东极力反对形式主义地对待中西文化，反对全盘西化，他认为："所谓'全盘西化'的主张，乃是一种错误的观点。形式主义地吸收外国的东西，在中国过去是吃过大亏的。"❷ 中华传统文化是中华民族的生存方式和精神家园，对中华传统文化和历史遗产，要批判地继承，不能全盘否定。毛泽东指出："我们这个民族有数千年的历史，有它的特点，有它的许多珍贵品。对于这些，我们还是小学生。今天的中国是历史的中国的一个发展；我们是马克思主义的历史主义者，我们不应当割断历史。从孔夫子到孙中山，我们应当给以总结，承继这一份珍贵的遗产。这对于指导当前的伟大的运动，是有重要的帮助的。"❸ "国家的历史越悠久，文化的历史底蕴就越深厚，国家的凝聚力就越强。历史记忆一旦消失，随之而来的将是文化的断层与消亡，民族心理、国家认同也会随之改变或消失。"❹

文化认同是国家认同的重要方面。"文化虚无主义旨在将虚无渗透进文化发展的纵横交错之间，在纵向表现为对中国传统文化的矮化与消解，在横向表现为对外来文化的拔高与谄媚，凸显出这一时期文化'软骨病'的症状。"❺ 文化是一个民族的基因，对一个国家、民族具有强大的凝聚力。"文化自信是一个国家、一个民族发展中更基本、更深沉、更持久的力量。"❻ 文化虚无主义造成了一部分人的历史文化失忆以及国家认同错

---

❶ 钱穆：《国史大纲》（上），商务印书馆1996年版，第1页。
❷ 《毛泽东选集》（第2卷），人民出版社1991年版，第707页。
❸ 《毛泽东选集》（第2卷），人民出版社1991年版，第533—534页。
❹ 杨玉玲：《文化认同：爱国主义教育的战略工程》，《思想政治工作研究》，2009年第7期，第11页。
❺ 俞佳奇、杜玉华：《近代历史图景中虚无主义的表现形态、演进动力及应对经验》，《理论导刊》，2019年第7期，第63页。
❻ 中共中央党史和文献研究院：《十九大以来重要文献选编》（上），中央文献出版社2019年版，第16页。

乱，冲击和颠覆中华民族的民族记忆，严重伤害了中国人民的感情。反对文化虚无主义要坚定文化自信，旗帜鲜明地批判"全盘西化"极端倾向，创新抵御虚无主义的理论体系和实践逻辑，祛除历史虚无主义滋生的文化土壤，对优秀传统文化在继承与发展中实现发扬，实现对历史文化的集体记忆和价值认同。

2. 民族虚无主义

民族虚无主义是虚无主义在民族问题认识上的反映，是一种颠覆历史、混淆是非、否定民族历史文化的有害的虚无主义思潮。20 世纪 80 年代中期，在思想文化领域出现了"民族虚无主义"，以某些电视剧为代表的民族虚无主义思潮鼓吹"全盘西化"，把西方民主制度和价值观作为反观中国的唯一参照标准，否定中国特色社会主义模式，认为走资本主义道路才是中国的正确选择和唯一出路。民族虚无主义对民族历史文化缺乏基本的历史敬畏，否定民族的心理积淀，丧失了对本民族、本国的历史认同，体现民族自卑心态，宣扬错误历史观，危害巨大，产生了新的民族认同危机。1989 年 12 月，江泽民指出："一个时期以来，资产阶级自由化思潮的泛滥，资产阶级的'民主'、'自由'、'人权'口号的蛊惑，利己主义、拜金主义、民族虚无主义和历史虚无主义的滋长，严重侵蚀党的肌体，把党内一些人的思想搞得相当混乱。"❶民族虚无主义试图抽掉民族赖以生存和发展的精神支柱或灵魂，丢掉国人的底气、骨气和硬气，使中国人丧失民族自豪感和自信心。在民族虚无主义问题上，我们必须强调民族文化自信、自尊和政治认同。哈贝马斯认为国民身份"具有双重特征，一种是由公民权利确立的身份，另一种是文化民族的归属感"❷。实现民族文化自信、自尊，必须首先尊重民族历史与文化。习近平指出："历史就是历史，历史不能任意选择，一个民族的历史是一个民族安身立命的基

---

❶ 《江泽民文选》（第一卷），人民出版社 2006 年版，第 94 页。
❷ 哈贝马斯：《包容他者》，曹卫东译，上海人民出版社 2002 年版，第 133 页。

础。"❶ 历史是一个民族的文化积淀。任何一个国家和民族的历史文化不能割裂，不能虚无，否则就会重蹈苏联解体覆辙。"从某种意义上说，一个国家历史的传承其实就是这个国家价值的传承，对一个国家历史的尊重其实就是对这个国家价值信仰的尊重，对一个国家历史的态度其实蕴含着对这个国家的价值偏好和毁誉褒贬。"❷ 历史是一个民族的集体记忆。民族虚无主义是虚无主义在民族问题认识上的反映，盲目崇拜西方文化，就会丧失文化认同、民族认同。

民族历史文化是塑造国家精神和民族信仰的重要文化基因，承载着培养和教化民族认同和国家意识的社会功能，我们必须在价值观的引导塑造中继承和弘扬民族优秀传统文化，反对民族虚无主义和崇洋媚外。毛泽东曾指出："历史上不管中国与外国，凡是不应该否定一切的而否定一切，凡是这么做了的，结果统统毁灭了他们自己。"❸ 习近平总书记也强调："历史和现实都表明，一个抛弃了或者背叛了自己历史文化的民族，不仅不可能发展起来，而且很可能上演一幕幕历史悲剧。"❹ 历史是一个民族的记忆。"欲知大道，必先为史。"尊重历史，珍视优秀传统文化，才是对待民族历史文化的正确态度。

3. 历史虚无主义

历史虚无主义是一种否定历史的客观性，歪曲历史，质疑历史普遍规律的虚无主义思潮。这种思潮为宣扬西方宪政民主、价值观等提供理论和历史依据，服务于"和平演变"和"颜色革命"的战略目标。

历史虚无主义者立足于人性、自由、正义等抽象的概念，只作价值判断，其价值叙事及其实践行为都是服务其政治目的，抹黑历史，忽视真理

---

❶ 中共中央文献研究室：《十八大以来重要文献选编》（上），中央文献出版社 2014 年版，第 694 页。
❷ 阮博：《爱国主义视域下青年"精日"现象论析》，《中国青年研究》，2019 年第 5 期，第 19 页。
❸ 转引自龚云：《历史虚无主义的根源、动向与危害》，《前线》，2018 年第 3 期，第 53 页。
❹ 习近平：《在中国文联十大、中国作协九大开幕式上的讲话》，《人民日报》，2016 年 12 月 1 日，第 2 版。

性判断。研究表明:"从概念演化可以发现,历史虚无主义主要经历了由虚无民族传统文化到虚无党的领袖、虚无历史和文化的过程,意识形态色彩越来越浓,否定党的领导和社会主义制度的政治图谋也越来越明显。"❶ 历史虚无主义者打着客观中立的幌子对历史进行所谓的"重新评价"和学术创新,否认党的领导和社会主义制度,武断地认为中国人民选择了马克思主义、中国共产党、社会主义道路和改革开放是一种巧合,是一种历史的偶然,否认"四个选择"背后的历史必然性,进而否认历史发展规律。习近平总书记曾强调:"国内外敌对势力往往就是拿中国革命史、新中国历史来做文章,竭尽攻击、丑化、污蔑之能事,根本目的就是要搞乱人心,煽动推翻中国共产党的领导和我国社会主义制度。"❷ 历史虚无主义对历史解释框架进行整体颠覆。"历史虚无主义并不是对历史完全虚无,而是有所虚无,有所不虚无。"❸ 虚无对象有所取舍,就完全取决于、服务于他们的政治目的。马克思指出:"历史不外是各个世代的依次交替。每一代都利用以前各代遗留下来的材料、资金和生产力;由于这个缘故,每一代一方面在完全改变了的环境下继续从事所继承的活动,另一方面又通过完全改变了的活动来变更旧的环境。"❹ 历史与人具有统一性,抓住了"社会的人"才能认识"历史真相",把握历史的本质及其规律。历史虚无主义以相对主义的方法解构历史、虚无历史,否认历史是过往的客观存在,否定历史主体,颠覆传统的历史观,解构历史和文化,这就偏离了对历史本质和规律的解释轨道,用价值虚无来印证历史虚无,扰乱了人们的历史认知。

二、历史虚无主义概念内涵和特点

历史虚无主义利用一切时机、采取多种手段和方法利用受众的主观感

---

❶ 王瑾、文世芳:《1949—1989 年〈人民日报〉对历史虚无主义的解析》,《当代中国史研究》,2017 年第 2 期,第 10 页。
❷ 习近平:《论中国共产党历史》,中央文献出版社 2021 年版,第 4 – 5 页。
❸ 龚书铎:《历史虚无主义二题》,《高校理论战线》,2005 年第 5 期,第 49 页。
❹ 《马克思恩格斯选集》(第 1 卷),人民出版社 1995 年版,第 88 页。

受、认知局限，否定历史、虚无历史，消解意识形态领域中的主流思想，任意裁剪历史，否认历史的规律性。唯有正确认识历史虚无主义概念内涵和特点，将科学态度、科学方法应用于分析和研究历史，才能坚持唯物史观，有效地批判和遏制历史虚无主义。

（一）历史虚无主义概念内涵

历史虚无主义是由"虚无主义"这个母概念衍生而来，是"虚无主义"的一个现实文化样态。历史虚无主义是一种具有浓厚政治色彩的非理性社会思潮。"历史虚无主义是虚无主义映射在历史领域的学术面相，大体是指一种对历史采取否定、篡改、调侃错误的态度和观点。"[1] 历史虚无主义是一种唯心主义历史观，采取形而上学的思维方式，沿着"解构—重构"历史的逻辑理路，用个别现象否定本质趋向，否弃历史辩证法和人类社会历史发展一般规律，质疑社会历史发展的真理性、客观性和进步性。马克思、恩格斯指出，人类社会的发展同自然界的发展是存在差别的，"不管这个差别对历史研究，尤其是对各个时代和各个事变的历史研究如何重要，它丝毫不能改变这样一个事实：历史进程是受内在的一般规律支配的"[2]。实践是社会历史的本体，马克思、恩格斯将人置于现实的社会关系之中，认为历史发展的一般规律不能否定，否则就会陷入随意解构历史的唯心主义的泥潭，从先验理性出发研究历史，会混淆历史的本质与现象。

唯物史观是科学历史观和方法论的统一。历史观是一定社会文化观念的一种高度的抽象概括和本质上的呈现。一般而言，对历史的否定实际上就是对现实的否定，二者是同义语。历史是最好的教科书，学史可以明理。形成正确的历史认知，把握历史发展的客观规律必须坚持逻辑与历史相统一的方法，坚持历史唯物主义的科学辩证法，批驳历史虚无主义的错误的思想观点和认识方法。历史观是对历史的根本看法和观点，决定了历

---

[1] 沈江平：《"历史虚无主义"的历史唯物主义评判》，《中国高校社会科学》，2021年第3期，第59页。
[2] 《马克思恩格斯文集》（第4卷），人民出版社2009年版，第302页。

史研究的思维模式和立场方法。历史虚无主义以形而上学的方式看待历史，陷入了非此即彼的二元对立思维模式，对具体历史问题进行片面的解读，因而也就无从认识社会历史本质和发展规律。

（二）历史虚无主义特点

历史虚无主义在认识历史的过程中坚持形而上学的方法论，以唯心主义历史观作为理论基础，片面夸大人的意志和主观动机在历史中的决定性作用，以现象代替本质，歪曲臆造历史。"这种倾向，从形式上看有虚有实，虚是理论拼凑，实是历史解读；从内容上看有整有零，整是总体否定，零是分体曲解。"❶ 历史虚无主义特点有两个方面：一是秉持"西方中心论"，认为西方资本主义国家的政治制度和价值观优于非西方国家；二是虚无扭曲历史，抛弃原有的历史评价标准和判断逻辑，否定历史客观存在，解构历史、歪曲历史。只有认清历史虚无主义的特点，才能把握历史虚无主义的唯心本质、政治图谋、理论表现与实践逻辑，从理论上和实践上进行有力的揭露和批判。

1. 坚持"西方中心论"

当今世界各种思想文化相互激荡，历史虚无主义思潮以"西方中心论"为理论基础，这是历史虚无主义的一个显著特点。"西方中心论"提出，社会的发展围绕西方文明和资本主义国家展开，西方资本主义国家在人种素质、制度框架、发展模式以及价值观等方面，要比非西方国家高，明显优越于非西方国家。"西方中心论"用西方的思维方式和话语模式提出"文化优越论""文明中心论"，是非西方国家历史虚无主义思潮产生的源头活水。马克思指出："工业较发达的国家向工业较不发达的国家所显示的，只是后者未来的景象。"❷ 历史虚无主义者立论的基础是"西方中心

---

❶ 田居俭：《必须尊重中华民族的历史渊源——评历史虚无主义的一种表现》，《求是》，2006年第3期，第47页。

❷ 《马克思恩格斯选集》（第2卷），人民出版社2012年版，第82页。

论",他们一方面认为经济文化落后国家无法产生现代化、工业化发展所需的制度和价值理念等各种条件,西方资本主义国家的政治和社会制度优越,经济落后的社会主义国家要学习借鉴西方,才能变得富强民主,实现现代化;另一方面认为这些落后国家一切都比不上西方,其主要根源在于非西方国家的历史和文化,在于他们的愚昧、闭塞、贫困、落后。中西文化的对比、国家的发展程度为虚无非西方国家的民族历史文化提供了依据。历史虚无主义从认识论来说是一种片面的单向度的思维方法。历史虚无主义者从"西方中心论"出发,颂扬西方而贬低中国,颠倒黑白,抹黑中国5000多年文明史,实现对历史传统的背离和颠覆,有意识地贬低中国历史文化对世界发展的贡献和巨大影响。

新自由主义、个人主义是历史虚无主义的理论基础和思想根源。以美国为首的西方资本主义国家建构二元对立,抹黑社会主义国家,坚持西方中心论,推行"和平演变"战略,威胁社会主义国家政权的稳固。历史虚无主义者有着鲜明的政治目的,打着挖掘真相、"还原历史"的幌子,成为西方国家推行"和平演变"战略颠覆社会主义国家的工具。社会主义国家要想长治久安,实现经济社会的稳定发展,就必须揭穿历史虚无主义的理论本质和现实危害,大力批驳"西方中心论"的谬论,驱散历史虚无主义编织的迷雾。

历史虚无主义从本质上说是典型的"西方中心论"的流变和演进。历史虚无主义所反映的不仅仅是历史或文化问题。"它表征着'西方中心主义',是承载着西方特殊目的的'政治思潮'。"❶ 只有透过现象探究历史虚无主义的本质和政治目的,批驳其"西方中心论"的理论逻辑、现实逻辑,才能坚决有效地反对历史虚无主义。看得见多远的过去,就能走得向多远的未来。延安时期毛泽东对否认中国历史和文化的教条主义者进行批评,指出:"对于自己的祖宗,则对不住,忘记了。"❷ 习近平总书记也强

---

❶ 郝继松:《当代中国马克思主义视阈下的历史虚无主义批判》,《理论月刊》,2018年第1期,第177页。
❷ 《毛泽东选集》(第三卷),人民出版社1991年版,第797页。

调:"我们共产党人是坚定的马克思主义者,我们党的指导思想就是马克思列宁主义、毛泽东思想和中国特色社会主义理论体系。同时,我们不是历史虚无主义者,也不是文化虚无主义者,不能数典忘祖、妄自菲薄。"❶ 历史与文化对于国家认同与民族认同具有重大的意义。对待历史文化不能片面性、绝对化,要看历史主流,回归到理性认识,只有坚定"文化自信",增强中国文化和中国精神的认同感、归属感,实现文化自尊自觉自强,才能有效地警惕和批判历史虚无主义,遏止历史虚无主义的传播、泛滥。"文化自信"是批判历史虚无主义思潮和建构社会主义主流意识形态的内生动力。

2. 虚无民族历史文化

历史是一个国家的文化根脉,历史与文化一脉相承、浑然一体。文化是历史的积淀,历史是文化的延伸。"历史虚无主义的要害是虚无历史。虚者,模糊歪曲也;无者,抹杀消除也。"❷ 历史叙事本身就带有叙事者的阶级立场和自身的主观情感和认识视角,绝对的"客观"是不可能的。"马克思和恩格斯的唯物主义辩证法无疑地包含着相对主义,可是它并不归结为相对主义,这就是说,它不是在否定客观真理的意义上,而是在我们的知识向客观真理接近的界限受历史条件制约的意义上,承认我们一切知识的相对性。"❸ 因此,在阐释和研究历史时,研究者必须承认这种相对性,这是因为"历史是人们认识活动的客体,并同样转化为认识的内容而被观念地加以把握"❹。研究历史必须秉持正确的历史观,坚持大历史观视角,明晰历史发展的主题、主线、主流和本质。"价值中立"这种纯粹客观主义色彩的方法论原则和立场是错误的。著名学者伊曼纽尔·沃勒斯坦

---

❶ 《习近平在中共中央政治局第十八次集体学习时强调牢记历史经验历史教训历史警示 为国家治理能力现代化提供有益借鉴》,《人民日报》,2014年10月14日。

❷ 田居俭:《必须尊重中华民族的历史渊源——评历史虚无主义的一种表现》,《求是》,2006年第3期,第49页。

❸ 《列宁全集》(第18卷),人民出版社2017年版,第138页。

❹ 转引自吴争春、靳芳菲:《大历史观视域下对虚无主义抗战史观的三重批判》,《湖湘论坛》,2021年6期,第49页。

指出："所有的学者都必须植根于一个特定的背景之中，因而都不可避免地要利用各种前提和偏见，而这些前提和偏见会干扰他们对社会现实的感知和理解。"❶ 历史具有两个层面的含义，其一是客观的具体历史过程，是不可复制的；其二是人们对客观历史的阐释和记述，带有一定的主观性。因此，历史是一种不可复制的客观存在，从认识论来说还是被认知和记述的过程。"真相的客观性一定程度上依赖于人们的视角，对于事物或某个事件共同的视角和阐释，是形成共识、产生社会舆论的前提和基础。"❷ 历史虚无主义者认为历史只不过是话语和文本的建构，他们对历史的阐释脱离当时的历史场景和特定历史条件，全面否认历史的客观性与可知性。"欲知大道，必先为史。"唯物史观认为历史是客观的，是不以人的意志为转移的存在。"历史就不再像那些本身还是抽象的经验主义者所认为的那样，是一些僵死的事实的汇集，也不再像唯心主义者所认为的那样，是想象的主体的想象活动。"❸ 历史研究中要坚持历史和价值相统一的重要原则，正确把握社会历史规律。"历史不过是追求着自己目的的人的活动而已。"❹ 历史研究不可能没有价值立场，"历史研究主体作为'现实的人'，总是处于具体的历史的社会环境和社会关系之中，在阶级社会里，其世界观、社会历史观和价值观是具有阶级利益和意识形态倾向的"❺。历史本身的客观存在性和历史认知阐释的主观性是矛盾的，在认识历史、研究历史时，人们不可能将自己的主观性因素完全剔除，问题是研究者和叙述者应如何采取正确的立场和价值评判方法。

唯物史观认为正确反映和书写历史，必须抛弃孤立的、片面的、抽象的人性论，坚持科学的历史观，坚持马克思主义唯物史观。与之相反，历

---

❶ 伊曼纽尔·沃勒斯坦：《开放社会科学：重建社会科学报告书》，刘锋译，三联书店1997年版，第98页。

❷ 顾超：《"后真相"语境下历史虚无主义的传播及应对》，《思想教育研究》，2019年第1期，第88页。

❸ 《马克思恩格斯选集》（第1卷），人民出版社2012年版，第153页。

❹ 《马克思恩格斯文集》（第1卷），人民出版社2009年版，第295页。

❺ 郭彦林：《划清马克思主义历史观与历史虚无主义的界限》，《马克思主义研究》，2021年第5期，第132页。

史虚无主义者借鉴了解构主义的内核，与事实相反地"戏说""水煮"历史，否定历史的客观性，歪曲历史的真相，否定了历史现象之间的内在因果联系。马克思、恩格斯指出："迄今为止的一切历史观不是完全忽视了历史的这一现实基础，就是把它仅仅看成与历史进程没有任何联系的附带因素。因此，历史总是遵照在它之外的某种尺度来编写的"。❶ 历史虚无主义使碎片化的历史研究进一步复杂化，破坏了历史的整体性、逻辑性，混淆人们的历史认知，为达到其扭曲和虚无历史的目的，消解了民族凝聚力和向心力。

三、历史虚无主义理论基础和方法论

唯心主义哲学一直是近代西方哲学的主流。历史虚无主义用唯心主义和形而上学的立场、观点和方法认识历史、阐释历史。下面从唯心主义历史观（又称唯心史观）和形而上学两个方面剖析历史虚无主义的理论基础和方法论来源。

（一）理论基础：唯心史观

唯心史观是历史虚无主义的理论基础。反对历史虚无主义，必须深刻揭露历史虚无主义理论基础和根基的荒谬性。唯心史观考察社会历史，割裂了历史客观性和认识主体性之间的联系，以"抽象的人"而不是"现实的人"为理论出发点，把社会意识放在第一位，夸大人的主观能动性，否认社会生活的实践本质，把意识作为推动社会发展的决定性力量，认为精神是历史发展的终极动因，意识创造社会历史，从而蔑视和否认社会历史领域的客观规律。与新自由主义、民主社会主义等思潮相类，历史虚无主义是一种非理性的错误政治思潮，带有浓厚的意识形态色彩和明确的政治意图，否认阶级观点和人民立场，具有较大破坏力和影响力。"历史虚无主义思潮在社会现实中既是一种理论形态，又在某种程度上是一种实践

---

❶ 《马克思恩格斯文集》（第1卷），人民出版社2009年版，第545页。

形态。"❶ 因此反对历史虚无主义必须从理论上探讨历史虚无主义传播的理论基础和策略方式，划清历史唯物主义和历史虚无主义的理论界限，洞悉历史虚无主义的叙事本质。"理论只要彻底，就能说服人。所谓彻底，就是抓住事物的根本。"❷ 只有认清历史虚无主义的理论基础和叙事策略，揭开历史虚无主义的神秘面纱，才能有效地抵制这种社会思潮和思想倾向，予以坚决回击，彻底驳倒其理论根基，抵制历史虚无主义的话语传播与思想渗透，遏止历史虚无主义的传播，祛魅历史绝对主义，引导舆论的走向。

历史虚无主义是一种极为有害的社会思潮，具有明显政治诉求和意识形态目标，以西方政治价值观为标准，打着西方"普世价值"的幌子和自由民主的旗号，以唯心史观为哲学基础，以主观臆断的推理逻辑为认知路线，主观、孤立、片面认识历史，否定历史发展规律，造成了人们的认识混乱和价值共识颠倒，从而陷入了历史虚无主义的泥淖。"一定的思想意识的形成依赖于一定的理论，必然会裹挟着一定的思想文化基因，历史观上的唯心主义无疑成为历史虚无主义产生的重要理论渊源。"❸ 只有以马克思主义为指导，洞悉历史虚无主义思潮产生的理论基础和实践逻辑，揭露其唯心主义的世界观和形而上学的方法论，认清其理论陷阱和现实危害，大力进行批驳，才能有效地反对历史虚无主义。正如习近平总书记所指出的："只有真正弄懂了马克思主义，才能在揭示共产党执政规律、社会主义建设规律、人类社会发展规律上不断有所发现、有所创造，才能更好识别各种唯心主义观点、更好抵御各种历史虚无主义谬论。"❹ 唯有认清和辨识历史虚无主义者的唯心主义论调，批驳历史虚无主义思潮的反动政治意图和错误价值导向，才能筑牢抵御历史虚无主义思潮的理论基础和思想

---

❶ 江先锋：《大学生受历史虚无主义思潮影响的原因探析》，《思想教育研究》，2012年第4期，第51页。

❷ 《马克思恩格斯选集》（第1卷），人民出版社2012年版，第10页。

❸ 沈江平：《"历史虚无主义"的历史唯物主义评判》，《中国高校社会科学》，2021年第3期，第61页。

❹ 习近平：《在哲学社会科学工作座谈会上的讲话》，《人民日报》，2016年5月19日，第2版。

阵线。

"灭人之国，必先去其史。"历史虚无主义否认唯物史观的基本原则，否认唯物史观和马克思主义在社会科学研究中的指导地位，打着"学术创新""还原历史"的幌子，污蔑马克思主义是真真正正的"历史虚无主义"，在此基础上历史虚无主义者重新阐释"历史虚无主义"定义，解构社会主义主流意识形态，背后有强烈的价值判断、价值倾向。唯心主义历史观是历史虚无主义的理论基础。理论对实践有能动的反作用，正是因为这种错误的历史观的指导，历史虚无主义者才会混淆黑白，颠倒和扭曲历史，否认历史发展的规律性。

（二）方法论：形而上学

历史观决定方法论，历史虚无主义否弃历史辩证法而采取形而上学的方法论，这是其方法论来源。"在历史方法论层面，历史虚无主义否认和反对阶级分析法，错误地运用历史分析法和矛盾分析法，用细节代替整体、支流代替主流、现象代替本质，这是典型的形而上学方法论。"❶ 形而上学将认识历史简单化为对立两面的二分法，缺乏辩证性、全面性，采取孤立、静止、片面的方法处理问题，用碎片化的事实来否定历史发展规律。

"辩证法在考察事物及其在观念上的反映时，本质上是从它们的联系、它们的联结、它们的运动、它们的产生和消逝方面去考察的。"❷ 唯物史观恰当处理历史中的主客体关系，其对历史本质的逻辑把握，使其既是一种正确的历史观，也是一种科学的方法论，还成为批判历史虚无主义的工具和锐利武器。"所谓方法，乃是人们在认识活动和实践活动中获得一定成果的方式。任何科学方法，都必然包括对对象自身运动规律的认识，从内容和本质上说，方法就是对规律的自觉运用。"❸ 人类社会历史的发展是一

---

❶ 沈江平：《"历史虚无主义"的历史唯物主义评判》，《中国高校社会科学》，2021年第3期，第63页。
❷ 《马克思恩格斯选集》（第3卷），人民出版社2012年版，第397页。
❸ 杨耕：《马克思主义历史观研究》，北京师范大学出版社2012年版，第17页。

个有规律的辩证运动的自然历史过程,因此认识和研究社会历史,必须反对形而上学的方法论,反对唯意志论和宿命论的思维方法,识破和揭穿其虚伪本质和表现形式,反对孤立地、静止地研究历史。马克思曾指出:"理论一经掌握群众,也会变成物质力量。理论只要说服人,就能掌握群众;而理论只要彻底,就能说服人。"❶ 只有学习和坚持唯物史观,反对形而上学的思维方法,揭示历史虚无主义的本质和表现形式,从理论和实践层面探讨批判具体历史虚无主义的路径,建构坚固的防御阵地,树立正确的历史认知观,揭示历史本质和社会发展规律,摒弃历史虚无主义。

历史虚无主义者抽离了人的阶级性和社会性,按照主观愿望和政治诉求,随意涂抹或剪裁历史,主观臆断地解构历史,搭建不合逻辑的联系,以历史发展的个别现象取代历史发展进程中的普遍规律,让历史游离于事实和虚构之间,以"碎片化"的历史掩盖历史真相,否定历史的本质和发展规律。恩格斯指出:"如果不把唯物主义方法当作研究历史的指南,而把它当作现成的公式,按照它来剪裁各种历史事实,那它就会转变为自己的对立物。"❷ 唯有尊重历史而不是歪曲历史,推行大历史观,才能肃清历史虚无主义的阴霾。

唯物史观是科学的历史观和方法论的统一。在研究和认识历史的过程中,唯物史观强调一切必须以客观历史条件为认识的前提和出发点,联系具体的社会历史环境,要充分地占有历史资料。恩格斯指出:"即使只是在一个单独的历史事例上发展唯物主义的观点,也是一项要求多年冷静钻研的科学工作,因为很明显,在这里只说空话是无济于事的,只有靠大量的、批判地审查过的、充分地掌握了的历史资料,才能解决这样的任务。"❸ "单凭愤慨,单凭怒气迸发,不管多么正义都毫无用处,这里需要的是论据。"❹ 列宁强调研究和阐释历史不能脱离当时具体的社会环境和历

---

❶ 《马克思恩格斯选集》(第1卷),人民出版社2012年版,第9—10页。
❷ 《马克思恩格斯选集》(第4卷),人民出版社2012年版,第595页。
❸ 《马克思恩格斯选集》(第2卷),人民出版社2012年版,第9页。
❹ 《马克思恩格斯全集》(第7卷),人民出版社1959年版,第269页。

史条件，指出："在社会科学问题上有一种最可靠的方法，它是真正养成正确分析这个问题的本领而不致淹没在一大堆细节或大量争执意见之中所必需的，对于用科学眼光分析这个问题来说是最重要的，那就是不要忘记基本的历史联系，考察每个问题都要看某种现象在历史上怎样产生、在发展中经过了哪些主要阶段，并根据它的这种发展去考察这一事物现在是怎样的。"❶ "在分析任何一个社会问题时，马克思主义理论的绝对要求，就是要把问题提到一定的历史范围之内。"❷ 邓小平也强调必须从各种历史因素的普遍联系中，才能把握历史的本质和主流，"我们是历史唯物主义者，研究和解决任何问题都离不开一定的历史条件"❸。历史虚无主义坚持形而上学的方法论，完全脱离当时客观的、具体的历史进程，以西方文化价值观为圭臬，无限夸大认识主体的精神、思想动机和意志的作用，用形而上学的方法扭曲历史，这是十分有害的。

历史唯物主义是马克思主义的理论基石，以历史的客观性为前提，将历史研究引入了科学轨道。反对历史虚无主义必须坚持用唯物史观指导历史研究，从理论上深刻揭示其唯心主义历史观的依据和错误根源，有的放矢地大力批判唯心史观，划清维护历史的客观性和虚化客观历史的界限，才能反对形而上学，坚持历史唯物主义的方法论原则，坚持人的社会本质的具体历史性，把握历史演进规律和主导性线索，弄清历史是非，统一思想，正本清源，坚持历史的辩证法，坚定"四个自信"。

总之，历史虚无主义历史观是唯心史观，方法论是形而上学，只有认清其理论基础和方法论根源，坚持唯物史观，才能正本清源，有效地遏止历史虚无主义的传播。历史唯物主义始终将人民群众放在社会历史主体的位置上，坚持人民群众是历史的创造者，认为人民群众才是推动社会变革和发展的主体力量，列宁曾说："以往的理论从来忽视居民群众的活动，只有历史唯物主义才第一次使我们能以自然科学的精确性去研究群众生活

---

❶ 《列宁全集》（第37卷），人民出版社2017年版，第63页。
❷ 《列宁全集》（第25卷），人民出版社2017年版，第232页。
❸ 《邓小平文选》（第2卷），人民出版社1994年版，第119页。

的社会条件以及这些条件的变更。"❶ 历史唯物主义是强大理论武器，揭示了人类社会发展的普遍历史规律，批驳了历史虚无主义的个人利益至上的价值标准和价值理念，坚持人民利益至上价值原则，只有认真学习马克思主义理论，把握唯物史观的历史性原则、价值性原则、实践性原则，才能从中汲取理论智慧和精神能量，把握历史发展大势，揭露历史虚无主义的根本错误，消除其潜在威胁，坚定马克思主义在意识形态领域的主导地位，达到历史的科学性和人的主体性的统一，荡涤历史虚无主义唯心史观和形而上学的方法论对建构社会主义主流意识形态的影响。唯物史观是科学的世界观与方法论的统一，在认识和研究社会历史时，唯物史观坚持唯物辩证法的立场、观点和方法。因此反对历史虚无主义必须反对形而上学的方法论，批驳其错误的唯心主义的历史观，运用唯物史观的批判武器，才能打破历史虚无主义的精神困局，筑牢抵御历史虚无主义思潮的阵线。

---

❶《列宁专题文集·论马克思主义》，人民出版社2009年版，第14页。

第二章

历史虚无主义思潮的泛起与演进

"作为社会意识存在的历史虚无主义思潮,其'思'是对人类社会发展历史的主观反映,'潮'是这些虚无历史的思想观念相互激荡、彼此影响而呈现出的流变状态。"❶ 历史虚无主义思潮在中国的泛起与演进,有着复杂的国际背景和国内社会历史条件,其原因是多方面的,主要有近代中国的落后与发展迟滞、西方和平演变战略的渗透、中国发展过程中的负面问题和效应、互联网技术的影响和传播。由于以上原因,历史虚无主义在中国的传播与演进呈现出阶段性特点,并采取文化虚无主义、民族虚无主义、历史虚无主义等形式。历史虚无主义在中国的传播与演进经历了以下五个阶段:历史虚无主义思潮的肇始(20世纪20—30年代)、历史虚无主义思潮的泛起(20世纪70年代末80年代初)、历史虚无主义思潮的滥觞(20世纪80年代末)、历史虚无主义思潮的演进(20世纪90年代)、历史虚无主义思潮的流变(21世纪)。只有了解和掌握历史虚无主义思潮在中国的泛起与演进情况,才能旗帜鲜明地反对历史虚无主义思潮,抵制历史虚无主义的"虚无"方式,增强民族的自信心和凝聚力,取得反对历史虚无主义的历史性胜利。

一、历史虚无主义思潮泛起与传播原因

历史虚无主义是否定历史、否认历史发展规律而带有明显政治目的的社会思潮。历史虚无主义这一概念中,"'虚'是从历史本体论的角度,模糊或歪曲历史事实的客观性;'无'是从历史认识论的维度,抹杀或消除历史的规律性"❷。20世纪初,历史虚无主义思潮在中国开始泛起,并随着社会历史条件的变化而不断演进流变,具体而言,有以下几个方面的因素的影响。

---

❶ 张尚字、王新刚:《历史虚无主义思潮的实质透视》,《思想理论教育导刊》,2017年第5期,第69页。
❷ 张尚字、王新刚:《历史虚无主义思潮的实质透视》,《思想理论教育导刊》,2017年第5期,第69页。

（一）近代中国的落后与发展迟滞

近代以来，随着西方列强的入侵，中国逐步沦为半殖民地半封建社会。部分知识分子刻意渲染中国的落后，对中国历史和民族文化采取虚无的态度，推崇西方文化，这是历史虚无主义在中国泛起的一个重要原因。

历史观是人们对历史的根本看法、观点和立场，是对历史的理论认识。从古到今，从中到西，世界上任何一个国家和民族都重视本国的历史文化，善待历史文化遗产，继承和弘扬优秀传统文化和历史遗产。学习历史，重视民族文化历史，能够察往知来，具有重要的意义和作用。晚清著名思想家龚自珍指出："欲知大道，必先为史"；而"灭人之国，必先去其史；隳人之枋，败人之纲纪，必先去其史；绝人之才，湮塞人之教，必先去其史；夷人之祖宗，必先去其史"❶。重视民族文化，善待历史遗产，这应该是对待民族文化历史的正确态度，也是批判历史虚无主义的有力武器。

中华民族是世界上勤劳勇敢的民族之一，谱写了中华民族五千多年文明史上最辉煌的篇章。近代以来，西方列强用炮舰打开了中国的大门，中国逐步沦为半殖民地半封建社会，成为极度贫弱的、任人宰割的一个国家。面对中国的贫困、愚昧和落后，一部分知识分子刻意渲染中国的落后，对中国历史和民族文化采取虚无的态度，矮化、否定五千年中华文明史。陈序经指出："中国之趋于全盘西化，不过是时间的长短问题，我们若不自己赶紧去全盘西化，则必为外人所胁迫而全盘西化。"❷ 陈序经、胡适在其著述中提出"全盘西化"的主张，体现了当时知识分子对中国前途命运的思考和探索，但他们对中华民族文化、历史遗产采取质疑、否定的态度，抹杀了历史连续性的本质特征，要求中国照搬西方社会发展的经验和方案，没有正确反映近代中国社会历史发展的走向和文化发展的态势及

---

❶ 《龚自珍全集》（上），中华书局1959年版，第22页。
❷ 《陈序经学术论著》，浙江人民出版社1998年版，第291页。

要求。知识分子"虚无"中国历史文化的深层次原因,是"西方中心论"在作祟,归因于他们对西方文化、社会制度的推崇和膜拜。

虚无主义伴随着西方资本主义的近代化过程而产生。马克思、恩格斯指出:"生产的不断变革,一切社会状况不停的动荡,永远的不安定和变动,这就是资产阶级时代不同于过去一切时代的地方。""一切固定的僵化的关系以及与之相适应的素被尊崇的观念和见解都被消除了,一切新形成的关系等不到固定下来就陈旧了。一切等级的和固定的东西都烟消云散了,一切神圣的东西都被亵渎了。"❶ 伴随着资本主义现代性的发散,虚无主义的价值观和伦理思想也随之传播到各地。在近代化的过程中,学习西方无可厚非,但必须立足于中国的历史条件和具体国情,不能割裂中华民族的历史进程,照搬西方的经济模式和民主制度,不加辨析地鼓吹西方文化,否则将会导致文化虚无主义。西化论者以西方文化和价值为唯一合法性标尺,陷入历史虚无主义的泥淖中,无法解决中国的时代课题,反而会把民族引向灾难。

民族历史文化是一个国家和民族的宝贵的精神财富和历史遗产,有利于增强民族的自尊心、自信心、自豪感和凝聚力,一部分知识分子的全盘西化论是偏颇的、错误的,理所当然地受到了知识界的反对和批判。毛泽东指出:"中国现时的新政治新经济是从古代的旧政治旧经济发展而来的,中国现时的新文化也是从古代的旧文化发展而来,因此,我们必须尊重自己的历史,决不能割断历史。"❷ 胡锦涛也强调:"浩瀚而宝贵的历史知识既是人类总结昨天的记录,又是人类把握今天,创造明天的向导。一部人类文明史就是人类不断在以往历史的基础上有所发现、有所发明、有所创造、有所前进的历史。"❸ 因此,我们必须正确认识和对待历史,弘扬中国传统文化,创造一种适应社会发展的新的文化样式,唯有如此,才能正确地认识现实,并总结历史经验,察往知来,创造更加美好的明天。

---

❶ 《马克思恩格斯选集》(第1卷),人民出版社1995年版,第275页。
❷ 《毛泽东选集》(第2卷),人民出版社1991年版,第708页。
❸ 胡锦涛:《在中共中央政治局第九次集体学习时的讲话》,《人民日报》,2003年11月25日。

总之，近代以来，部分知识分子不加辨析地鼓吹西方文化，刻意渲染中国的落后，否定中国民族文化历史，推崇西方文化，要求中国照搬西方社会发展的经验和方案，这是历史虚无主义在中国泛起的一个重要原因。历史是一个过去、现实和未来相统一的具体的过程，历史与现实是相通的。一个民族的精神被矮化、丑化，优秀的文化和文化传统被否定、抹黑，后果是严重的。认清历史虚无主义在中国泛起的原因和历史背景，揭穿历史虚无主义的理论本质和政治图谋，其制造的种种谎言和迷雾就会不攻自破。

（二）西方和平演变战略的渗透

西方资本主义国家对社会主义国家推行"和平演变"战略，这是历史虚无主义思潮在中国泛起和演变的国际背景。历史虚无主义思潮的出现绝非无源之水、无本之木，有其深刻的根源和现实条件。

社会思潮是一定时期社会存在的反映，作为一种社会意识，社会思潮具有积极或消极的影响。国学大师梁启超曾指出："凡文化发展之国，其国民于一时期中，因环境之变迁，与夫心理之感召，不期而思想之进路，同趋于一方向，于是相与呼应汹涌，如潮然。凡'思'非皆能成潮；能成'潮'者，则其'思'必有相当之价值，而又适合于其时代要求者也。"[1] 梁启超上述所言的社会思潮是一种具有积极影响、适合时代要求的社会意识。而特定时期产生的历史虚无主义思潮则是一种有政治图谋的社会思潮，具有严重的危害性，意图颠覆社会主义主流意识形态，威胁着社会主义国家政权的稳定。

西方国家政客和敌对势力极力宣传西方价值观和社会制度，力图实现对社会主义国家的和平演变。尼克松曾经指出："要进行争取世界人民'民心'的竞赛。""随着一代一代往下传，我们将开始看到和平演变的进

---

[1] 转引自张尚字、王新刚：《历史虚无主义思潮的实质透视》，《思想理论教育导刊》，2017年第5期，第69页。

程在东方集团中扎下根来。""它播下的不满的种子,有一天将开出和平演变的花朵。"❶ 西方政治学者也在其著述中丑化党的领导人,把"文化大革命"和秦始皇的"焚书坑儒"相提并论,提出:"中国共产党打算建立的是一个统治一切的改良主义政府,而秦朝则强调由一个思想清晰、道德和精神优越的管理阶级来维护秩序和进行永久统治。两者之间有着惊人的相似之处。"❷ 抹黑、丑化我们党的领导人和虚无社会主义思想是西方敌对势力推行"西化"图谋的既定和一贯的目标,也是他们推行"和平演变"战略的重点。

在苏联解体的过程中,一个重要的舆论准备就是西方国家推行和平演变战略,致使历史虚无主义思潮泛滥,否定苏联共产党的领导和社会主义制度,在社会上造成极大的思想混乱。苏联历史虚无主义者否定和颠倒历史大行其道,按照西方的模式和价值观,从全盘否定斯大林、列宁到否定共产党的领导和十月革命,推行民主社会主义,最终导致苏联解体,使第一个社会主义国家不复存在。历史虚无主义者丑化斯大林,歪曲苏联共产党的历史,苏联的解体也就顺理成章了。这从反面证明了正确认识历史、评价历史是关系国家前途民族命运的生死攸关的大事。

历史虚无主义在中国重新泛起,与社会主义低潮的出现、国际反华势力推行"和平演变"战略是分不开的。西方和平演变战略的渗透,"全盘西化论"的盛行,必然引起非西方国家政治思想混乱,减弱民族的自信心和凝聚力,从而导致社会主义国家政局的动荡不安。中国1989年政治风波的背景就是国际西方和平演变战略的渗透和国内资产阶级自由化思潮的泛滥。

邓小平基于对中外历史经验的深刻理解,明确指出:"历史告诉我们,中国走资本主义道路不行,中国除了走社会主义道路没有别的道路可走。

---

❶ 转引自梁柱:《历史虚无主义思潮的泛起、特点及其危害》,《中共福建省委党校学报》,2009年第4期,第6页。

❷ 兹·布热津斯基:《大失败——二十世纪共产主义的兴亡》,军事科学院外国军事研究部译,军事科学出版社1989年版,第183页。

一旦中国抛弃社会主义,就要回到半殖民地半封建社会,不要说实现'小康',就连温饱也没有保证。"❶ 历史虚无主义是从根本上动摇社会主义国家的立国之本和强国之路。

"虚无主义"一词一矢中的地切中了资本主义现代性的历史进程。历史虚无主义虚无历史的目的,就是要使中国在社会制度和价值观方面照搬西方,从社会主义倒退到资本主义的老路上去。社会主义与资本主义对峙的国际格局将会长久存在,西方推行"和平演变",颠覆社会主义国家的活动一刻也不会停止,因为国内外存在历史虚无主义所需的土壤,存在历史虚无主义所需的思想基础、社会基础。

(三) 发展过程中的负面问题和效应

中国在发展过程中的负面影响,是历史虚无主义思潮泛起、演进的现实原因和主要诱因。

党在领导人民建设和改革事业的发展过程中由于缺乏经验,出现了一系列问题,这些问题的存在及负面影响属于深层次的诱因,引发了历史虚无主义思潮的传播和流变,并且不同的思想观念在传播的过程中相互影响,致使历史虚无主义思潮危害甚大。

在中国特色社会主义建设和改革开放的历史发展进程中,历史虚无主义总是如影随形地伴随着经济社会发展过程中出现的问题。历史虚无主义者夸大主体认知,以相对为绝对,"他们把党和共和国历史上的许多重大事件都加上'左'的罪名,使之变成一部不断'左'祸中国的历史;他们利用我们历史上所经历的曲折,把错误无限扩大,借以否定中国共产党领导中国人民取得新民主主义革命、社会主义革命、社会主义建设和改革开放伟大成就这一历史事实"❷。历史虚无主义者"把中国革命和社会主义建设的历史,说成是'杀人食人'的历史,他们否定中国走上社会主义道路

---

❶ 《邓小平文选》(第3卷),人民出版社1993年版,第206页。
❷ 梁柱:《历史虚无主义思潮的泛起、特点及其危害》,《中共福建省委党校学报》,2009年第4期,第10页。

的历史必然性,散布社会主义失败论"❶。历史虚无主义借重新认识某一历史事件或者历史人物为由,以"回归历史本身"为幌子,故意歪曲或者改变历史,把历史看成是"任人打扮的小姑娘",调侃崇高,扭曲经典,贬损中国共产党领导人,干扰人们对历史问题的正确认知,违背历史发展的客观性和科学性。

改革开放后中国开始建立和逐步完善社会主义市场经济体制,鼓励发展非公有制经济,历史虚无主义者借此质疑"三大改造"的合理性、必要性,说"新民主主义社会结束得太早了",新民主主义的经济成分没有得到充分发展,现在要"调过头来发展私有经济"。社会主义改造完成后,中国逐步实行高度集中的计划经济体制,给社会主义建设带来了严重的影响,历史虚无主义借口"三大改造"过程中存在的问题及出现的消极影响,从否定党领导的社会主义改造的伟大成就开始,进而否认党的领导和社会主义制度,这就从根本上体现了历史虚无主义对社会主义改造的非科学的态度。

社会主义改造基本完成后,党在领导经济建设的过程中,发动了"大跃进"运动,片面地强调社会主义的"三面红旗",党在探索适合国情的社会主义道路的过程中发生了严重失误,导致了国民经济的严重困难局面的出现。历史虚无主义者借此质疑中国共产党的领导,认为党完全不具备领导经济建设的能力。历史虚无主义思潮脱离客观的、整体性的历史进程,歪曲历史,其实质都是对党的领导的质疑和否定,体现了历史虚无主义险恶的政治目的和政治图谋。

改革开放后出现的一些负面影响,又给了历史虚无主义以可乘之机,质疑改革开放,隐含着不可告人的政治目的。十一届三中全会以来,质疑否定改革开放的声音一直没有停歇。历史虚无主义者认为改革开放,实行社会主义市场经济体制,否定了毛泽东时代的社会主义建设,发展了非公有制经济,这是向资本主义的"回归"。据此,历史虚无主义者把自己的

---

❶ 梁柱:《历史虚无主义思潮的泛起、特点及其主要表现》,《马克思主义研究》,2013年第10期,第128页。

主观意志或自己所代表的阶级的利益作为标准，认为改革开放的路线方针政策是错误的，背离了马克思列宁主义。对于这种关于改革开放的历史虚无主义观点，要将其置于具体的历史进程中进行把握和分析研究，要坚决予以反对和抵制。改革开放四十多年来取得了举世瞩目的成就，中国人民实现了富起来的历史进程，推进了民族复兴的历史进程，使中华民族有了更加辉煌灿烂的明天，这无疑最直接地证明了历史虚无主义思潮的荒谬性，无疑证明了改革开放的合理性。历史是一面镜子，在改革开放的过程中，一度出现贫富差距、失业、环境污染、腐败、道德冷漠等问题，但要分清主流和支流，不能因此质疑和否定党开创的改革开放伟大事业，要用辩证和发展的立场分析问题，不能动摇中国改革开放的坚定性，不能动摇走中国特色社会主义道路的信心。我们要清醒地认识到，反对历史虚无主义思潮，将是一个长期的斗争任务。

（四）互联网技术的影响和传播

历史虚无主义利用互联网技术寻取了一种不同于现实社会的虚拟存在形式。互联网技术的影响和传播，是历史虚无主义思潮迅速扩大和蔓延的一个重要原因。

信息技术时代，新兴媒体成为人们传播和推送信息的重要窗口和平台，网络空间成为当代信息传播的主要途径和方式。网络的迅捷性、便利性为历史虚无主义思想的传播提供了路径平台和技术支撑。中国网民数量众多，每个网民都被赋予一定的话语表达权。互联网的出现，各种智能终端的普及，微博、微信等自媒体的崛起，一方面提供了一个新的表达空间和传播渠道，另一方面也为历史虚无主义的传播提供了便利，成为历史虚无主义滋生和传播的土壤、温床，为其泛起起到了推波助澜的作用。因此随着互联网技术应用和发展，借助网络传播媒介，历史虚无主义思潮得以迅速扩大和蔓延。

历史虚无主义思潮借助网络媒体强大的传播功能，在网络上，通过表情包、网络段子、搞笑视频、吐槽弹幕等方式，用哗众取宠、吸人眼球的观点吸引受众，炒作放大错误思想，否定主流意识形态。历史虚无主义通过网络随时随地散布不实言论，肆意传播错误观点，误导读者对历史的正确认知。因此互联网提供了网民参与热点社会问题讨论和海量信息传播的平台，便利了历史虚无主义的网络传播，传播对象越来越多和受众范围越来越广。因此，反对历史虚无主义，必须遏制历史虚无主义通过网络空间快速传播的恶劣影响，净化网络生态环境，营造清朗网络空间。

互联网时代，网络媒介成为人们获取信息和资源的主要途径和手段，网络空间传播具有的特点为历史虚无主义的传播提供了基础和便利条件。

便捷性：互联网等新媒体已成为网络时代历史虚无主义演进、流变和传播的重要手段和主要渠道。网络传播成本低、速度快，由于传播时空的便利，历史虚无主义者能够迅捷、方便地通过网络空间传播各式各样的错误的有害的思想观点。通过评论、论坛、贴吧、转发、共享、互动等方式，历史虚无主义者能够随时随地传播历史虚无主义思想，参与历史虚无主义信息的网络传播。历史虚无主义的传播具有即时性，超越了时空限制，可以"零时差"地推送信息，实现资源共享，影响范围呈几何级数增长。网络媒体强大的互动功能，如"点赞""分享""跟帖""转发""评论"等，可以快速将不实的错误言论炒作放大，成为网络舆论和社会热点，形成广泛的社会舆论效应。

随着网络技术的不断创新，互联网技术打破了现实社会空间的时空界限，网络传播历史虚无主义言论速度越来越快，影响范围越来越广。大部分网民对这些蛊惑和诱导人的求新求异的言论有着强烈的好奇心，一旦在网络发表博人眼球的标题和所谓"揭秘真相"的言论，经过网络平台的"发酵"转载和网民的推送，迅速扩大传播范围，扩散至整个网络空间。

欺骗性：对待历史的科学态度，唯物史观要求从客观的历史事实出发。与之相反，借助互联网的发展和自媒体的崛起，历史虚无主义者摆脱了传统时空条件下的约束，虚构历史场景，扭曲历史，适应人们猎奇求新的心理，以哗众取宠的形式，通过网络传播历史虚无主义思想观点，更具有欺骗性，同时这种欺骗性也更有利于历史虚无主义思想的传播。历史虚无主义思想和观点层出不穷，肆意对历史进行编排虚构和主观臆断，扭曲了历史认知和客观历史的逻辑关系，距历史本质和真相越来越远。

历史虚无主义打着"揭秘真相""还原历史"的旗号，通过网络途径传播的错误思想和观点往往给人"耳目一新"之感，博人眼球的标题，营造出一种看似真实的历史情境，更具有欺骗性。如网络上流传的某些网络文章歪曲历史，语不惊人死不休，制造噱头，以博人眼球。历史虚无主义以"揭秘真相"的方式渗入日常生活，以主观想象为逻辑起点，诋毁领袖、黑化英雄，以荒诞不经来遮蔽历史事实的真相，肆无忌惮地散布颠倒黑白、歪曲历史的不实之言。

历史虚无主义打着"还原历史"的幌子，不再是单纯的倚仗强行灌输的硬性手段，其思想主张和言论全方位、全过程以大众化方式呈现在网络虚拟社会。潜藏于网络空间的历史虚无主义言论往往更具有欺骗性，其精神毒素能够借助互联网手段直接介入受众的精神生活和思想世界。

隐蔽性：在网络虚拟社会空间中，历史虚无主义通过网络空间的传播呈现出隐蔽性趋势，弥漫于人们的话语氛围中。网络空间中，广大网民社会身份被隐匿，以更加隐蔽的方式渗透散布错误观点，隐蔽性趋势是历史虚无主义网络传播应势而变的必然结果。

历史是过往存在的客观事实，是不可复制的。"历史的生成和发展的一维性，在时空维度上的'缺席'或者'不在场'，是其'虚无'产生的客观前提。"[1] 网络具有的隐蔽性特点，为历史虚无主义的传播提供了便利条件。网络时代历史虚无主义大多数受众都是通过网络和客户端隐蔽阅读，历史虚无主义传播就会采取更加隐晦、隐蔽的方式，悄无声息地影响着受众的思想观点和历史认知。网络传播的历史虚无主义言论经不起理论的逻辑论证。历史虚无主义者孤立、片面、静止地评价和认识历史，割裂了历史的整体性，具有一定的迷惑性和隐蔽性。

---

[1] 张尚字、王新刚：《历史虚无主义思潮的实质透视》，《思想理论教育导刊》，2017年第5期，第69页。

信息时代，互联网技术和各种新媒介将人类带入全新的"数字化"的时代。互联网日益成为各种思想文化观点的信息集散地和社会效应的"放大器"。历史虚无主义者借由网络的隐蔽性的特点，将其知识体系和错误思想观点通俗化、生活化，在网络传播的过程中利用各种方法和途径对不实言论进行"包装""掩饰"，因而弥漫于网络空间的历史虚无主义言论往往是移花接木，不易被察觉，张冠李戴，极具迷惑性、隐蔽性的特征，此外，这些历史虚无主义言论还通过网络媒体打着"还原历史""维护历史正义"的幌子，不断变换表现形式和叙事方式，以越来越隐蔽和更具影响力、渗透力的方式，混淆是非，颠倒历史。网络空间和历史虚无主义彼此渗透、互为表里，增加了人们辨识和防范的难度。

总之，历史虚无主义通过网络传播的便捷性、欺骗性、隐蔽性等特点，打着"解密真相""还原历史"等幌子，激发受众的好奇心，重构历史，颠倒黑白，以此影响甚至左右舆论，致使历史虚无主义的言论在网络快速传播蔓延，传播范围越来越广，带来了严重的危害，不利于网络秩序的稳定和主流意识形态的构建。

网络空间成为各种意识形态交锋的场所。他山之石，可以攻玉。随着网络空间技术的发展与新媒介的广泛应用，我们必须研究网络信息传播的趋向和特征，利用互联网澄清历史虚无主义迷雾，祛除历史虚无主义言论在网络平台中的消极影响，坚持马克思主义在意识形态领域中的指导地位，遏止网络历史虚无主义，加强网络建设和治理，净化网络舆论生态。习近平总书记指出："网络空间是亿万民众共同的精神家园。网络空间天朗气清、生态良好，符合人民利益。网络空间乌烟瘴气、生态恶化，不符合人民利益。谁都不愿生活在一个充斥着虚假、诈骗、攻击、谩骂、恐怖、色情、暴力的空间。互联网不是法外之地。"❶ 习近平总书记还强调："要主动适应信息化要求、强化互联网思维，不断提高对互联网规律的把

---

❶ 习近平：《在网络安全和信息化工作座谈会上的讲话》，《人民日报，》2016年4月26日，第2版。

握能力、对网络舆论的引导能力。"❶ 因此，为了精准高效反对历史虚无主义，我们必须充分利用互联网的传播优势，未雨绸缪，加强网络监管，加强网络空间法治建设，用法律之剑激浊扬清，提升网络治理能力，"把好网络信息入口关、看紧网络信息生产过程关、严守网络信息出口关，形成多层次、全方位、可扩展的网络监管制度体系"❷。因此遏止历史虚无主义在网络空间的传播和泛滥，必须弘扬社会主义核心价值观和社会正能量，培育积极健康、向上向善的网络文化。

二、历史虚无主义思潮演进与流变情况

历史虚无主义以不断变化的形式贯穿于近代以来中华民族伟大复兴的历史过程中。历史虚无主义思潮时隐时现，随着形势的变化不断演进流变，但从未止息和退出历史舞台。根据历史虚无主义思潮的传播特点、时代性特征和国内外社会历史条件的变化，同时也是为了行文方便，把历史虚无主义思潮演进与流变情况分为以下五个阶段来分析研究。

（一）历史虚无主义思潮的肇始（20 世纪 20—30 年代）

追根溯源，虚无主义产生于近代的欧洲。海德格尔曾指出："从其本质上来看，毋宁说，虚无主义乃是欧洲历史的基本运动。"❸ 20 世纪二三十年代，随着西方文化的传入和影响，中国思想文化领域开始出现历史虚无主义思潮。传入之初，历史虚无主义是作为同"西方中心论""全盘西化论"相呼应而出现的一种唯心主义社会思潮。在寻求国家出路的历史进程中，"全盘西化论"者形式主义地看待中西文化，对中国的民族历史文化采取虚无、否定的态度，将近代中国的贫穷落后归咎于中国历史与文化

---

❶ 《敏锐抓住信息化发展历史机遇 自主创新推进网络强国建设》，《人民日报》，2018 年 4 月 22 日。
❷ 郑志康：《软性历史虚无主义：现实成因、基本样态与纠治进路》，《思想教育研究》，2020 年第 8 期，第 78 页。
❸ 《海德格尔选集》（下），孙周兴译，上海三联书店 1996 年版，第 772 页。

的梗阻，没有看清近代中国文化发展的方向和要求，看不到中国文化的本质和价值，这是典型的文化虚无主义。这种歧视、矮化传统文化的态度严重偏颇且不符合历史的真实。

20世纪二三十年代，中国知识思想界出现西化思潮，部分知识分子对中国传统文化进行了深刻的反省，高度赞誉西方文化，贬损中国文化，否认中国民族文化的独立性与主体性，否定历史连续性的本质特征。陈序经指出："今后中国文化的出路，惟有努力去跑彻底西化的途径。"[1] 他认为，只有推行"全盘西化"才是中国的真正出路，才能挽救中国危亡，改变中国的前途命运。部分学者受西方思想影响，在其著述中鼓吹"西方优越论"，对中国传统文化持否定的态度，提出"主张全盘的西化，一心一意地走上世界化的路"的思想。"全盘西化论"是近代以来中西文明冲突在文化特别是价值观上的一种极端表现，西化论者对西方文化"情有独钟"，有着深深的民族自卑和文化自卑的心理，否定中华民族传统文化和历史，认为中国传统文化是走向现代化的障碍和包袱，西方文明是世界文明的前进方向和发展趋势。若想改变中国近代以来积贫积弱的状况，唯有学习西方，与西方接轨。"全盘西化论"虚无中国传统文化，是历史虚无主义的表现形式，"全盘西化论"形式主义地看待中西文化，不符合中国历史发展的主流和进步方向。

历史文化是一个国家一个民族的集体记忆。历史虚无主义立论的基础是"西方中心论"，历史虚无主义以"全盘西化"为指向，对民族文化则采取虚无主义态度，将传统文化完全等同于封建糟粕，这是典型的文化虚无主义。历史虚无主义彻底割裂了中华民族的历史进程，对待传统民族历史与文化遗产采取了错误的态度，把西化理解为走向近代化、现代化的唯一形式。对传统文化必须辩证地批判，有继承，有扬弃，这才是正确的态度。

---

[1] 罗荣渠：《从"西化"到现代化》（中册），黄山书社2008年版，第384页。

（二）历史虚无主义思潮的泛起（20 世纪 70 年代末 80 年代初）

20 世纪 70 年代末 80 年代初，历史虚无主义思潮在中国重新泛起，其标志是集中抹黑党的领导人，肆意渲染、夸大其错误，否定其思想的指导意义。这一思潮的泛起，违背历史发展规律和人民意愿，使资产阶级自由化思潮开始泛滥，造成人们思想的混乱。

在中华民族伟大复兴的壮阔进程中，毛泽东是领导各族人民实现民族独立和人民解放、改变国家和民族面貌的伟大人物和民族英雄，其政治身份和政治象征不可亵渎。遗憾的是，在社会主义建设过程中，毛泽东同志对当时我国阶级形势以及党和国家政治状况作出错误的估计，发动和领导了"文化大革命"，使党、国家、人民遭到新中国成立以来最严重的挫折和损失，教训极其惨痛。但对毛泽东等领导人的评价应该秉持唯物史观，全面、历史、辩证地分析和评价，毛泽东在中国革命和建设上的历史功绩应该是第一位的。历史虚无主义者借口毛泽东晚年的错误，以偏概全，以过盖功，虚无毛泽东同志在革命与建设中的作用，抹杀他的历史功绩，曲解毛泽东思想的本质及其精髓，牵强附会解读毛泽东思想为马克思主义的异端，否认毛泽东思想的指导意义和历史地位，这就突破了评价历史人物应有的理智界限，制造新的思想混乱。

马克思认为："人们自己创造自己的历史，但是他们并不是随心所欲地创造，并不是在他们自己选定的条件下创造，而是在直接碰到的、既定的、从过去承继下来的条件下创造。"[1] 但历史虚无主义在认识历史和评价历史人物时，坚持唯心主义的历史观，带有强烈的意识形态性和恶意攻击性，评价历史人物脱离当时具体的社会历史环境，缺乏完整的史料支撑，不去从历史人物所处的社会关系中考察其思想动机和行为，以抽象的人性论为标准进行历史判断，否定历史的价值和意义。历史虚无主义者评价毛泽东，缺乏客观的研究立场，放大其晚年错误，极力抹黑其历史功绩，没

---

[1] 《马克思恩格斯选集》（第 1 卷），人民出版社 2012 年版，第 669 页。

有将其放置于具体的历史环境和社会条件下进行认识评价,这不是历史唯物主义的正确态度和方法,因而也就无从获得对历史人物的正确认识和评价。

历史虚无主义以唯心史观作为理论本质和基础,一些人以反思历史为名,歪曲"解放思想"的真意,片面抽取历史资料,主观臆断,从纠正"文化大革命"的"左"的错误,走到否定社会主义道路,以此全面否定领袖人物、历史人物。历史虚无主义者还认为不该过早地搞社会主义,否认中国走社会主义道路的历史必然性,而认为应该让资本主义比较自由地、充分地发展。毛泽东是当代中国政治合法性的建构者和象征性符号,对他进行攻击和责难,这就说明历史虚无主义者没能做到在整个历史语境和一般逻辑中评价领袖人物,反映了评价者特定的价值尺度和主体目的,蕴含着特定的政治目的和诉求。

因此,我们反对历史虚无主义,必须坚持唯物史观,辩证地评价毛泽东,是驳斥历史虚无主义的有力武器。邓小平曾指出:对毛泽东同志的评价,对毛泽东思想的阐述,不是仅仅涉及毛泽东同志个人的问题,这同我们党、我们国家的整个历史是分不开的。❶ 在改革开放初期,邓小平就大力反对党内外出现的主张走资本主义道路、否定党的领导和毛泽东思想的指导意义的资产阶级自由化思潮,邓小平明确地指出,要解决社会上各种错综复杂的历史认识问题,顺利地推进中国的现代化建设,必须在思想上旗帜鲜明地坚持四项基本原则。毛泽东思想是中国共产党人的理论宝库和行动指引。"四项基本原则是立国之本,是我们党、我们国家生存发展的政治基石。"❷ 毛泽东思想不是僵化的封闭的理论体系,毛泽东思想是党的领导和社会主义实践的理论根据与合法性基础,思想理论界必须对毛泽东的历史地位进行整体性、全局性的评价,加强对毛泽东思想科学体系和时代价值的研究,巩固党执政的理论基础,大力批驳历史虚无主义,清

---

❶ 《邓小平文选》(第 2 卷),人民出版社 1994 年版,第 299 页。
❷ 中共中央文献研究室编:《十七大以来重要文献选编》(上),中央文献出版社 2009 年版,第 13 页。

理"非毛化"的传播场域，反对资产阶级自由化，才能廓清思想迷惑，坚持和发展毛泽东思想的科学理论，推进马克思主义中国化时代化。

（三）历史虚无主义思潮的再兴（20世纪80年代末）

20世纪80年代后期，随着东欧剧变、苏联解体，国内的资产阶级自由化思潮泛滥，历史虚无主义思潮再兴，引起了严重的思想混乱，威胁了社会主义国家政权稳固和社会稳定。历史虚无主义思潮的出现不是偶然的，有着深刻的国内外历史背景和社会历史条件。

1. 再兴的背景

一是东欧剧变、苏联解体。斯大林逝世后，赫鲁晓夫在苏共二十大上作了全面挖掘苏联历史负面内容的《关于个人崇拜及其后果》的秘密报告，全面清算历史，全盘否定和丑化斯大林，将斯大林妖魔化，引发了东欧局势的动荡乃至动乱，在波兰、匈牙利先后发生严重的骚乱。国际共产主义运动内部出现了对共产党的领导和社会主义的信仰危机。对斯大林的评价，绝不是简简单单地评价一个历史人物的问题，关涉着苏联共产党历史和社会主义历史的评价。丑化斯大林，违背历史发展规律，是不得人心的，必将遭到人们的反对。苏共领导人之一的莫洛托夫曾经指出："二十大前真心实意地同情我们的约占全人类的百分之七十。而在二十大后再也没有这么多人支持苏联、共产主义和共产主义制度了。"❶ 由于没有自我革命，加强党的建设，苏联和东欧社会主义国家的执政党始终存在脱离群众、腐败变质的危险。特别是历史虚无主义者否定斯大林，歪曲苏共历史，动摇了人们的理想信念，埋下了东欧剧变、苏联解体的祸根，撼动了苏联和东欧社会主义国家大厦的理论基础和历史根基。"苏联体制的瓦解，不是源于与经济崩溃一道而来的群众暴动，而是源于其自身的统治精英对

---

❶ 转引自梁柱：《毛泽东的预见与苏联解体的历史教训》，《思想理论教育导刊》，2011年第1期，第39页。

个人利益的追逐。"❶ 苏联统治精英否定党史国史、贬损革命领袖，引发了历史虚无主义的泛滥，导致苏联共产党垮台、苏联解体这样亡党亡国的严重后果，这是20世纪地缘政治的最大灾难。东欧剧变、苏联解体就是从虚无斯大林、否定历史开始的。

20世纪80年代中后期，戈尔巴乔夫上台后提出"人道的民主的社会主义"概念，开始推行新思想，戈尔巴乔夫打开了历史虚无主义的"潘多拉魔盒"，继赫鲁晓夫等苏联领导人之后，给苏联共产党和社会主义制度抹黑，推行一条导向民主社会主义的机会主义路线，按照西方模式重新创立所谓新的社会制度，混淆了人们的价值观。民族意识中的分裂和文化上的东西对峙，使得颠倒历史、混淆是非的种种历史虚无主义歪理邪说大行其道，浊浪裹挟甚至淹没了历史的真相，篡改了国家和民族历史。历史是最好的教科书。从苏联解体的过程中，我们必须以史为鉴，洞察历史虚无主义乱史亡党亡国的轨迹，认清东欧剧变中历史虚无主义的重重魅影与巨大影响力、破坏力。

二是西方国家推行"和平演变"战略。西方国家敌对势力推行"和平演变"战略，推动了历史虚无主义政治思潮在这个时期的泛滥。历史虚无主义是西方国家在价值观和社会制度方面对非西方国家实施西化分化图谋的一种有害的社会思潮。西方国家反对一切不符合西方制度和价值标准的改革与革命，加紧对社会主义国家进行和平演变。西方国家在意识形态领域展开一轮又一轮的和平攻势，宣扬西方资本主义国家的社会制度和价值观，使非西方国家深陷和平演变的西化论泥沼。"这些对革命的总的看法，尤其是对布尔什维克这个幽灵的看法，如今已牢牢生根。这些观念深深地扎根在政策制定者的头脑中。"❷ 历史虚无主义在苏联的产生、蔓延和泛滥，与西方国家"和平演变"战略有着直接的关系，"和平演变"成为历

---

❶ 大卫·科兹、弗雷德·威尔：《来自上层的革命——苏联体制的终结》，曹荣湘、孟鸣歧等译，中国人民大学出版社2002年版，第10页。

❷ 迈克尔·H.亨特：《意识形态与美国外交政策》，褚律元译，世界知识出版社1999年版，第130页。

史虚无主义思潮的强有力的外部推动力。由于没有及时和正确地把握意识形态的功能和现代性危机，缺乏文化上的认同感和归属感，苏共执政的思想基础和理论基础不断遭到侵蚀，动摇了东欧、苏联社会主义国家领导人对本国历史文化和社会主义制度的信心。

三是国内资产阶级自由化思潮泛滥。在西方和平演变战略影响下，20世纪80年末期，东欧剧变引发"多米诺骨牌"效应，国际共产主义运动出现低潮，遭受了严重的挫折。国内历史虚无主义者对社会主义、共产主义缺乏坚定的信仰和信念，加紧颠覆社会主义国家政权的活动，认为中国也将会发生"多米诺骨牌"效应，共产党也将失去政权。在西方势力的支持下，敌对势力从经济、政治、思想和文化等各个领域进行全方位的"和平演变"和思想渗透，国内资产阶级自由化思潮泛滥。其基本主张是：在经济上，苏联、东欧社会主义国家经济崩溃、政治动荡，中国同这些社会主义国家经济同构，因此必须根本否定社会主义公有制，取消实行单一的公有制，要求全面彻底地实行私有化；在政治上，煽动颠覆政权，鼓吹多元化，否定社会主义道路和社会主义制度，要求实行多党制、议会制，戴着有色眼镜质疑中国共产党执政地位的合法性；在意识形态上，主张以个人主义为价值追求，强调社会意识多元化，信仰自由，加紧西方意识形态和价值观的渗透，要求放弃马克思主义精神遗产，取消马克思主义指导地位，在中国实现"不战而胜"的目的。历史虚无主义是阶级斗争在价值观、在意识形态领域的一种表征和特殊反映。

2. 再兴的情况

20世纪80年代末，国内外敌对势力借机掀起一股反华、反社会主义的潮流，历史虚无主义思潮泛滥、扩散传播，资产阶级自由化思潮泛滥，严重冲击着人们的行为和思想观念，蚕食社会主流价值，导致了1989年政治风波，这实际上是否定党的领导和颠覆社会主义国家政权的一种舆论准备。资产阶级自由化思潮的本质是以抽象人性论为工具，歪曲历史，诱导中国发生颜色革命，否定党的领导和社会主义道路，主张中国必须实行全盘西化，走资本主义道路。

20世纪80年代，资产阶级自由化思潮的泛滥对中国社会的毒害和精神污染是长期的，带来了极为严重的后果，主要表现在以下几个方面。

一是否认公有制，主张彻底私有化、资本主义化，发展市场经济。面对经济全球化浪潮，历史虚无主义循序渐进地渗透其观点，否定了马克思、恩格斯对于资本主义社会经济关系的认识和正确分析，推崇资本主义的经济制度和生产方式，美化西方资本主义国家的经济模式和经济社会生活，鼓吹资本主义生产方式优越于社会主义国家，赞颂和神化西方经济制度和体制的优越性，宣扬民族虚无主义，抹杀社会主义经济建设的历史，否认社会主义的经济制度和经济体制在历史上发挥的巨大历史作用。

二是否定党的领导和社会主义制度。历史虚无主义传播西方资产阶级的宪政民主，丑化中国共产党的领导人物，贬低毛泽东和否定毛泽东思想的指导意义，以此否定党的领导。其主张中国走资本主义道路，利用国际大气候的风云变化，否定党的领导，试图把社会主义制度扔进历史的垃圾堆。邓小平说："所谓资产阶级自由化，就是要中国全盘西化，走资本主义道路。"❶ 历史虚无主义者想尽一切办法、利用一切手段，攻击社会主义制度，诱使中国加入资本主义世界体系，放弃社会主义道路，叫嚣中国必须走资本主义道路，颠覆中国共产党执政，这是中国的唯一出路。

三是宣扬马克思主义"过时"。苏联解体、东欧剧变后，一些人鉴于共产党政权的兴衰成败，以怀疑主义态度对待政权赖以生存的精神支柱——马克思主义这个科学的理论武器，认为马克思主义不能解决当时苏联、中国和东欧社会主义国家问题，提出"马克思主义过时论"，虚无马克思主义的科学性和真理性，叫嚣马克思主义没有生命力，要铲除马克思主义价值信仰的文化土壤，放弃对马克思主义的认同和信仰。历史虚无主义者主张意识形态文化替代论，认为社会主义意识形态与资本主义意识形态之争已经终结。"有的人奉西方理论、西方话语为金科玉律，不知不觉

---

❶ 《邓小平文选》（第3卷），人民出版社1993年版，第207页。

成了西方资本主义意识形态的吹鼓手。"[1] 因此，历史虚无主义者大力倡导西方资本主义国家的意识形态，意图弱化社会主义主流价值和传统文化价值，不断解构以马克思主义为主导的社会主义意识形态话语权。

20世纪80年代末，西方新自由主义、新文化保守主义、民主社会主义等思潮在中国广泛传播，随着历史虚无主义的泛滥，马克思主义面临着西方非马克思主义甚至反马克思主义思想在意识形态领域的内外挑战。古人云："前事之不忘，后事之师。"马克思主义是共产党执政合法性的理论基础，我们必须运用马克思主义方法论体系和思维体系，揭穿历史虚无主义制造的不实言论和迷雾，铲除资产阶级自由化的社会基础和思想基础，批驳资产阶级自由化的错误理论和观点，重构社会主义主流意识形态的话语权。

（四）历史虚无主义思潮的演进（20世纪90年代）

20世纪90年代，东欧剧变、苏联解体后社会主义运动处于低潮形势，以"告别革命论"为代表的历史虚无主义思潮开始在中国演进传播。这股思潮极力称颂改良，贬损革命，认为革命只会引发暴力和流血，对社会和经济发展有灾难性的破坏作用，没有任何进步意义。同时历史虚无主义者还极力美化殖民侵略，认为西方列强近代以来对中国的侵略"有功""有理"，这股思潮打着"学术研究"的幌子，严重混淆视听，颠倒黑白，蛊惑、蒙蔽受众，造成极大的思想混乱，也带来了严重的后果。

1. 演进背景

20世纪90年代，东欧、苏联社会主义制度发生了根本的变革，共产党失去政权，国际共产主义运动处于历史最低谷，国际敌对力量凭借其话语强势攻击斯大林和十月革命。中国资产阶级自由化思潮泛滥，西方国家采取各种手段和方式乘机加紧对中国进行"和平演变"的渗透，对中国实施西化、分化的政治战略。美国政治学者兹·布热津斯基的《大失败——

---

[1] 习近平：《在全国党校工作会议上的讲话》，《求是》，2016年第9期。

二十世纪共产主义的兴亡》，从总体上歪曲、抹黑苏联历史，丑化苏联领导人，否定苏联社会主义革命和建设的成就，攻击和诋毁社会主义、共产主义，"苏联的经验有四分之三以上是令人怀疑的，应该予以否定或纠正"。❶ 从分析和评述社会主义国家解体入手，书中全面诽谤了马克思主义和国际共产主义运动的历史，目的在于推行和平演变战略，使受众丧失对社会主义的信念和信心，从而西化、分化社会主义国家，将社会主义国家纳入资本主义轨道。该书1989年推出后，1991年第一个社会主义国家苏联就轰然解体了，可见其危害之大。

20世纪90年代初，随着东欧剧变、苏联解体，世界社会主义运动陷入低谷。1992年，美国著名学者弗朗西斯·福山抛出《历史的终结及最后之人》一书，该书为了扰乱社会主义国家人心，宣扬"人类的历史将终结于西方的自由民主制度"，用抽象的人道主义解读历史，否认马克思主义在意识形态领域中的作用，大肆攻击社会主义制度，他在书中断言自由民主政体可能构成"人类意识形态进化的终点"和"人类政府的最终形式"，并由此构成"历史的终结"。他认为21世纪资本主义的价值观和社会制度将是唯一的模式，社会主义制度将被颠覆。❷

《大失败——二十世纪共产主义的兴亡》和《历史的终结及最后之人》为代表的西方思潮的激荡，分化、西化社会主义国家战略的推行，为历史虚无主义在中国的泛滥提供了外部的环境和机遇。

20世纪90年代，中国处在各种体制转轨的社会转型时期。邓小平南方谈话以后，中国的改革开放步入深水区，逐步深化，1992年中共十四大确立了以社会主义市场经济体制为方向的经济体制改革目标，改革开放政策的走向和价值选择发生了新的变化，90年代中国逐步建立和完善社会主义市场经济体制，鼓励非公有制经济的发展，各种利益关系和结构分化整

---

❶ 王正泉、姚渭玉等编：《苏联演变纪事（1985.3—1991.1）》，转引自汪亭友：《戈尔巴乔夫时期苏联历史虚无主义的表现、实质及危害》，《政治学研究》，2021年第5期，第21页。

❷ 弗朗西斯·福山：《历史的终结及最后之人》，黄胜强、许铭原译，中国社会科学出版社2003年版。

合，经济社会快速转型。社会主义市场经济的逐步建立和发展，使一部分人的精神信仰被世俗功利化，向上向善的主流价值观深陷道德困境和精神危机，一部分人产生了非理性的情绪和偏见，有的企图削弱公有制的主体地位，甚至把社会主义市场经济等同于资本主义制度，为历史虚无主义的传播提供了条件。

总之，国内外历史环境和社会条件发生了新的变化，在这种背景下，历史虚无主义思潮采取新的形式和样态卷土重来、再度复燃，迎合了某些利益既得者的价值诉求。"苏东剧变的发生，加之中国社会从以政治为导向的社会向以经济为导向的社会的急剧转变，不仅弱化了传统社会主义价值，也一度否弃了自身的传统文化价值的现代意义，外加现时代西方社会推行并带来全球效应的新自由主义及其对我国的思想渗透，致使历史虚无主义全面泛起。"[1] 20世纪90年代，历史虚无主义者在传播其思想和观点时，不时打着"解放思想""学术研究""还原历史"的幌子，否认历史的全面性、规律性，实际上也就是否认了历史的客观性。"告别革命论"这种历史虚无主义论调是资产阶级自由化思潮在新形势下的一个变种。20世纪90年代中期，"告别革命论"甚嚣尘上，历史虚无主义者不断变换形式和内容，以"非意识形态化""去革命化"的名义，向各个方面、各个领域渗透，因而颇具欺骗性、迷惑性和危害性，从意识形态斗争的现实需要来看，这从反面凸显了正视和合理使用"革命话语"的重要性和迫切性。

2. 思潮表现

一是贬损革命。"告别革命论"解构中国近代以来的革命，成为20世纪90年代历史虚无主义的代名词。"所谓告别革命，实际上是要告别马克思主义，告别社会主义，告别近代中国人民的全部革命传统。"[2] 历史虚无

---

[1] 许恒兵：《历史虚无主义思潮的演进、危害及其批判》，《思想理论教育》，2013年第1期，第32页。

[2] 沙健孙等主编：《走什么路——关于近代中国历史上的若干重大是非问题》，山东人民出版社1997年版，第93页。

主义变换表现形式，竭力解构和贬损甚至否定革命，认为革命是丧失理性的暴力表达，是"激进主义"，美化和歌颂帝国主义和封建主义，虚无历史事实，将中国近代革命的历程歪曲为"暴力、黑暗、肮脏"的历史，认为革命对社会只有破坏性，并以此宣称"告别革命"，解构历史，贬损近代中国以革命的方式实现社会变革的进步作用，以多元论和个体主义来对抗整体主义。"他们制造了所谓十月革命不如二月革命，二月革命不如斯托雷平改革，使革命不如改良、苏联不如沙俄、社会主义不如资本主义的谬说，甚嚣尘上。"❶ 这些研究者积极鼓吹改良，反对革命道路。"新保守主义强调门要一点一点地撬开，而不能立即砸开。"❷ 这样，整体意义上的历史及历史客观发展规律和价值判断由此遭到全面的忽视和否定。对革命的认知和评价，我们首先要认识到革命的发生不是偶然的，它是阶级矛盾和社会矛盾激化的产物，具有历史必然性，是在改良道路走不通的情况下发生的，其次要看革命主流、本质及其对社会历史发展的进步意义，不能只看革命的消极影响，把支流当主流，把现象当本质，否则就难以把握历史的整体面貌和历史真相。唯物史观关于社会历史因果关系解释的科学理论和实践运用，是我们认识和评价历史的正确理论方法和实践路径。

　　"走什么路"是近代中国社会各阶级为挽救民族危亡、探求救国救民真理面临的艰难抉择，走改良道路抑或革命道路都具有历史的必然性。革命是社会发展和进步的原生动力，是新的先进的社会制度产生和建构的基石。"告别革命论"从极力渲染革命的弊病，丑化、虚无、诋毁党领导的新民主主义革命，发展到散布"社会主义失败论"，贬损、嘲弄和否定近代中国一切争取民族独立和人民解放的革命运动，主张以"现代化范式"完全替代"革命范式"。"告别革命论"探究虚拟的因果关系，其根源是唯心史观和形而上学的方法论、认识论。"告别革命论"没有抓住社会历史各种现象之间本质的必然的联系和发展趋势，其对革命的解构，是历史虚

---

❶ 梁柱：《历史虚无主义思潮的泛起、特点及其主要表现》，《马克思主义研究》，2013 年第 10 期，第 121 页。

❷ 陶东风：《90 年代文化论争的回顾与反思》，《学术月刊》，1996 年第 4 期，第 29 页。

无主义思潮泛起的集中表现和主要标志,对革命的彻底否定必然导致否定党的领导和中国特色社会主义道路,坚持马克思主义的合法性基础也就不复存在,无异于被釜底抽薪。因此,遏止历史虚无主义的传播就必须坚持马克思主义的历史唯物主义,批评"告别革命论"对党领导革命和建设历史的虚无。

二是美化殖民侵略。认识和分析社会历史问题必须立足于客观性原则和辩证性思维,把握历史的本质和规律,不能被表面现象所迷惑,扭曲和歪曲历史,混淆是非。近代以来,中国经济文化落后,经济和文化的发展被西方资本主义国家远远抛在后面。鸦片战争后,西方先进的科学技术和资本主义的生产方式先后传入中国,客观上推动了中国社会生产力的发展和科学技术的进步。历史虚无主义者借此宣扬"侵略有功""侵略有理",鼓吹向西方国家妥协投降,有的论者指出:"从某种意义上来说,是鸦片战争一声炮响,给中国带来了近代文明。"❶ 这就是随心所欲地挑选历史材料进行随意涂抹或剪裁,只看到现象没有看到本质,主观臆断扭曲和否定历史。历史虚无主义者只看到鸦片战争后国门洞开,列强在侵略中国的同时,客观上带来了先进的技术,促进了社会生产的发展和科技的进步,但没有看到列强入侵给中国带来的深层次影响和严重破坏。这种历史观是错误的,是极为有害的。有的研究者说:"如果中国当时执行一条'孙子'战略(此人特别声明:不是《孙子兵法》的孙子,而是爷爷孙子的孙子),随便搭上哪一条顺风船,或许现在的中国会强得多。比如追随美国,可能我们今天就是日本。"❷ 这是歪曲历史,混淆视听,导致是非、荣辱标准的颠倒,没有通过历史现象把握历史的本质和主流,否认历史主义原则。

一些研究者渲染民族失败主义情绪,公开颂扬帝国主义侵略,鼓吹殖民统治有理,美化侵略,抹杀爱国主义。有研究者认为,如果研究历史"只是更多地从'侵略与反侵略'、'压迫与被压迫'、'奴役与被奴役'这

---

❶ 郑焱:《打破束缚,更新观念》,《学术研究》,1994年第4期,第84页。
❷ 转引自梁柱:《历史虚无主义的政治诉求及其危害》,《思想理论教育》,2016年第2期,第15页。

个正义与非正义的道德立场出发去审视，因此，见到的只能是血与火的悲惨场面，想到的是爱国保家，维护的是独立与尊严，表现的是愤怒与声讨，最终便是对'世界走向中国'这一历史做出消极的、片面的、情绪化的彻底否定。"❶ 历史虚无主义者在阐释历史、评价历史事件和历史人物时，抛弃价值的积极导向，有的研究者指出："在形式上都是民族自己的斗争，而在实质上，都是站在维护本民族封建传统的保守立场上，对世界资本主义历史趋势进行本能的反抗，是以落后对先进，保守对进步，封建闭关自守孤立的传统对世界资本主义'自由贸易'经济变革的抗拒。"❷ 价值观由历史观决定，是社会历史观的归宿。这种美化侵略，鼓吹殖民统治有理的论调颠倒历史，从根本上溯源，就在于他们的唯心主义历史观。"项庄舞剑，意在沛公。"历史虚无主义的价值观美化侵略，丧失了民族大义，爱国之心化为乌有，其真实目的就是"告别革命"，否定革命的正义性、合法性，否定党的领导和我国的社会主义制度，虚无近代以来中华民族的历史主流，宣扬历史虚无主义者所认同的政治制度和西方价值观。

20世纪90年代，以"告别革命论"为代表的历史虚无主义思潮的泛滥和传播不是偶然的，有其特定的社会历史条件。历史虚无主义打着"学术研究"的旗号，设置"告别革命论"的"理论陷阱"。历史虚无主义试图占据道义上的制高点，其泛滥与演进使历史虚无主义的错误观点和思想渗透到思想文化领域和人们日常的社会生活中。我们只有认清这一阶段历史虚无主义的实质和危害，才能旗帜鲜明地坚持马克思历史唯物主义，按照客观历史本来的面目实事求是地分析和研究历史，才能自觉批驳历史虚无主义思潮的"虚无"与渗透，清除历史虚无主义的阴霾。

（五）历史虚无主义思潮的流变（21世纪）

进入21世纪后，历史虚无主义改变了传播方式，出现了软性历史虚无

---

❶ 胡波：《走向世界：中国近代史不可忽视的主题》，《学术研究》，1994年第4期，第80页。
❷ 周清泉：《中国近代史应当提到近代世界史的历史范围内研究》，《成都大学学报》，1985年第3期，第91页。

主义，这是历史虚无主义的一个新变种、新样态。此外文艺影视作品中出现了历史虚无主义的影响，网络空间中调侃质疑英雄模范人物的网络历史虚无主义现象也肆意泛滥。

1. 软性历史虚无主义的传播

软性历史虚无主义的传播和泛起是进入 21 世纪后随着互联网技术的发展和反对历史虚无主义的政治环境发生变化的结果。"所谓软性历史虚无主义是指在（传统或硬性）历史虚无主义日渐式微的境况下，经由互联网载体及其信息化手段，以隐蔽、柔性的照面方式，接续散布错误历史观和价值观而形成的一种极具欺骗性、毒害性的历史虚无主义新形态。"❶ 软性历史虚无主义由原来赤裸裸的硬性传播，直接、露骨地丑化领袖、否定革命、大肆攻击党的领导和社会主义制度改为以隐蔽、巧妙、柔性的软性传播，由显性传播变为隐性传播，意识形态趋向于以种种感性形式影响受众。一是打着"学术研究"的幌子，借助学术论坛、学术报告、学术期刊等载体传播；二是历史虚无主义的观点在文学艺术作品中隐性渗透；三是历史虚无主义者利用网络传播，"由此，世界成了一个需要通过新媒体工具才能被发现与阐释的对象，理性的文字表达逐渐让位于感性的图像、符号、音乐表达"❷。利用网络戏说、恶搞、丑化英雄模范人物，传播方式和手段是柔软、温和的。软性历史虚无主义的泛起，否认整体性的历史观和宏大的历史叙事，扭曲正确历史认知，丧失了历史的本真，因而更具有欺骗性和危害性。

软性历史虚无主义是进入 21 世纪后历史虚无主义应时而变、应势而变而采用的最新表现形式和传播手法，互联网是软性历史虚无主义的主要传播载体。

软性历史虚无主义的理论预设和框架是被阉割和虚化的历史观。软性

---

❶ 何文校：《软性历史虚无主义的实践新样态》，《马克思主义研究》，2021 年第 3 期，第 128 页。

❷ 孙洲：《当代中国软性历史虚无主义的审视与批判》，《思想教育研究》，2019 年 11 期，第 86 页。

历史虚无主义脱离现实根据，沿着"歪曲历史"、虚无历史价值进而解构主流价值观的逻辑起点出发，主要借助网络娱乐消费平台传播，其议题设置面向下层、传播手法更加隐蔽、话语叙事软中带硬，以主观性揭示一般规律，本质上的意识形态属性并没有丝毫弱化，绵里藏针的形式具有更强的意识形态色彩和更大的危害。软性历史虚无主义"软的是形式，硬的是内核；软的是手段，硬的是理念"❶。历史虚无主义不断散布错误历史观和价值观，混淆视听，引起的意识形态领域斗争具有复杂性和长期性的特点。因此我们必须把握和认清软性历史虚无主义泛起的原因、特征、表现和危害，剖析其新样态，坚决地回击软性历史虚无主义的错误论调。

21 世纪以来，历史虚无主义明目张胆地颠覆主流意识形态话语权、曲解历史已经不得人心，在历史虚无主义产生的现实根基和社会历史条件仍然存在的情况下，为了躲避主流意识形态的打击和批判，历史虚无主义者不断调整其所否定的具体对象，以更隐蔽也更具渗透力的方式，想方设法"改头换面"，变换传播手法与采取更为隐蔽的策略，实现与景观媒介的深度交融，引诱受众丰富的联想和回味，从而灌输错误信息，以主观代替客观，从而操控舆论场，达到他们的政治目的。历史唯物主义是科学的历史观。只有从理论上筑牢唯物史观的基石，洞悉软性历史虚无主义这个新变种的总体概貌和最新动态，认清其政治目的和价值立场，坚持马克思主义指导，才能深入领会唯物史观的核心要义和本真精神，避免陷入唯心主义的泥沼。

网络虚拟空间敞开后，软性历史虚无主义迎合大众日常思维，专注互联网传播、发酵，以隐蔽的新手法、新形式出场，以网络小视频、游戏、图片、聊天表情包等方式吸引受众，使其传播和影响更加容易和便捷。历史是不以主观意志为转移的客观存在，软性历史虚无主义主张历史的本质和规律是纯粹意志的结果，否定整体历史评判标准，夸大人的主观性，诋毁马克思主义历史唯物主义，力图斩断客观历史发展的脉络，消解主流意

---

❶ 董学文：《揭一揭软性历史虚无主义的真实面目》，《红旗文稿》，2018 年第 16 期，第 5 页。

识形态。软性历史虚无主义叙事话语从露骨直白、直截了当到隐晦含蓄、绵里藏针。无论历史虚无主义如何隐晦蛊惑、如何演化，我们都必须认清其真面目，化解负面舆情、清除负面影响，揭穿其背后幽微隐晦的意识形态倾向，提升民众对软性历史虚无主义的鉴别力和"免疫力"，坚定地与之斗争，让其无所遁形。

2. 文艺影视作品中的历史虚无主义

文艺作品中历史虚无主义者将资产阶级的抽象人性论应用于历史人物的评价，借助思想理论研究、文学艺术影视作品等隐蔽形式，搭乘文化消费主义的"便车"，歪曲历史，迷惑大众，扰乱人们对历史真相的客观认知。

历史发展绝不是主观意志的自我展开和实现。历史虚无主义无视历史人物的阶级属性，从自身主观意识出发，跳出既定的历史场景，对历史进行思维逻辑的加工和重构，随意剪裁，拼凑史料，企图重新书写历史，为历史人物"翻案"，肆意解构历史宏大叙事，片面解构历史，混淆黑白，颠倒是非，这肯定会引起人们思想上的混乱，颠覆已有的历史认知，影响人们的历史观、世界观、价值观，英雄模范人物示范引领作用就会荡然无存。历史虚无主义片段化、碎片化的历史叙事，渗透着影射和讽刺的政治目的，发展下去会严重危及社会主义中国的立国之本。

历史虚无主义嵌入社会及人的交往关系的网络，摆脱了传统条件下的时空限制和束缚，其传播在发展演进中随着形势的变化既有某些转变、翻新，又有因社会生活和精神世界的影响而出现的不确定性、偶然性、随机性。

3. 调侃质疑英雄模范人物

英雄模范人物是革命和建设年代特殊环境下的产物，也是红色历史和红色经典以革命的方式存在的见证。习近平总书记指出："在20世纪中国苦难而辉煌的历史进程中，涌现出一大批用特殊材料制成的优秀共产党人。"❶ 历史虚无主义者亵渎英雄模范人物，加入一些新奇的标题，制

---

❶ 习近平：《在纪念陈云同志诞辰110周年座谈会上的讲话》，人民出版社2015年版，第5页。

造噱头和各种历史话题，恶搞历史事件和英雄人物，抹黑英雄人物，把网络空间搅成一潭浑水，破坏网络舆论生态。历史虚无主义者发布各种虚假、负面的信息诋毁英雄人物，损毁英雄人物的正面形象，如把黄继光在朝鲜战场上舍身堵枪眼的英雄壮举歪曲为"摔倒后"的无奈行动，认为邱少云在大火中纹丝不动，这是根本不可能的，戏谑和调侃董存瑞炸碉堡的英雄行为，抹黑刘胡兰，还污蔑刘胡兰是被乡亲害死的，而不是敌人铡死的；抹黑"狼牙山五壮士"纵身跳崖的壮举，说他们是顺着悬崖"溜下去"的。调侃、扭曲历史的历史虚无主义言论，大量充斥网络空间，玷污神圣的英雄形象，对英雄行为加以抹黑、解构甚至娱乐化，这对人们尤其是青少年正确认知英雄人物产生了严重的误导，伤害了人们崇敬英雄的历史情感。对英雄模范的行为，对他们在特殊革命年代形成的崇高追求与信仰，不能用常人的生理、心理来理解，黑格尔曾说，"仆从眼中无英雄"，"但是那不是因为英雄不是英雄，而是因为仆从只是仆从"❶。英雄人物有崇高的气节和大无畏的牺牲精神，一般人不能和英雄人物相比，英雄人物可以做到一般人做不到的。他们的信念、意志在特殊环境下能够爆发出巨大的精神力量。"实在的事实是一成不变的。"❷ 历史虚无主义者利用人们过度猎奇心理虚无叙事，热衷于从人的自然属性、自然本能解构英雄人物，黑化英雄模范人物的正面形象，扭曲主流价值，我们必须及时回应网络上出现的亵渎英雄人物的历史虚无主义言论，必须深入揭露历史虚无主义亵渎英雄模范人物的政治本质及严重危害，坚决反对丑化英雄人物的卑劣行径，明辨历史真相，才能传承红色基因，培育和践行社会主义核心价值观。

英雄人物的评价问题，不单纯是一个历史认知问题，还是一个涉及历史观、价值观的重大的政治问题。历史虚无主义者对红色经典进行"恶搞"，在英雄人物评价的问题上颠倒黑白，大做文章，从狭隘视野解构英

---

❶ 黑格尔：《历史哲学》，王造时译，上海书店出版社2006年版，第29页。
❷ 《李大钊文集》（第3卷），人民出版社1999年版，第229页。

雄人物，肆意扭曲他们的人格、贬损他们的形象，诋毁和攻击红色经典和英雄模范人物，这就引发了人们对历史盲目地质疑与批评，使红色经典和革命英雄人物的真实情况严重失真，损害了人们心目中的英雄形象，影响了人们的传统认知，偏离我国主流历史文化的价值判断，从而降低了对党和社会主义制度的价值认同，遮蔽历史的主流和本质。如果单纯从人的自然生理属性出发去了解认识英雄模范人物的行为，将人的主观能动性解释为恣意妄为、天马行空的漫天想象，这必然会导致人们否定历史，质疑英雄模范人物的言行，从而为历史虚无主义思潮推波助澜。

第三章

历史虚无主义的表现与危害

随着时间的推移，历史虚无主义作为意识形态领域中的一种思潮，其表现形式和虚无重点在各个时期是不同的，但其表现形式也有共同之处，一般说来有以下五个方面的表现：虚无中国传统历史文化、否定中国近代的社会革命、否定党的领导和社会主义制度、贬损领导人和英雄模范人物、大作翻案文章"还原历史"。这种思潮扭曲历史观、影响政权稳定、消解"四个自信"、解构主流价值观，其危害性不言而喻。只有认清历史虚无主义的表现和危害，才能坚持唯物史观，明辨是非，坚定反对历史虚无主义的信念和信心，有效地遏制历史虚无主义的传播和泛滥。

一、历史虚无主义表现与传播特点

历史虚无主义是近代以来西方文化演进过程中现代性的产物，历史虚无主义随着时间的推移，传播特点不同、表现形式各异。只有认清历史虚无主义表现与传播特点，才能洞悉历史虚无主义的本质、理论基础和现实逻辑，回击和批判历史虚无主义才能取得实质性的胜利。

（一）历史虚无主义表现

理论上讲，历史虚无主义在各个时期的共性能够表征和体现这一思潮的历史观和理论基础，更能体现出历史虚无主义的意识形态性质。下面从五个方面简要概述历史虚无主义的表现。

1. 虚无中国传统历史文化

文化是一个民族的血脉和基因。传统文化"是中华民族生生不息、发展壮大的丰厚滋养"。❶ 历史文化传统体现了中华民族的自信心、自尊心，能够增强民族的凝聚力和认同感。中华传统文化具有深厚的文化积淀和历史底蕴，历史虚无主义者虚无否定中华传统历史文化，随着时间的推移和时代的变化，虽然各个时期观点和主张侧重点不同，但其虚无否定中国传

---

❶ 《胸怀大局把握大势着眼大事 努力把宣传思想工作做得更好》，《人民日报》，2013年8月21日，第1版。

统历史文化的本质没有改变,其推崇西方文化、走资本主义道路的目标和政治目的也没有改变。

20世纪二三十年代,部分知识分子认为中国贫穷、落后,推崇西方文化,以西方文化和价值为标尺,批判中国人的"民族惰性",否定中华历史文化和民族传统,提出"全盘西化"的主张,认为中国社会发展的根本出路在于西化,只有向西方学习,才能解决中国的现实问题。"全盘西化"必然导致对中华传统文化的轻蔑、否定和矮化,这一论调蕴含着历史虚无主义的错误内核。受西方熏陶的部分知识分子虽然关注国家和民族未来的发展,具有深厚的民族主义情怀,但并没有开出针对中国的良方,受时代所限,他们这批知识分子虚无中华传统历史文化,认为非西方民族的文明都是西方文明的分支,主张放弃中华传统的文化观念,否定文化的传承性,割断与中国传统文化的理论逻辑与实践关联,否弃中国传统文化价值的现代意义,这就造成传统与现代的两极对立,丧失了民族的文化自信,挫伤民族自尊。能否正确地认识和评价民族历史文化是一个民族成熟与否的重要表现和主要标志。20世纪二三十年代,以"全盘西化论"为代表的中国知识分子,不能辩证地对待中西文化,形式主义地对待中西文化,消解了时人的文化认同、历史认同,从一个极端走向另一个极端,因而不可能为中国找到一条真正的出路。

民族虚无主义是中国改革开放时期历史虚无主义的特定表现形式。20世纪80年代,民族虚无主义思潮丑化、矮化中华民族五千多年光辉灿烂的历史,解构中华民族的灿烂文明,无原则地宣扬并传播错误历史事实和历史观,坚持"西方中心论",无视不同国家和民族历史文化之间的内在差异,不认同中华民族的历史、文化和传统,无视传统文化在中华民族文明历史传承中的积极意义。民族传统文化是珍贵的历史遗产。历史虚无主义者以西方历史文化和价值观念为圭臬,打着民主、自由、人权等旗号,渲染西方文化的普适性,宣扬西方历史文化优越论,成为西方文化的代言者,抹杀中华民族的传统文化和光辉灿烂的历史,否定中华民族历史和文化的根基,鼓吹中国走资本主义的道路,丑化中国社会发展道路选择，资产阶级自由化思潮泛滥。历史虚无主义者没有找到解决民族独立的根本出路，但制造了社会思想混乱和信仰迷失，削弱了民族自尊心和凝聚力。

历史虚无主义是人类文明危机的一种现代性的体认和具象。21世纪以来，历史虚无主义者宣扬"普世价值"、新自由主义、民主社会主义等思想观点，主张放弃中国固有文化而全盘接受西方价值理念，企图否定传统文化遗产，消解中华文化的民族性，破坏中华民族自有文明史以来形成的文化认同、民族自信和价值规范，颠覆社会主义核心价值体系。历史虚无主义者有选择性和目的性地否定历史文化传统，颠倒黑白，诋毁五四运动以来的中国发展道路选择，其目的是消解中华民族的文化认同，实行"全盘西化"达到瓦解民族自尊心和自信心的目的。

一个国家、一个民族的历史文化是国家和民族的灵魂、智慧宝库和生存根基。辩证地对待中西文化，不能形式主义地看问题，更不能认为西方文化一切皆好，中华传统文化都是糟粕，而是对中西文化要扬弃，特别是要积极吸收中华传统历史文化中的优秀成果，不能对传统的历史文化不屑一顾。"批判中国传统文化无妨，反思也有必要，甚至适当地颠覆一些过时的内容同样无可厚非。但对每一位国人来说，拥有清晰而坚决的立场是必要的：细致地甄别本土传统和外来文化，取其精华，弃其糟粕。如果不能如此，或许我们真有可能成为西方模式所塑造的经济和文化的双重傀儡。"❶ 为了有效回击历史虚无主义的话语冲击，对待传统文化我们的正确态度应是体现历史尊重，以扬弃的态度对待优秀传统历史文化，做到古为今用，坚持民族本位的文化立场，立足中华优秀传统文化，增强对中华传统历史文化的认同感，实现中华传统文化的创造性转换和创新性发展。习近平总书记谈到如何对待中国的历史文化时，曾指出："怎样对待本国历史？怎样对待本国传统文化？这是任何国家在实现现代化过程中都必须

---

❶ 转引自曹守亮：《历史是不能虚无的——读〈警惕历史虚无主义思潮〉》，《高校理论战线》，2007年第4期，第53页。

解决好的问题","我们不是历史虚无主义者,也不是文化虚无主义者,不能数典忘祖、妄自菲薄。"❶ 弘扬传统文化是抵御虚无主义错误思潮的源头活水,新时代我们必须汲取中华优秀传统文化的精华、特质,挖掘传统文化的深层价值,提升传统文化的精神内涵,赋予传统文化新的时代元素,坚定文化自信,筑牢抵御历史虚无主义的牢固防线,使中华民族优秀传统文化焕发出新的活力和生机。

2. 否定中国近代的社会革命

20世纪90年代中期,历史虚无主义思潮最主要的表现是"告别革命论"。"告别革命论"是历史虚无主义的核心论调和主要表现,"告别革命论"者从唯心主义的历史观出发,歪曲历史,历史虚无主义的荒谬观点甚嚣尘上。我们批驳历史虚无主义就是要批判"告别革命论"对中国人民近代以来为实现民族独立而进行斗争的历史的诋毁和歪曲,还原历史的本来面目,给中国近现代史上的"革命"正名,对革命的评价应该树立以历史唯物主义为基础的价值标准和真理标准。

他们打着"反思历史""重评历史"的旗号,否定近代中国革命的历史必然性,认为革命纯粹是少数"别有用心"的人"阴谋"策划的,渲染革命的"暴力性""破坏性",认为革命太过幼稚、疯狂、暴力和极端,只不过是丧失理性的情绪化宣泄,会引发内战和社会动荡,阻碍社会经济的发展。他们虚无辛亥革命的进步历史作用,否定和贬损中国近代特别是"五四"以来的中国共产党领导的新民主主义革命,把中国革命的辉煌历程歪曲成为"暴力、黑暗、污浊"的历史,强烈反对近代中国以革命的方式打破旧的生产关系,反对通过革命推动社会进步和实现社会变革。"告别革命论"认为革命是激进主义而必须否定。革命话语式微,否定革命、抛弃积极的价值导向,脱离具体的社会历史条件和特定的时空场景,主观臆断地认识和研究中国近代以来的革命和历史,必然会带来认识上的思想

---

❶ 《习近平在中共中央政治局第十八次集体学习时强调牢记历史经验历史教训历史警示 为国家治理能力现代化提供有益借鉴》,《人民日报》,2014年10月14日,第1版。

混乱。

历史虚无主义者坚持用唯心史观来看待历史，鼓吹改良，解构革命，认为改良优于革命，主张以现代化史的叙事模式代替革命史的叙事模式。革命与改良的论争是清末民初的时代之问，历史证明，改良道路在中国近代是行不通的。"告别革命论"者以"去革命化"的名义美化改良，认为性质温和的改良才是中国近代以来正确的方向与前进道路，社会改良是推动社会发展的良方，革命中断了中国近代以来的现代化进程，中国应该效法日本明治维新走上近代化的道路，因而高度评价清末"新政"对中国近代化的进步作用，美化中国近代统治阶级中的上层人物，为其歌功颂德，刻意地美化和颂扬慈禧太后、袁世凯等人，"告别革命论"者以资产阶级人道主义为幌子，认为近代中国统治阶级的代表人物对历史的发展和社会的进步功不可没，企图为他们翻案。由于没有从历史人物所处的时代环境中去考察其动机和统治行为，他们陷入了唯心主义的泥沼。近代以来的中国革命破除了旧的生产关系以及由此决定的上层建筑，因而能够推动社会的进步。而历史虚无主义者美化改良，认为英国式的改良才能真正开启中国近代化和现代化的新征程，依靠革命推动社会前进是妄想。这种论调借学术研究和学术创新之名混淆视听，完全颠覆过去的历史，没有正确区分历史的现象与本质、支流与主流，无法形成正确的历史观，反而臆造历史规律，因而危害性是非常大的。

历史是不能假设的，是已经逝去的客观存在。清末没有走上改良的道路而是选择走上革命道路，这是不以人的意志为转移的，革命是推动社会进步发展的重要推动力。"革命在任何地方和任何时候都是完全不以单个政党和整个阶级的意志和领导为转移的各种情况的必然结果。"❶ 历史虚无主义企图占据道义上的制高点，把个人对历史的主观臆断强加于人类社会历史的客观历程，随意解构历史，其目的不在于争论变革社会的路径和方式，而是诋毁革命的进步意义和历史作用，否定中国走社会主义道路的必

---

❶ 《马克思恩格斯选集》（第1卷），人民出版社2012年版，第304页。

要性，这是典型的历史虚无主义，它忽视马克思主义科学的历史观，其历史观必然是唯心主义的。

3. 否定党的领导和社会主义制度

"历史虚无主义是一种假借学术探究和反思历史之名，实为否定党的领导，否定中国社会主义道路的反动社会思潮。"❶ 历史虚无主义的本质是否定党的领导和社会主义道路，鼓吹中国走资本主义道路，极力颂扬西方的政治制度和价值观，消解人们对中国共产党的领导和社会主义制度的认同，破除人们对中国共产党的信任和拥护，因此我们必须警惕和自觉抵制历史虚无主义的侵袭。

一是否定党的领导。中国共产党的领导地位是在中国革命、建设和改革的伟大实践中历史形成的，这一点毋庸置疑。"领导我们事业的核心力量是中国共产党。指导我们思想的理论基础是马克思列宁主义。"❷ 颠覆中国共产党的领导和社会主义制度是历史虚无主义的一个重要表现。历史虚无主义者打着"普世价值"的幌子，借口党的领导人曾犯过的错误、党在领导革命建设和改革的过程中经历的严重的曲折挫折，把党的历史说成是错误的堆积，故意掩盖事实真相，极力丑化、矮化甚至妖魔化中国共产党，诋毁党在革命和建设中的核心领导作用，攻击党的领导犯了根本性的、方向性的错误，煽动对党的领导的不满，试图动摇共产党的执政地位，否定党的领导对于中国发展与改革的重大意义和作用。历史虚无主义由初始时期虚无中华民族传统文化到丑化党的领袖，虚无唯物主义历史观及其框架体系，扭曲党的历史和形象，贬损党的领导，把马克思主义"去政治化""去意识形态化"，否定马克思主义的指导地位，因而具有明显的政治诉求，意识形态色彩越来越浓厚。历史虚无主义者的政治动机和目的可谓"司马昭之心，路人皆知"。学习研究党史必须科学地理解和把握党

---

❶ 魏晓文、秦雪：《历史虚无主义批判的三重逻辑——学习习近平关于"四史"的重要论述》，《思想教育研究》，2020年第9期，第25页。

❷ 《毛泽东文集》（第6卷），人民出版社1999年版，第350页。

在领导革命、建设和改革过程中的失误和挫折，否则就会陷入历史唯心主义的"理论陷阱"，从而盲目地一味否定共产党的领导。

历史虚无主义者以西方国家的价值观和话语体系为标准，毫无历史根据地主观臆想，企图按他们的意志重构历史，把共产党的政治领导曲解为政治垄断，把马克思主义在意识形态领域的领导地位解构成精神垄断，其目标指向非常明确，就是扭曲历史，挑战社会主义主流意识形态，认为西方道路和发展模式是无法抗拒的历史必由之路，具有"普适性"，从而撼动党执政的理论基础，否定党的领导。

二是否定社会主义制度。一个国家和民族选择的制度和发展道路决定着它的发展方向和前途未来。党的领导是中国特色社会主义最本质的特征，否定党的领导必然会导致否定党领导的社会主义制度。受西方"和平演变"战略的影响，历史虚无主义以西方资本主义社会制度和价值观念为标尺，使用种种方法与手段妄想推动中国的政治制度、价值观，使之与西方资本主义国家接轨，主张全盘西化，否定中国走向社会主义的历史必然性，散布社会主义"失败论"，在歪曲历史过程中撼动中国特色社会主义道路的根基，动摇人们对中国特色社会主义制度的自信心。其中，中国近代选择资本主义还是社会主义道路的问题是历史虚无主义者关注的重点和根本问题，反对历史虚无主义绝不是学术意见上的争论，本质上说是阶级斗争在意识形态领域里的反映。

党的领导和社会主义道路是中国经济崛起和社会稳定两大发展奇迹的根本保证。在近现代的发展过程中，中国共产党的领导地位是历史形成的，中国共产党坚持马克思主义的基本原则，选择适合中国实际的革命、建设和改革道路，具有符合社会发展规律的历史必然性，中国走上社会主义道路是历史的必然。但历史虚无主义者用裁剪了的历史来佐证西方政治制度和价值观，从而质疑中国走社会主义道路的必然性、合理性、合法性。

中国特色社会主义是中国共产党领导开创的前无古人的历史伟业，是近代中国历史和人民的选择。历史虚无主义者曲解中国特色社会主义是

"资本社会主义""封建社会主义",肆意歪曲和攻击中国的改革开放,蓄意夸大和渲染社会主义改革和发展道路上的失误与曲折,认为中国特色社会主义是对改革开放前党的领导和社会主义道路的否定,否认改革开放是社会主义制度的自我完善和发展,通过质疑马克思主义的指导地位和党的领导来削弱党的政治地位及执政基础,否定中国特色社会主义道路,企图让中国重蹈苏联东欧社会主义国家改旗易帜的覆辙,为在中国实行全盘西化、推行西方资本主义政治制度制造舆论。

党的领导和社会主义制度是中华民族和中国人民从近代以来中国社会历史发展历程中作出的庄严选择。坚决抵制批驳历史虚无主义,必须一方面澄清错误认识,把握中国特色社会主义开创和发展的历史必然和未来趋势;另一方面捍卫党的历史,明晰中国共产党历史发展的主题、主线和主流、本质,坚定不移拥护党的领导,走中国特色社会主义道路。习近平总书记曾经指出:"国内外敌对势力往往就是拿中国革命史、新中国历史来做文章,竭尽攻击、丑化、污蔑之能事,根本目的就是要搞乱人心,煽动推翻中国共产党的领导和我国社会主义制度。"❶ 历史虚无主义的泛滥传播关系社会主义主流意识形态认同与国家安全,反对历史虚无主义,我们必须一方面认识到历史虚无主义否定党的领导和社会主义制度的政治图谋,全面剖析历史虚无主义的本质与主要表现,另一方面加强对党的历史的认同,深刻理解党的领导与社会主义制度具有历史必然性,是近现代以来中国历史和中国人民的共同选择。唯其如此,我们才能增强政治敏锐性,坚持党的领导,坚持历史唯物主义,才能旗帜鲜明自觉抵制历史虚无主义错误思潮的侵蚀,粉碎其从意识形态上企图削弱党的领导和社会主义制度根基的计谋,真正清除历史虚无主义的危害。

4. 贬损领导人和英雄模范人物

历史虚无主义出于其险恶的政治目的,对毛泽东等领导人的评价绝对

---

❶ 中共中央文献研究室编:《十八大以来重要文献选编》(上),中央文献出版社2014年版,第113页。

化、简单化、片面化，诋毁和丑化毛泽东，否定毛泽东思想的指导地位，同时还大力矮化、虚无近现代以来的英雄模范人物，对他们进行全方位的诋毁、抹黑，扭曲人民群众对领袖和英雄模范人物的感情和价值判断，对领导人和英雄模范人物的历史评价超出了正常学术研究的边界，具有鲜明的政治倾向。

一是贬损领导人。历史虚无主义对领导人的贬损、抹黑集中体现在毛泽东身上，矛头直接指向毛泽东，这是因为毛泽东是伟大的马克思主义者，为新中国的成立和建设发展作出了不可磨灭的贡献，历史虚无主义者要否定党的领导和社会主义制度，首先就要从抹黑丑化党的领导人开始。对毛泽东的评价，毛泽东的传记作家美国学者罗斯·特里尔曾客观地评价指出："尽管有诸多过失，但毛泽东有幸使中国有了新的开端。毛泽东是20世纪富有魅力的政治家。"❶

研究中国近现代史，对毛泽东的认识、研究和评价是绕不开的话题。历史虚无主义者在公开评价毛泽东时，无限放大毛泽东的错误，否定毛泽东和毛泽东思想的指导地位，这实际上是历史虚无主义者为颠覆社会主义国家所造的一种舆论声势，因为颠覆党的执政地位和社会主义制度，首先就要丑化、矮化、妖魔化党的主要领袖。

历史虚无主义者在评价领袖人物时，站在唯心史观的立场上，没有把领袖人物放到具体历史场景下进行认识和评价，往往以现时的思维惯式衡量、裁剪当时领袖的行为。如在抗美援朝问题上历史虚无主义者扭曲历史，认为中国不应该卷入朝鲜战争，胡说朝鲜战争是由于毛泽东的支持而爆发的，是毛泽东要向外输出革命，完全忽视抗美援朝是正义的保家卫国战争。在原子弹的研制问题上，历史虚无主义者嘲笑中国不应在20世纪60年代花费财力、物力去研制原子弹，而应大力发展经济，解决老百姓温饱问题，完全忽视了西方国家核威胁的历史情形。当时苏联不再提供原子

---

❶ 罗斯·特里尔：《毛泽东传》，胡为雄、郑玉臣译，中国人民大学出版社2006年版，第494页。

弹研制的技术支持，我们在当时独立自主地研制原子弹，不仅是要争一口气，更是提高中国的国际地位的需求。此外，历史虚无主义者批评毛泽东等中共领导人在 20 世纪 50 年代搞"闭关锁国"。实际情形是当时西方帝国主义国家对新中国实行封锁、包围，在政治上歧视新中国，不承认中华人民共和国。毛泽东在《论十大关系》的讲话中强调要学习别国的先进技术和管理经验，事实证明毛泽东等领导人不是像历史虚无主义者所说的那样盲目排外，只是我们当时不具备向西方国家学习的历史环境。不顾新中国当时的历史环境和客观条件来认识和评价历史，如果不是对新中国历史的无知，就是历史虚无主义者别有图谋的政治攻击。

　　在国外，历史虚无主义对领袖人物的评价站在错误的立场上，抹黑、丑化领袖人物，1956 年赫鲁晓夫的秘密报告，全盘丑化斯大林，否定了苏联 20 世纪二三十年代的社会主义建设的光辉历史，开创了妖魔化斯大林、丑化苏联共产党的先河，对斯大林缺点和错误无限放大，对其功绩却视而不见，这种评价和认识在东欧社会主义国家内部引起了极大的骚乱。"斯大林尽管在后期犯了一些严重的错误，他的一生仍是伟大的马克思主义革命家的一生。"❶ 但随后的苏联领导人勃列日涅夫、戈尔巴乔夫也是对斯大林、列宁等领导人的评价持有类似虚无主义的态度，特别是 20 世纪 80 年中后期苏联推行的人道的民主的社会主义改革，否定苏联社会主义模式，虚无了苏共领导人和共产党的历史，直接导致了苏共亡党亡国的悲剧。

　　丑化毛泽东和否定中国共产党的领导是西方国家推行"和平演变"的既定目标。在国外，一些西方背景的作者打着"历史解密"的旗号，在其撰述中肆意丑化毛泽东，歪曲党的历史，撰著者剪裁史料，从私人生活、道德品质、工作能力等方面对毛泽东等党的领袖，攻其一点，不及其余，不遗余力地贬损和矮化毛泽东的人格和道德品质，完全不顾历史事实，全凭情感因素，妖魔化、丑化毛泽东等党的领袖人物，大搞人身攻击，严重

---

❶ 《居安思危》课题组：《不能对苏联社会主义模式采取历史虚无主义态度——与左凤荣教授商榷》，《马克思主义研究》，2013 年第 7 期，第 122 页。

损害了他们的名誉。上述这些别有用心的人披着学术研究的外衣,炒作所谓"新史料",肆无忌惮地歪曲党的革命斗争史和新中国历史,伪造一些所谓的"历史真相"来"重建历史",故意抹黑和歪曲毛泽东,颠覆人们的历史认知。

对历史人物的评价,必须坚持唯物史观和辩证法,要从历史人物所处的历史条件和特定的场景出发,遵循实事求是的原则,要注重整体性和全面性。对领袖人物的评价,关系到党、国家和人民的命运和前途,这是一个根本的政治问题。对当时国内外、党内外最为关心的毛泽东的评价问题,邓小平在主持制定第二个历史决议时,坚定地维护毛泽东和毛泽东思想的历史地位,为正确评价领袖人物树立了极好的范例。邓小平指出:"毛泽东同志同任何别人一样,也有他的缺点和错误。但是,在他的伟大的一生中的这些错误,怎么能够同他对人民的不朽贡献相比拟呢?在分析他的缺点和错误的时候,我们当然要承认个人的责任,但是更重要的是要分析历史的复杂的背景。"❶ 毛泽东的错误和失误绝不能简单地上升到毛泽东的人格和个人品质问题,研究历史,评价历史人物,要坚持知人论世的客观性立场,从整体的历史环境中考察历史人物的动机和目的,坚持历史发展的决定性与选择性的统一。

"领袖、英雄等杰出人物不同于普通群众的地方,在于他们在历史进程中能起到普通群众不能起到的特殊作用,尤其在历史转折关头和重大事变的关键时刻,能发挥普通人不能起到的主要的甚至决定的作用。"❷ 我们必须形成正确的历史认知观,运用唯物、辩证的思维方法来评价历史人物与事件,找准历史虚无主义的要害和重点指向,彻底驳斥历史虚无主义对毛泽东等领袖人物的贬损和丑化。

二是抹黑英雄模范人物。英雄模范人物是民族精神和时代精神的生动写照,是一个民族的历史记忆和精神标识。尊崇英雄,深嵌民族记忆,对

---

❶ 《邓小平文选》(第2卷),人民出版社1994年版,第172页。
❷ 汪亭友:《坚持用唯物主义立场观点方法研究历史问题》,《思想理论教育导刊》,2016年第2期,第51页。

于弘扬社会主义核心价值观具有重要意义。当前互联网已经成为历史虚无主义观点传播呈现的空间和场所。历史虚无主义利用网络媒体制造舆论，抹黑英雄模范人物，打着"揭秘真相"的旗号，散布谎言，利用抽象的人性论对英雄模范人物进行另类解读，其目的是解构在革命、建设和改革中形塑而成的理想性和崇高性，颠覆人们正确的历史观，混淆历史认知，解构和歪曲中华民族文化符号意义和社会主义核心价值观。

丑化英雄人物。近现代历史上涌现的英雄人物向人们展现了大无畏的革命精神和追求和平美好正义的高尚情怀，理应是大众崇拜敬仰的偶像。历史虚无主义者从抽象的人性出发，对英雄人物进行"重新评价"，臆造英雄的谣言，以极其卑劣的手段贬损他们的人格。有的历史虚无主义者以"火烧邱少云违背生理学"的论调调侃和质疑志愿军战斗英雄邱少云，甚至还造谣说邱少云是被"吓死"的，更有不良经销商竟然恶搞、侮辱邱少云烈士，这种恶意营销调侃英雄，亵渎了大无畏的革命英雄主义精神。英雄烈火烧身、光荣牺牲的壮举，被历史虚无主义者嘲笑、愚弄、恶搞。质疑英雄的真实性严重侵害了英雄人物的名誉、荣誉等人格权益，危害甚大。贬损英雄的背后潜藏着解构主流意识形态的暗流和价值观危机，引发了新的思想混乱。古今中外，任何一个有美好前景的民族都不能没有英雄。郁达夫在鲁迅追悼会上说："一个没有英雄的民族是可悲的奴隶之邦，一个有英雄而不知道尊重英雄的民族则是不可救药的生物之群。"❶ 历史虚无主义者误导受众，片面强调人的自然属性，以所谓的"人权""普世价值"来否定价值标准，伪称英雄人物是出于某种目的"建构"出来的，在历史虚无主义者的心目中，英雄人物可以任意恶搞、中伤、贬损、亵渎，不再拥有崇高、神圣和庄严的光辉形象，这就践踏了社会公众对革命英雄人物的崇高的情感。

矮化模范人物。历史虚无主义者从资产阶级的抽象人性论出发，打着

---

❶ 郁达夫：《怀鲁迅》，《文学》，1935年第5期。转引自祝念峰、王晓宁：《不能放任历史虚无主义攻击诋毁英雄人物》，《红旗文稿》，2016年第21期，第9页。

"考证细节""客观公正"的旗号,极力丑化、矮化模范人物,颠覆这些模范人物言行中体现的社会主义核心价值观。在价值观多元化、虚无主义话语泛滥的网络虚拟语境中,历史虚无主义者诋毁和贬损模范人物诱发的网络舆情热点事件曾一度出现高发、泛滥的态势,干扰了人们的理性认知。历史虚无主义者"以质疑来颠覆正统,用嘲讽来戏谑严肃;以戏说来解构经典,用荒诞来替代正说,通过多种策略丑化、虚无榜样"[1]。如历史虚无主义者诋毁雷锋,说其日记是虚构的,有人代笔,雷锋的文化程度不可能写出这样有文采、站位高的日记,《雷锋日记》是中央当时要塑造、宣扬一个典型人物、模范人物,故编造出所谓的"雷锋日记",目的要从精神上、文化上对雷锋进行包装。除了雷锋之外,新中国成立后涌现的时代楷模如王进喜、焦裕禄等,也都成了历史虚无主义者调侃、抹黑的对象。这就颠覆了人民心中对英雄模范人物的一切崇高而美好的共同历史记忆,颠覆了人们客观的价值评判标准和正确的历史认知。雷锋是一个时代的象征,雷锋精神是中国人的精神坐标和精神食粮之一,不容诋毁和庸俗地解构,我们必须戳穿某些别有用心的人的虚无主义的谣言,批判其错误的历史观和价值取向,还原英雄模范人物的光辉形象。

娱乐消费历史。在娱乐化、商业化的背景下,历史虚无主义者利用调侃恶搞经典与人们减轻各种压力需求的某种契合,搜奇掠艳,迎合公众猎奇心理,加工和传播谣言,虚构各种博人眼球、稀奇古怪的历史"桥段",恶搞历史英雄和红色经典,娱乐消费历史,消解崇高伟大,歪曲历史真实,体现了他们价值观的扭曲与精神信仰的迷茫。调侃英雄模范人物的"包袱""噱头""笑料"在网络媒体上大肆演绎传播。历史虚无主义者在娱乐消费历史的过程中对历史的抹黑、对真相的颠覆及对英雄的贬损等掩藏于网络的恶搞和调侃之中,历史的价值成为娱乐的"附庸",让受众在极具新鲜感和刺激感的精神愉悦中颠覆了对历史本相的

---

[1] 杨婷:《历史虚无主义"虚无"革命榜样的策略、目的及后果》,《马克思主义研究》,2017年第1期,第86页。

正确认知。

"抗日神剧"的虚构编造，神化了抗日英雄和武装力量，虚构各种满足狭隘心理的"自嗨"式剧情。"抗日神剧"中有许多"泛娱乐化"的离奇情节，抗日英雄可以"手榴弹炸飞机""飞檐走壁""徒手接子弹""裤裆藏雷""手撕鬼子"等，满足了观众对日本帝国主义仇恨的情绪宣泄，但这种胡编乱造虚构情节与真实的抗战史大相径庭，严肃的抗战史和应受人敬仰的民族英雄被虚无为观众娱乐的噱头和非政治化的娱乐闹剧。这种对观众的迎合和庸俗化剧情对历史的娱乐消遣，颠覆了严肃、深刻、悲壮的抗战历史，调侃抗战艰辛，空穴来风，虚无了全民族抗战中彰显的民族精神和民族记忆，偏离了历史的真相和原貌，消弭了正确的历史认知和历史记忆。"抗日神剧"被历史虚无主义思潮所裹挟，体现出一种无知者无畏的状态，宣扬错误的历史观和价值观，产生极坏的负面影响。习近平指出："文学家、艺术家不可能完全还原历史的真实，但有责任告诉人们真实的历史，告诉人们历史中最有价值的东西。"❶

英雄模范人物是社会主义核心价值观的载体，是一个民族奋起向上、建构主流意识形态的价值底座。一段时间，抹黑英雄模范人物成为历史虚无主义者通过网络新媒体歪曲历史的主要表现。历史虚无主义主观臆断地解构历史，以价值预设颠倒历史现象和历史本质，以所谓的"相对主义"解构英雄模范人物言行的意义和价值，抹黑和丑化英雄人物，攻击中华民族道德标杆和精神坐标。历史虚无主义者说英雄都是"伪造"的，号召"告别崇高"，其真正的政治图谋是通过虚无英雄模范人物，扰乱追求崇高、价值和美好的历史思考，消解主流价值观，进而否定党的领导和社会主义制度。我们必须坚持马克思主义的阶级分析方法，大力批驳贬损英雄、歪曲历史的"去价值化"的错误倾向，捍卫英雄模范人物的崇高形象，有效清除历史虚无主义抹黑英雄模范人物的恶劣影响，匡正视听，把控社会主义道德记忆的话语权和建构权，凝聚民族情感，守护好中华民族

---

❶ 《习近平谈治国理政》（第二卷），外文出版社2017年版，第352页。

的根与魂。

5. 大作翻案文章"还原历史"

历史认知具有相对性,这是不争的事实。历史虚无主义思潮打着"还原历史""学术研究"的幌子,为历史上已有定论的历史人物和历史事件翻案,罔顾基本史实,企图否定和颠覆唯物史观,混淆视听,大搞历史翻案文章,这种虚无历史真实的做法,危害不言而喻。

历史虚无主义者罔顾国家民族大义,抽取历史的细枝末节,企图为反面人物翻案,叫嚣还原所谓"真实""客观"的历史,大肆美化已被历史"盖棺论定"的反动统治者、汉奸卖国贼,从而陷入相对主义或随意臆造历史的泥沼,试图颠覆历史客观性和认知性正确的历史观。

2015年是中国人民抗日战争胜利70周年,在这个重要时间节点和重大事件上,历史虚无主义者采取断章取义的方式,在网络媒体上散布"八路军消极抗日""发展封建割据"等美化国民党、诋毁共产党的错误言论,引导舆论的走向,歪曲和扭曲历史,极力颂扬国民党在抗战中的历史功绩,大搞翻案文章,企图以局部现象代替本质,替国民党"消极抗日、积极反共"翻案,极力贬损中国共产党在抗日战争中的中流砥柱的作用。历史虚无主义者坚持所谓"价值中立"的原则,打着"学术创新"的旗号,要求从人性的角度重新认识和评价蒋介石,破除"内战思维",评价其在抗战中的功绩和地位。

历史虚无主义者还打着"重新评价"的旗号,大造舆论,运用极其卑劣的方法和手段,企图为抗战中公开投降日本帝国主义的汉奸卖国贼汪精卫、陈公博、周佛海等民族罪人翻案,说他们是"曲线救国""无罪而有功""痛苦的爱国者",强调伪政权代表沦陷区人民的利益。历史虚无主义者对汉奸卖国贼的罪行进行粉饰,对他们的形象进行"洗白"和颠覆,企图"重写历史"。历史虚无主义者为了实现其险恶的政治目的,违背实事求是原则,随意裁剪历史,没有把握政治标准和政策界线,为早有定论的汉奸卖国贼翻案,一度在网络媒体上误导、煽动网民和受众否定一切历史,挑战公众的良知,试图颠覆中华民族的整体历史记忆和价值评价标准，这违背了历史研究应遵循的基本方法和理论原则。

为地主翻案。历史虚无主义者利用逆向推理对已有定性和定论的反面历史人物进行颠覆式的"创新"解读，脱离具体历史场景和客观现实条件的制约，企图为这些反面历史人物翻案。历史虚无主义者通过网络媒体，编排历史情节，为一系列恶霸地主"去阶级化"，认为这些地主是发家致富、勤俭持家的典型，并不是鱼肉乡里的恶霸，而是"知书达礼"、"乐善好施"的善人，为地主评功摆好，借此否定中国共产党领导的为废除封建剥削制度而开展的土地改革运动。历史虚无主义者一方面说土地改革太"暴力""血腥"，集中展现人性的卑劣，冤杀了许多有正义感的地主，另一方面把劳动人民对恶霸地主反抗行动，诋毁为"违背契约精神"。这就出现了"好人不好，坏人不坏"的结果，模糊善恶界限，给封建地主涂脂抹粉，严重混淆视听。在阶级社会里，"有没有人性这种东西？当然有的。但是只有具体的人性，没有抽象的人性。在阶级社会里就是只有带着阶级性的人性，而没有什么超阶级的人性"❶。历史虚无主义者仅凭一些零碎的表面的历史现象就妄下结论，借助网络媒体来表现经过他们精心"建构"的历史内涵，企图为地主翻案，并大肆颂扬其温情、人性的一面，遮蔽虚无历史人物所处的历史场景与其他关键信息。

为反动人物翻案。历史虚无主义者热衷于美化、拔高近代历史上已有定论的反面人物，歌颂晚清的改良运动，把统治者描绘成温情脉脉的、代表社会发展正确方向的改良派和政治家。他们同情和理解慈禧、李鸿章、袁世凯等反面历史人物的境遇和卖国行为，渲染个别现象掩盖本质，为他们"洗白"，具有较大的迷惑性和欺骗性，这就从历史颠覆走向了历史迷惘。毛泽东指出："我们看事情必须要看它的实质，而把它的现象只看作入门的向导，一进了门就要抓住它的实质，这才是可靠的科学的分析方法。"❷ 因此，我们不能断章取义地裁剪历史，要通过现象抓住历史的本

---

❶ 《毛泽东选集》（第2卷），人民出版社1991年版，第870页。
❷ 《毛泽东选集》（第1卷），人民出版社1991年版，第99页。

质,反对打着"还原历史"的幌子为历史上的反动统治者"翻案"。

历史虚无主义的泛滥"导致历史翻案风、伪历史炒作风、抗战英雄黑化风、汉奸卖国贼洗白风、国民党美化风相继粉墨登场"❶。这些林林总总的所谓"翻案",以实证史学的方法支撑其所谓"揭秘真相"的错误观点,以西方的价值观念和话语体系为标尺,造成人们政治思想的混乱,颠倒是非,歪曲历史真相,其政治目标就是撼动中国共产党的执政基础和否认中国走上社会主义的进步性、合理性。

评价历史事件和历史人物必须从大历史观的角度出发,习近平总书记强调:"中国人民有比海洋、天空更为宽广的胸怀,但我们的眼睛里也决容不下沙子","黑的就是黑的,说一万遍也不可能变成白的;白的就是白的,说一万遍也不可能变成黑的"❷。搞历史翻案是历史虚无主义"重写历史"、歪曲和扭曲历史的常用手法。反对历史虚无主义,我们必须认清他们"重评历史"、大搞历史翻案的实质,识破其"理论陷阱",不能颠倒对近现代历史人物功过是非的认知和评价。

(二) 历史虚无主义传播特点

自20世纪二三十年代传入中国后,随着时间的推移和时局的转换,历史虚无主义思潮在中国开始广泛传播,并不断演进,在传播过程中具有以下五个特点。

1. 目的性

历史虚无主义传入中国后逐步发展成为一种具有强烈的意识形态色彩和政治图谋的社会思潮。所谓目的性是指历史虚无主义在中国传播演进的过程中始终带有政治图谋,就是否定党的领导和社会主义制度,否定马克

---

❶ 何文校:《历史虚无主义"靶向批判"体系建构的四重维度》,《思想教育研究》,2021年第4期,第90页。

❷ 习近平:《在纪念中国人民抗日战争暨世界反法西斯战争胜利69周年座谈会上的讲话》,转引自祝念峰:《牢牢掌握抗战历史的话语权必须正确把握四大关系》,《思想理论教育导刊》,2015年第11期,第49页。

思主义指导地位，叫嚣中国走资本主义道路。在历史虚无主义传播发展历程中，否定党的执政地位和社会主义制度的理论内核始终不变，随着时间的推移，历史虚无主义以更为隐蔽的手段、更具欺骗性的手段快速演进和流变，涉及社会生活的各个方面，蒙蔽了对于历史无知的大多数受众。

20世纪80年代中后期，历史虚无主义传播的后果是直接导致资产阶级自由化思潮泛滥。资产阶级自由化思潮的理论和观点腐蚀社会主义的肌体，这股思潮打着解放思想的幌子，实际上就是鼓吹中国照搬西方制度和发展模式，实行全盘西化，走资本主义道路。资产阶级自由化思潮是历史虚无主义泛滥的必然结果。"资产阶级自由化思潮和历史虚无主义思潮本质上都是意图通过假借所谓'人性''现代性'等外衣，达到其攻击社会主义制度、颠覆中国共产党执政的目的。"❶ 历史虚无主义者出于某种政治需要的企图是非常明显的，就是把虚无的矛头集中指向四项基本原则，反社会主义的意识形态色彩浓厚，企图颠覆党的领导和社会主义制度，走改旗易帜的邪路，这就暴露了历史虚无主义的政治本质。历史虚无主义思潮的演进泛滥，其目的在于煽动颠覆党的领导和中国特色社会主义制度的根基大厦。

进入21世纪以后，随着信息技术的进步和互联网的普及，历史虚无主义的传播演进出现了新的特点、新的形式，软性历史虚无主义是智媒时代的历史虚无主义的新样态、新变种。"软性历史虚无主义是历史虚无主义思潮的一种全新的表现形式，其在历史叙事中以重释历史为旗号肆意虚构、否定、捏造、歪曲历史。"❷ 互联网时代，软性历史虚无主义变换传播方式方法，利用网络媒介全方位、全天候、全过程便捷地嵌入社会及人的交际网和朋友圈，由过去生硬的强行灌输的传播手法改为"软性"的"和风细雨"的"渗透"，由过去关注上层和知识精英转向关注下层、底层，渗透到人们的日常生活之中。不管其传播的特点有何变化、传播的策略有

---

❶ 钟贞山、王希金：《历史虚无主义的道德批判》，《伦理学研究》，2021年第6期，第8页。

❷ 杨全海：《软性历史虚无主义的实质与危害》，《马克思主义与现实》，2018年第6期，第84页。

何翻新，其理论内核、理论本质是始终没有改变的，那就是更加隐晦、更加灵活地传播历史虚无主义观点和思想，混淆人们的价值认知，成为西方资本主义国家政治制度和发展模式的代言人和传声筒。

人是社会实践活动的主体，历史是由人创造的，这是唯物史观的基本观点。软性历史虚无主义者在认识论上采用形而上学的手法，割裂历史现象和本质之间的关系，坚持片面、部分、静止的观点和立场，专注于一些碎片化的史料，不能从现象的认知上升到对事物本质的把握的高度，不能在分析与研究中实现对历史的认知和把握，从而解构、割断历史，扭曲认识，迷惑受众，混淆视听。

软性历史虚无主义者坚持唯心史观，从自身主观意志出发，无视历史场景，剪裁史料，试图以主观化和片面化的叙事方式"重写历史"，颠倒历史黑白，其背后有着强烈的意识形态色彩和政治动机。软性历史虚无主义"在'范式转换''话语转码'的面具下保持其活跃度并将自身重塑为'软性'形态"❶。软性历史虚无主义"软"的是传播手段和方法，它越来越隐晦，更具有欺骗性，而"硬"的内核仍然是传播的目的，其政治意图是服务和效力于西方资本主义国家的"和平演变"战略，鼓吹改旗易帜，走西方国家发展资本主义道路。因此软性历史虚无主义利用网络媒体传播更具有欺骗性、诱惑性、危害性的特点，通过这种隐匿目的、"创新"手段、"软性"传播手段，试图颠覆社会主义主流意识形态，妄图摒弃一切客观存在的意义，颠覆人们的历史观，造成受众和网民思想的混乱。

综上所述，历史虚无主义在传播演进的过程中，虽然传播手段方法和路径会发生新的变化，但其效力于西方国家"和平演变"战略的目的和图谋是始终如一的，历史虚无主义通过偶然性历史事件阐释和解读历史本质和必然性，忽略和无视客观存在的历史条件，否定终极价值和整体历史评判标准，歪曲中国近现代以来历史的发展过程，虚无历史发展规律，丑化和妖魔化党的领导人，企图否定中国共产党的执政地位，质疑中国走社会

---

❶ 何文校：《软性历史虚无主义的实践新样态》，《马克思主义研究》，2021年第3期，第133页。

主义道路的合理性。

2. 快速性

新媒体技术的飞速发展为人们建构了一种全新的信息传播路径。所谓"快速性"即新媒体的迅速便捷性,是指在互联网技术和网络媒介飞速发展的条件下,由于网民众多,信息推送便捷,历史虚无主义思想观点的传播非常迅捷,传递速度极快和影响范围极广。新媒体技术的发展实现了信息传递的迅速、便捷,这就大大增加了防范和抵制历史虚无主义错误思潮的难度。以下从三个方面分析历史虚无主义传播的快速性。

一是网民人数众多。网络媒体的兴起使人类的生产和生活方式发生了前所未有的革命和新变化。信息技术的不断发展,网络信息无处不在、无时不在,网民人数众多,人人都可以通过新媒体推送和接收信息,传播效果即时化、裂变化,传播人数呈几何级数增长。网络媒介成为民众表达意见和观点的最主要媒介平台。由于网民人数众多,"网络空间异常便捷的互动式沟通,极易使个体的心理异化扩散,产生群体极化现象"❶。因此众多网民能够快速转发和传播各种历史虚无主义的错误观点和信息。智能手机的便携性和新媒体技术的迅猛发展为历史虚无主义者迅速推送和收发信息提供了前提和条件。部分受众的智能手机客户端成为历史虚无主义错误思潮传播的中转站和集散地。借助新媒体技术传播路径,历史虚无主义的传播通过众多的网民获得了方便的时间和巨大的发展空间。

二是信息推送便捷。随着信息技术的发展,自媒体时代文化的生产将更加智能化,科技发展打破了信息单向的传播方式,也为信息的推送带来了更方便、更及时、更便捷的方法。历史虚无主义者通过智能手机实现即时的信息传播和资源的共享。历史虚无主义在传播手段和手法上更加注重微信、QQ、微博等新媒体和平台,通过标新立异的标题吸引网民眼球,扩大点击量,赢得受众的关注,推动了信息传播的便捷化、快速化、即时

---

❶ 陶鹏:《网络语境下历史虚无主义的流变及其批判》,《中州学刊》,2016年第8期,第169页。

化。互联网具有"'三无'（无国界、无法律、无管制）、'三最'（最快、最广、最直接）、'三低'（低成本、低门槛、低风险），以及参与性、交互性、共享性等特性"❶。部分网络媒介成为历史虚无主义传播便捷化、低成本的平台和工具。

随着科技的发展，新媒体的崛起和新媒体技术的快速发展革新了信息传播的传统的单向度的方式方法，网络信息传播的载体越来越多，越来越丰富。互联网成为传播和推送信息最便捷、最快速的路径和手段，网络传播媒体和平台的多样化、便捷化、市场化，历史虚无主义某些错误观点或思想在广大网民的逆反心理、猎奇心理、消费心理、娱乐心理的刺激和驱动下，能够迅速发酵，产生联动效应。"历史虚无主义'借壳'在微博、微信中大肆兜售虚无言论，凭借新媒体的信息传播优势进行'核裂变'式扩散和'病毒'式传播。"❷这就使历史虚无主义的错误观点快速渗入广泛的人群当中，形成群体行为，扩大点击量。自媒体是网络传播推送信息的新路径和新模式。历史虚无主义的传播超越了时空限制，高效便捷的信息传播渠道手段和广阔的空间加速了历史虚无主义观点的快速传播。

在"互联网+"时代背景下，科学技术的进步与文化事业的发展使信息的传播途径便捷化。互联网是"双刃剑"，一方面带给人类社会生活史无前例的便捷，另一方面也成为历史虚无主义思想泛滥和演进的媒介和平台。"历史虚无主义者充分利用网络传媒的功效与便捷，发挥网络等新媒体传播形式的多样性、受众范围的广泛性及形式的虚拟性，正在改变传统的信息控制格局和舆论引导格局、抢夺网络等新媒体的话语权阵地。"❸因此新媒体时代的到来和网络平台发展的消极影响加速历史虚无主义思潮的传播和泛滥，网络上各种错误观点的交织汇合使信息出现放大化倾向，形

---

❶ 王晓宁：《2018年思想理论领域热点问题简析》，《思想政治教育研究》，2019年第6期，第157页。

❷ 胡中月：《苏共党内历史虚无主义的表现、危害及启示》，《当代世界与社会主义》，2019年第6期，第74页。

❸ 转引自廖海花：《自媒体时代大学生抵制历史虚无主义思潮路径探讨》，《思想理论教育导刊》，2017年第5期，第75页。

成强烈的网络舆论波,为历史虚无主义者的传播提供了便捷条件。

三是标题吸人眼球。自媒体时代,历史虚无主义那些博人眼球的信息不仅可以被网民快速推送和接受,而且在极短时间内就可完成这些信息的围观、转发、点赞和共享。互联网时代,技术理性往往会与资本逻辑相携手,当前网络媒介为了吸人眼球,扩大点击率,秉持"流量为王"的策略,一些媒体平台热衷于推送和传播标题吸人眼球的网络段子和历史叙事,对于诸如"独家新闻""还原历史""揭秘真相"等标新立异、博人眼球的标题网络文章,点击的网民人数多,速度快,虚无主义思潮利用网络弊端肆意扩张,通过网民过度猎奇心理虚无历史,网络媒体自觉不自觉地成为助推历史虚无主义错误思想观点的平台和载体。自媒体为网民的个性化和非理性宣泄提供了机会和广阔的空间。网络空间迎合网民的猎奇心理娱乐历史、消费历史,加速了历史虚无主义的传播演进,起到了催化剂的作用。历史虚无主义错误思潮利用网络空间和新媒体技术快速影响受众,形成连锁反应和舆论效应,扩散能力特别强,故而须加以防范。

综上所述,新媒体时代网民众多、信息平台传播信息快速即时便捷和网络主题的标新立异,这些特点和条件为历史虚无主义思潮的传播泛滥提供了极为便利的平台基础,提供了历史虚无主义思潮蔓延与泛滥的广阔空间。历史虚无主义通过网络媒介不断发酵和演化,利用网络媒体的低门槛和便捷迅速试图实现他们虚无和抹黑历史的政治意图。

3. 欺骗性

历史虚无主义是一种带有强烈的意识形态色彩和明确政治企图的社会思潮,具有极强的现实目的性和欺骗性。所谓欺骗性是指历史虚无主义披着"学术研究""学术自由""学术创新"的外衣,随意剪裁史料,扭曲历史,混淆是非,给受众似是而非的感觉,消解社会主旋律,设置"理论陷阱""历史陷阱",这就使缺乏历史知识和深厚学养的人们难以辨别是非曲直。随着时间的推移和我们对历史虚无主义论调的驳斥打压,历史虚无主义解构历史的手段更为隐晦、更为复杂、更为高明,因而更具有欺骗性。

改革开放后，随着国门的打开，历史虚无主义思潮在中国的泛起传播，呈现出愈演愈烈的发展势头。东欧剧变、苏联解体后，20世纪90年代中期出现的"告别革命论"以"还原历史"、"反思历史"和"学术创新"面貌出现，其背后真正的政治企图是颠覆人们的历史认知，阉割唯物史观，宣扬马克思主义"过时论"和政治信仰危机；否定中国共产党在革命和建设中的历史功绩，进而撼动共产党执政的基础，否定党的领导，散布社会主义失败论，抹黑和攻击中国特色社会主义制度，叫嚣推行西方社会制度和发展模式；图谋解构中国特色社会主义主流意识形态，推行西方的价值观。因此这股历史虚无主义思潮错误的思想主张虽然不居于意识形态的主流地位，但利用错误主张误导受众，用虚假信息欺骗受众，采用更加隐晦的形式和手段，否定和扭曲历史，掩盖其历史虚无主义的本质，表达其险恶的政治诉求，因而具有较强的虚伪性、迷惑性、欺骗性。

当前，社会上有一些人道德失范，历史虚无主义者以支流代替主流，大肆渲染当下中国社会理想信念缺失、价值失范、道德滑坡、人文精神丧失，这就严重地影响了社会主义核心价值观的养成和构建，销蚀社会主义主流意识形态。作为一种错误的唯心主义思潮，历史虚无主义以支流代替主流、以现象代替本质，形式主义地看待社会问题、分析社会现象，欺骗那些不了解本质和规律的人们，混淆是非，误导舆论，制造意识形态混乱。历史虚无主义从赤裸直白的情绪化个性化话语宣泄体系向隐匿性的理性学术话语体系转变，传播具有隐蔽性的特点和趋势，背后有着特殊的政治目的和企图，因而具有较强的狭隘性、欺骗性。当前，一些别有用心的历史虚无主义者，打着"学术研究""学术创新""价值中立"的幌子，提出了一些具有欺骗性的论点，如武断地认为唯物史观是马克思恩格斯杜撰和虚构出来的空想性质的理论，说马克思主义和唯物史观才是真正的历史虚无主义，将批判历史虚无主义的靶向指向马克思主义。历史虚无主义表现的形式、样态上彰显出许多新的面貌、新的特点，手段更隐蔽，更具有蛊惑性、欺骗性。从学术研究和创新的层面揭开其伪装，历史虚无主义这些所谓"创新"观点和认识没有任何可称道的学术价值可言，因为他们抛弃唯物史观，随意剪裁历史、解读历史。此外，作为一种唯心主义的错误思潮，历史虚无主义者带有明确的政治诉求和政治目的，推崇西方文明，为西方"和平演变"战略服务，灌输西方价值观。

"灭人之国，必先去其史。"历史是弥足珍贵的精神积淀和文化根基。历史虚无主义是对历史本相最大的虚无、扭曲、抹黑。在如何认识历史、如何研究历史这样的重大问题上，我国自改革开放开始后，历史虚无主义思潮随着时间的推移重新泛起并广泛传播。历史虚无主义否定唯物史观关于人类社会历史发展的必然规律，以唯心主义的价值观随意和大肆剪裁历史，用现象代替本质，颠倒历史、扭曲历史，这不仅反映了历史虚无主义对待客观历史和发展规律的观点立场问题，更重要的是反映了其对待现实的政治态度问题。历史虚无主义者从来没有提供正确的历史经验以指导实践。历史虚无主义者利用具有一定迷惑性的历史叙事手法来描述和歪曲历史，在一些历史问题上的认识和评价具有片面性、虚伪性。他们迎合受众"逆反""猎奇"心理和口味，颠倒是非判断标准，抹黑历史，虚无历史文化，消解文化自信。历史虚无主义者采用各种蒙蔽手段，打着"客观中立""考究细节""还原历史真相"之名，使受众难以认清它的真实目的、意图、危害和欺骗本质，因此历史虚无主义者的思想观点必然带有欺骗性。

4. 迷惑性

所谓迷惑性是指历史虚无主义者从特殊的政治目的和图谋出发，通过文艺作品、影视表演等隐晦形式、特点和手法传播其错误观点主张，掩人耳目，偷梁换柱，涂脂抹粉，蒙混过关，使受众在不知不觉中陷入其精心布置的"历史陷阱""理论陷阱"之中，难以作出正确认识和科学判断，因而更具有虚伪性、迷惑性的特点。我们不能任由历史虚无主义以各种隐匿手法庇护自身而毒害受众。不可否认，历史认知和记忆是主体对于客体的选择性建构。但问题的关键是历史虚无主义者以片面代替全面，以现象代替本质，其背后有着险恶的政治用心和意识形态色彩。

历史虚无主义思潮渗透性极强，可谓无孔不入，最初这股思潮主要体现在历史研究的领域中，随着时间的推移，这股思潮逐渐渗透蔓延到涉及中国近现代历史的一些文学艺术作品和影视剧中，带有强烈的意识形态色彩和政治目的。"软性历史虚无主义往往从人们休闲娱乐、放松身心的精神需求入手，善于把虚无历史的意象和观点掩藏于形形色色、熙熙攘攘的娱乐信息之中，让人们在兴奋愉悦的状态中悄然接受。"❶ 面对不同层面的目标受众，历史虚无主义者挖空心思地编造逻辑体系，暗含其政治企图在所谓的"历史真相"之后，曲意包装，遮掩历史真相，错误思想主张泛滥，受众越来越多，影响面越来越大。历史虚无主义欺骗和愚弄普通民众，有很大的迷惑性。

深受历史虚无主义错误思想影响的大多数民众是通过网络空间隐蔽阅读和传播历史虚无主义，"历史虚无主义的网络传播较少会形成显性的舆论旋涡，进而引起激辩。大多数呈现出一种潜隐的阅读与传播状态，从而对历史虚无主义观点缺乏批判和辨析"❷。历史虚无主义者通过采取迎合受众心理和认知习惯的娱乐消费和文化消费形式，"淡化意识形态"，以更加隐蔽性的、欺骗性的手法传播其思想观点，掩盖其背后渗透的政治目的性和强烈的意识形态色彩。

历史虚无主义者千方百计地寻找隐匿性的生存空间，剪裁历史，片面地截取历史的图景，主观臆断地解构历史，以虚伪本质引诱、愚弄其目标受众，用迷惑与欺骗的面具吸引受众的注意，传播主观唯心主义的谬论，制造思想混乱，扰乱受众不成熟的思想认识和文化心态，对人们认识历史产生了极大的迷惑性。

5. 多样性

当下历史虚无主义的传播路径、方法和手段是多种多样的，具有多样性。所谓多样性是指历史虚无主义在传播的过程中表现手法和形式是多种

---

❶ 张博：《警惕"娱乐包装"下的软性历史虚无主义》，《毛泽东邓小平理论研究》，2021年第3期，第102页。

❷ 杨建义：《历史虚无主义的网络传播与应对》，《思想理论教育导刊》，2016年第1期，第112页。

多样的，随着时间的推移，其传播手段呈现出新的样态和特点，传播渠道越来越多，载体形式越来越丰富。历史虚无主义最初由学者和一部分知识分子发声，通过传统媒体传播错误观点，随着新媒体技术的发展，历史虚无主义的影响借助于其多样化的手法已渗透扩展至社会所有阶层，发生了质的变化，由局部小众面向整体大众。历史虚无主义多样性的传播手段和路径主要有以下几个方面。

（1）网络媒体平台。

在当今人类的"数字化生存"时代，历史虚无主义者采用多种手段通过网络媒体传播其论点和主张。新媒体技术的发展，是一把"双刃剑"，一方面带来了大量的信息，便捷了人们的社会生活，另一方面也为传播历史虚无主义错误思潮提供了方便之门。新媒体时代，互联网技术革新了传统媒体自上而下的信息传播方式，带有明显的碎片性、片面性和隐匿性特点。历史虚无主义错误社会思潮通过网络媒体发酵和传播，可以迅速成为舆论"热点"，扰乱社会秩序。当今社会利益格局多元化、矛盾多样化越来越明显，不同的利益群体衍生和催化出复杂化、多样化的利益诉求，社会转型期的网民有越来越多的政治诉求和利益诉求，网络"大V"充当他们的代言人，网民容易受到历史虚无主义言论的错误诱导而盲目跟帖。并且这些错误论调经过部分网络"大V"的共享、转发、散布，可以通过新媒体平台及时传递，在极短时间内引起群体效应。

（2）学术论著和论坛。

历史虚无主义者叫嚣不能把学术问题上升和泛化为政治问题，他们打着"学术研究""反思历史""还原历史""学术创新"的旗号，通过发表学术论文、出版专著和组织所谓的"学术论坛"，抹黑历史，颠倒是非，大作翻案文章，实现虚无历史之意图。

2011年以来某杂志登载了一些宣传历史虚无主义观点的文章，特别是2014年第5期该杂志刊发了《历史虚无主义的实与虚》《要警惕什么样的历史虚无主义》《历史虚无主义的来龙去脉》三篇笔谈文章。这组"历史虚无主义"笔谈文章，对历史虚无主义的产生、发展和表现作了大致的梳理，重新解释了历史虚无主义的概念，借谈历史来影射现实，大肆鼓吹历史虚无主义。"笔谈的这种'重新解释'，'颠覆'了人们对历史虚无主义的明确界定，他们'超越'了对具体历史事实的选择性虚无，直接将马克思主义及其指导下的历史认识体系扣上'历史虚无主义'的帽子。"❶ 一些宣扬历史虚无主义文章的作者认为当下对历史虚无主义思潮的批判没有抓住所谓的"重点与关键"，"偏离主题"，说马克思主义才是真正的历史虚无主义，才是真正的"批判对象"。对于学术研究和学术创新，我们历来主张学术风格迥异、学术观点不同的研究者在研究历史、评价历史时百家争鸣、平等讨论，但如果从西方理论和发展模式出发，否认和虚无历史，颠倒黑白，鼓吹价值和道德取向多样化，服务和效力于西方的"和平演变"战略，这已经远远超出了学术问题的范围。

历史虚无主义者利用学术论坛，宣扬"学术自由""学术创新"，以学术研讨的名义发表错误观点，随意乱说，发表不当言论，扭曲正确历史认知。一些学者借助学术论坛平台，发表错误言论，如否定中华人民共和国成立初期计划经济体制发挥的积极作用，虚无和扭曲历史，割裂计划和市场两者之间的密切联系，极力盛赞西方的价值观和发展模式，调侃和抹黑中国近现代历史。一些披着学术外衣的历史虚无主义者以"质疑争鸣"的面目散布具有迷惑性的错误观点，将一些错误思想和言论推至网络舆论热点，潜移默化地影响人们的历史观，扰乱人们的思想认识。

（3）文艺作品和影视剧。

在物欲横流的市场化大潮中，文艺创作的价值取向日趋多样。一些文艺作品、影视剧和历史通俗读物陷入单纯以市场大众需求为指向的功利性的利益追求中，渗透着历史虚无主义的错误观点，消解主流的社会主义意识形态。为了博人眼球，这些影视剧披上文艺的欺骗性"外衣"，片面追求票房和收视率，堂而皇之地虚构历史情节，通过涂脂抹粉，胡编乱造所

---

❶ 马学轲：《2014年意识形态领域十个热点问题》，《马克思主义研究》，2015年第2期，第129页。

谓"文艺创作",其错误思想具有形式上的隐蔽性、迷惑性的特点。这些渗透虚无主义观点的文艺作品和影视剧利用人们的猎奇心理、阅读偏好,主观臆造历史,陷入唯心主义的泥潭,企图通过发掘新的"史料和证据",虚构解构历史,利用思想文化宣传的主渠道对人们进行认识的错误诱导和思想的操控。

在当前的网络舆论环境和意识形态斗争复杂形势下,历史虚无主义者"恶搞"红色经典,娱乐消遣历史,以一种极为轻佻的态度对红色经典进行"精心设计",肆意扭曲篡改,颠覆人们的传统认知。"恶搞"红色经典,背离社会主义核心价值观,在此影响下,受众理性思维被打乱。这种极不严肃的"恶搞"现象一方面是历史虚无主义娱乐消遣经典、传播错误观点的结果,另一方面也是历史虚无主义传播泛滥的中介和路径。"恶搞"红色经典颠覆了意识形态领域的认同规范,消解了红色文化的传承和教化意义。

新媒体时代,网络媒体成为舆论生成、信息扩散的首要渠道,历史虚无主义拓展了新的传播空间,传播载体由简单走向多样。传播渠道与传统媒体比较,传播路径和渗透手段更加多样化,其错误观点以多样化途径在受众中传播、泛滥、扩散。历史虚无主义理论传播的新样态和新的表现形式凸显了人们在新媒体时代下的价值诉求和各种利益冲突。面对新媒体时代历史虚无主义传播手法、途径多样化特点,我们必须大力批判和抵制,筑牢思想防线,建立高效科学的网络舆情监控的体制机制,勇于亮剑,不能一味逃避斗争、消极回避。

(4) 部分高校教师。

一些党校、高等院校的教师对历史人物和历史事件的评价和认识存在着片面化、绝对化的倾向,这部分教师在日常生活中特别是在课堂上"兜售"历史虚无主义的错误观点,颠倒历史真相,向学生传递错误信息,导致大学这个"象牙塔"也成为历史虚无主义的传播地和中介所。大学生热衷于猎奇,探寻"历史真相",正处在价值观和历史认知观形塑的关键时期,是非曲直辨别能力相对不足,容易受到一些持有历史虚无主义观点的教师的误导和愚弄，容易对历史虚无主义错误思潮的言论和新动向丧失警惕。由于历史虚无主义的传播越来越具有欺骗性、迷惑性、渗透性的特点，致使青年大学生容易受到历史虚无主义错误观点的蛊惑和毒害。

二、历史虚无主义的危害

历史虚无主义是一种歪曲历史、质疑历史的普遍规律的有害的虚无主义思潮，这种思潮欺骗性、煽动性的错误理论和观念具有极大的危害性，主要体现在扭曲历史观、影响政权稳定、消解"四个自信"、解构主流价值观等方面。所以深刻批判和回击历史虚无主义错误思潮势在必行。

（一）扭曲历史观

历史虚无主义危害性的一个重要表现就是扭曲历史观。扭曲历史观是指历史虚无主义者披着"还原历史"的外衣，用非此即彼、二元对立的单向度思维方式"阉割"唯物史观，否认历史发展的继承性、连续性和规律性，以支流取代主流、现象代替本质，肆意消解历史的神圣性和敬畏感，颠覆人们的历史认知。一句话，历史虚无主义的历史观是机械、感性、片面的历史观。"欲知大道，必先为史。"反击历史虚无主义，我们不能仅仅停留在单纯的态度表明和立场坚持层面，只有认清唯物史观与历史虚无主义历史观的界限区别，洞悉历史虚无主义历史观的实质、目的和危害，才能树立正确的大历史观，回击历史虚无主义的荒谬论调，揭开历史虚无主义虚伪的话语面具，从而有效遏止历史虚无主义思潮的传播泛滥。

社会历史的发展不是一帆风顺的，是在曲折中前进而行的。唯物史观认为社会历史的发展和社会形态的更替是有规律的，蕴含着社会历史本质的必然的基本关系的总和，必须通过人民群众的实践活动体现出来。在研究认识历史、探究历史发展规律的过程中，唯物史观强调应秉持实事求是的态度，辩证地看待历史发展进程中的主流和支流、整体和部分、必然和偶然、本质和现象、原因和结果，坚持真理性、革命性和实践性的"三位一体"。唯物史观把握社会历史发展规律，洞悉历史发展的逻辑和时代进步的潮流，是具有科学性、正确性和强大生命力的历史观，在社会历史领域实现了认识论和方法论彻底的革命性的变革。唯有坚持唯物史观，才能正本清源，坚固抵御历史虚无主义的思想渗透，透视历史虚无主义在层层面纱下掩盖的政治意图和立场，驱散历史虚无主义的迷雾，才能真正做到"把历史的内容还给历史"❶。

唯物史观是科学的世界观和方法论的有机统一。恩格斯指出："我们的历史观首先是进行研究工作的指南，并不是按照黑格尔学派的方式构造体系的杠杆。必须重新研究全部历史，必须详细研究各种社会形态的存在条件，然后设法从这些条件中找出相应的政治、私法、美学、哲学、宗教等等的观点。"❷唯物史观确立了科学的历史观与方法论，为人们分析和研究历史确立了方向与方法，因此马克思主义的唯物史观是人们研究和认识历史的立场、态度，也是洞悉历史发展规律的根本方法。

历史观是人们对历史的根本看法和观点。历史观逻辑体系严密，有什么样的历史观就会产生什么样的认识论和方法论。历史虚无主义本质上是违反科学、颠倒历史的唯心主义历史观，是一种带有政治意图和政治倾向的社会思潮。"历史虚无主义"这一概念从字面上看，核心和根本在于"虚无主义"，是虚无主义在历史观上的主要表现和集中反映。历史虚无主义坚持唯心主义历史观的立场，认为社会历史只不过是由一系列偶然性事件聚合而成的杂乱无序的历史图景，渲染和夸大历史的细节和支流，否认历史发展规律和社会发展的合理价值追求。在社会转型和价值重建时期，历史虚无主义立足于西方资产阶级抽象的人权概念，解构社会主义主流价值观，颠倒是非判断和价值评判标准，成为国内外敌对势力分化、西化中国的"和平演变"的思想工具，消解唯物史观和社会主义主流意识形态建设的大厦根基。

---

❶ 《马克思恩格斯全集》（第1卷），人民出版社1956年版，第650页。
❷ 《马克思恩格斯文集》（第10卷），人民出版社2009年版，第587页。

历史虚无主义基于唯心史观，以主观方式"嫁接"客观历史，是对社会历史、道德意义和人的价值的虚无、否定，是一种唯心主义的历史观。"所谓历史虚无主义，是指通过各种方式重新解读历史，对历史现象、历史事实和历史人物任意解释的一种历史观。"❶ 历史虚无主义具有碎片化、片面化的特征，通过审视视角的转换，随意剪裁拼凑历史，否定历史客观存在，断章取义，虚构个体历史记忆，纠缠于历史细枝末叶。这种错误思潮一方面专注于历史发展的支流而忽略主流，以历史的偶然性替代历史的必然性，用历史的现象取代历史的本质，另一方面夸大历史人物的决定作用，无视客观历史条件的制约，主观臆造和抽象推演历史，这就颠覆中华民族和中国人民增强"四个自信"所依赖的历史观，导致思想和价值观的混乱，产生对多元价值选择的迷茫。

历史虚无主义以唯心主义哲学为理论基础，打着"超然客观主义"的旗号，以非科学、非理性的形而上学态度，碎片化地解构社会历史，颠覆了社会历史的本质与客观真相，扭曲了历史观，彻底摒弃了唯物辩证法的认识论和方法论要求，从根本上否定马克思主义的科学的历史观。"历史观绝不仅仅是如何看待历史、如何看待历史事件和任务的具体问题"，"历史观是一个民族、一个时代、一个国家价值观念的集中体现。"❷ 唯物史观是人们从事研究历史、阐释历史的理论依据和哲学基础。只有认清历史虚无主义历史观的本质和危害，旗帜鲜明地驳斥和反对被历史虚无主义扭曲的历史观，才能确立科学的正确的历史观和大历史观，树立起以唯物史观为根本遵循的历史自觉、理论自觉，坚定不移地坚持唯物辩证的方法论原则，提高历史思维能力，进而彻底击碎历史虚无主义妄图颠覆社会主义主流价值观、从意识形态上否定中国共产党的领导和社会主义道路的险恶政治用心。

---

❶ 廖海花：《自媒体时代大学生抵制历史虚无主义思潮路径探讨》，《思想理论教育导刊》，2017年第5期，第74页。
❷ 李捷：《我们需要什么样的历史观》，《高校理论战线》，2008年第10期，第7页。

（二）影响政权稳定

历史虚无主义效力和服务于西方国家的"和平演变"战略，试图颠覆社会主义国家的主流意识形态，对社会主义国家的执政党带来巨大的政治压力，威胁着社会主义国家政权的稳固和社会秩序的安定。

历史虚无主义的泛滥是一个关系到国家意识形态安全和政权稳固的重大政治问题。在历史虚无主义影响下，第一个社会主义国家苏联解体、苏联共产党下台的教训尤为引人注目，值得后人思考和借鉴。

历史虚无主义者充当西方"和平演变"的代言人，具有极强的现实目的性，在苏联解体中扮演了重要角色，发挥了意想不到的作用。苏联从赫鲁晓夫全盘否定斯大林开始，极力抹黑党的领袖，颠倒历史，混淆视听，发展到诋毁、虚无列宁和斯大林创立的人类历史上崭新的社会主义制度，污称俄国十月社会主义革命偏离了"人类文明发展的正道"，否定苏联走社会主义道路的必要性和合法性。苏联国内出现的历史虚无主义错误思潮一方面主张照搬西方资本主义国家的政治制度、经济模式，另一方面全面否定苏联社会主义建设的历史性成就，渲染夸大苏联共产党的失误和曲折，导致苏联国家和民族的历史文化根基和精神支柱崩塌。历史虚无主义奉西方理论、社会制度和价值观为金科玉律，这种思潮的泛滥传播，使自我否定成为主流，把社会主义说得一无是处，吞噬社会主义制度的健康肌体，社会主义意识形态危机最终导致苏联共产党从思想混乱发展到组织混乱，最后导致共产党垮台，丧失政权。

历史虚无主义是西方资本主义国家推行"和平演变"的战略工具和主要环节，历史虚无主义者以"重新评价""还原历史"为名，虚无历史，抹黑历史，最终使东欧剧变、苏联解体，国际共产主义运动遭受了严重的挫折。西方学者和政客预言，中国的社会主义制度也将像"多米诺骨牌"那样发生连锁效应。历史证明中国特色社会主义建设和发展"风景这边独好"，粉碎了西方的"历史终结论"。从苏联解体的现实教训来看，社会主义国家必须重视意识形态建设，遏止历史虚无主义的传播泛滥，建构社会主义主流意识形态的合法性和话语权，这也从正反两个方面有力地证明了坚持唯物史观，阐释历史和正确对待民族历史文化的必要性、重要性和迫切性。

历史是一面镜子。苏联历史虚无主义的泛滥搞垮社会主义，殷鉴不远，前车之鉴不容忘却，否则就会重蹈苏联亡党亡国的历史覆辙。"全面否定苏联历史、苏共历史，否定列宁，否定斯大林，搞历史虚无主义，思想搞乱了，各级党组织几乎没任何作用了，军队都不在党的领导之下了。最后，苏联共产党偌大一个党就作鸟兽散了，苏联偌大一个社会主义国家就分崩离析了。这是前车之鉴啊！"[1] 历史虚无主义虚无客观历史、颠倒历史真相的背后隐藏着不可告人的政治目的，就是否认社会主义国家共产党的领导和社会主义制度存在的合理性。苏联历史虚无主义的传播演进，否认历史，颠倒黑白，结果就使苏联现实的社会主义制度崩溃了。

资产阶级自由化思潮是历史虚无主义思潮的主要表现，这股思潮鼓吹民族虚无主义和文化虚无主义，通过抹黑、丑化党的领袖和进步势力，主张全盘西化，煽动颠覆政权，叫嚣中国必须走资本主义道路。20世纪80年代末东欧社会主义国家发生剧变，共产党下台，社会主义制度也开始改换方向，国际共产主义运动遭遇前所未有的巨大挫折，在西方"和平演变"战略的渗透下，国内资产阶级自由化思潮严重颠覆了人们的价值观和思想观念，否定和虚无中华民族的生命力、凝聚力和创造力，赤裸裸地否定马克思主义政党的正确领导，主张"西方中心"论，鼓吹中国必须"全盘西化"，国内外敌对势力借机掀起一股反华、反马克思主义、反社会主义的逆流。

资产阶级自由化思潮在历史观上体现出唯心主义的色彩，反对以唯物史观指导历史研究，主张用超然的"中立主义"态度来阐释历史、评判历史，如此颠倒是非、瞒天过海、断章取义的扭曲历史必然会带来严重的后

---

[1] 中共中央文献研究室编：《十八大以来重要文献选编》（上），中央文献出版社2014年版，第113页。

果。资产阶级自由化思潮在政治、经济、思想文化方面的基本主张贯穿着历史虚无主义的错误思想：在经济上鼓吹市场经济和私有制，否定公有制和社会主义的基本经济制度；在政治上主张多元政治，鼓吹西方的政治制度，要求取消共产党的一党制，按照西方的模式实行多党轮流执政制和议会民主制，从根本上撼动社会主义中国的立国之本；在思想文化领域，鼓吹思想多元化和推行西方的价值观，反对马克思主义在意识形态领域的主导地位。这个错误思潮利用中国改革开放和现代化建设中难以避免的失误和存在的机制体制的某些弊端和缺漏，大肆渲染放大，来实现历史虚无主义丑化、妖魔化社会主义制度和否定党的正确领导的最终目标和罪恶目的。资产阶级自由化思潮的泛滥发挥了西方反对势力非常渴盼的"第五纵队"的作用。由于中国国内外存在产生历史虚无主义的历史条件和思想基础，社会主义主流意识形态与历史虚无主义错误思潮之间的较量不仅在当前难以避免，而且还将有一个持续的、长期的斗争过程。

东欧剧变的影响是不可估量的，对社会主义阵营造成了严重的冲击，严重侵蚀共产党和社会主义国家的健康肌体，直接引发了1991年苏联共产党的垮台及苏联的解体，给中国共产党的领导和社会主义政权的稳固带来了严重挑战。20世纪80年代中后期中国历史虚无主义的泛滥，恰与西方国家推行"和平演变"战略、颠覆社会主义制度的战略企图相契合。

（三）消解"四个自信"

"四个自信"是指中国特色社会主义道路自信、理论自信、制度自信、文化自信。"四个自信"是习近平新时代中国特色社会主义思想的重要内容，我们必须从战略层面和理论高度增强"四个自信"。而历史虚无主义思潮的泛滥传播，侵蚀着人们的历史认同感，毁害国家战略安全与社会和谐稳定的发展基础，消解"四个自信"，带来了难以预料的严重后果。

1. 消解道路自信

所谓"消解道路自信"是指历史虚无主义借口改革开放和现代化建设中出现的问题和存在的不足，就别有用心地主张中国必须改旗易帜，照搬西方的发展模式，走西方资本主义道路。

"历史是最好的教科书。"道路的选择问题是关系一个国家、一个民族发展的最根本、最核心的问题。中国特色社会主义道路选择的历史逻辑的力量是难以抗拒和阻挡的。实践证明，中国特色社会主义道路是顺应时代发展、符合中国国情的唯一正确道路，是近现代以来历史和中国人民的正确选择，体现着近代以来中华民族和中国人民对社会主义的美好期盼和不懈追求，是实现中华民族伟大复兴中国梦的必由之路。中国特色社会主义是与实践共同发展、与时代共同进步的科学社会主义。中国特色社会主义既坚持了马克思主义的基本原理和方法，又结合我国国情和时代特点赋予了其鲜明的中国特色。中国特色社会主义道路的选择具有历史必然性，具有深厚的理论基础、历史渊源和现实依据，承载着中华人民共和国成立以来几代中国共产党人的理想追求和理论探索。

在改革开放和现代化建设的发展过程中，我们会遇到许多困难和问题，也难以避免地会产生失误，经历一些曲折和挫折，许多重大问题的认识和处理都在实践中探索，希冀找出最优解决方案和措施。前途是光明的，道路是曲折的。历史虚无主义坚持唯心史观，对中国特色社会主义道路的认知是错误的，否认中国特色社会主义建设取得的伟大成就，不承认这条道路会越走越宽广，极力否定中国人民经过反复比较和探求选择的中国特色社会主义道路。历史虚无主义者通过无限夸大中国特色社会主义建设过程中出现的各种问题和负面影响，大肆诋毁和质疑改革开放的政策方针，从而否定中国特色社会主义道路的合理性、必要性和正确性。

历史虚无主义者有着鲜明的政治目的。虽然自改革开放以来历史虚无主义的内容载体和传播形式不断变动，但其质疑党的领导、质疑中国走上社会主义道路的必要性、合理性、正确性的政治图谋一直没有改变。历史虚无主义建构基础依然是唯心史观，历史虚无主义者割裂、消解中国历史文化的连续性，虚无和否定中华民族的民族精神和价值体系，把西方的价值观渲染为超民族、超国家、超阶级、超时代的"普世价值"，鼓吹社会主义制度的"历史终结论"。历史虚无主义者诋毁中国宪法，认为中国

"有宪法，无宪政"，主张中国推行所谓的"宪政民主"；他们还丑化、妖魔化共产党，造谣和宣扬"共产党一党专政""党大于法"等，否定党的执政地位的合法性，历史虚无主义的政治目的和险恶用心就是否定社会主义中国的根本大法，主张推行西方发展模式，实行"全盘西化"，"回归西方文明"，否定中国共产党的领导，让中国走上改旗易帜的资本主义发展道路。在道路选择的问题上，我们必须大力批驳历史虚无主义的错误论调，"更加自觉地增强道路自信、理论自信、制度自信、文化自信，既不走封闭僵化的老路，也不走改旗易帜的邪路"❶。

2. 消解理论自信

"理论自信"是对马克思主义理论和马克思主义中国化理论（毛泽东思想、邓小平理论、"三个代表"重要思想、科学发展观、习近平新时代中国特色社会主义思想）的科学性、规律性、价值性、真理性的自信。理论自信是中国特色社会主义事业发展的价值旨归、精神基础和理论支撑。所谓"消解理论自信"就是指历史虚无主义者否认马克思主义的指导作用，认为马克思主义已经"过时"，质疑毛泽东思想的历史地位和指导意义，否认中国特色社会主义理论体系对改革开放和现代化建设的指导意义，否认中国特色社会主义建设的基本规律。在历史虚无主义的影响下，一些人马克思主义理论立场不坚定、中国特色社会主义理论自信心不足，否认马克思主义在中国特色社会主义建设事业中的指导地位。"理论自信是驳斥历史虚无主义颠倒是非与混淆视听的思想武器。"❷ 因此，增强理论自信，我们必须上升到理论自觉、实践自觉的高度对历史虚无主义的唯心主义错误本质进行彻底的驳斥和批判。

历史虚无主义者虚无的对象是民族文化历史，但他们"醉翁之意不在酒"。历史虚无主义在改革开放后开始大肆传播泛滥，其根本目标就是否

---

❶ 中共中央党史和文献研究院编：《十九大以来重要文献选编》（上），中央文献出版社2019年版，第12页。

❷ 魏晓文、秦雪：《历史虚无主义批判的三重逻辑——学习习近平关于"四史"的重要论述》，《思想教育研究》，2020年第9期，第30页。

定马克思主义科学理论的指导，妄图颠覆中国特色社会主义道路。因此，历史虚无主义者根本的政治目的不在抹黑历史，颠倒历史，而在于通过虚无历史，否认马克思主义理论的指导意义和现实作用，割裂理论与现实的有机联系，消解对马克思主义的理论自信。历史虚无主义思潮消解理论自信，目的是鼓吹资本主义发展道路和制度模式的普适性和优越性，否定中国特色社会主义道路，以阻碍中国特色社会主义事业的进一步发展壮大。历史虚无主义消解理论自信，主要体现在对马克思主义、毛泽东思想和中国特色社会主义理论体系持怀疑和否定态度，下面分而述之。

一是认为马克思主义"过时"。改革开放开始后，历史虚无主义鼓吹马克思主义"过时论"，否认马克思主义的指导作用。随着时间的推移，有的研究者打着"学术创新""还原真相"的旗号，竟然提出马克思主义也是历史虚无主义的荒谬观点，认为以前批判历史虚无主义搞错了批驳对象，应该把批判历史虚无主义的矛头指向马克思主义，因为马克思主义才是幕后真正的历史虚无主义。这些错误观点消解了人们对于马克思主义的理论自信。马克思主义是科学的世界观和方法论，动摇了马克思主义的思想根基，也就破坏了社会主义制度的理论基础和思想基础。

二是质疑毛泽东思想的历史地位和作用。历史虚无主义者混淆了毛泽东的思想和毛泽东思想的概念，借口毛泽东晚年犯了严重错误，通过抹黑毛泽东在中国革命和建设中的伟大功绩，否定毛泽东思想的指导意义，怀疑毛泽东思想的科学性和真理性，动摇人们对毛泽东思想科学理论的"理论自信"。

历史虚无主义理论的特点是一贯以"假设"代替真实的历史。历史虚无主义者认为毛泽东思想特别是新民主主义革命的理论主要产生于革命战争年代，是用来指导中国革命的理论，当下进行改革开放和现代化建设，毛泽东思想也就"过时"了，这种思想主张是非常有害的，不懂得我们学习毛泽东思想的目的主要是学习毛泽东思想科学理论解决问题的立场、观点和方法，特别是毛泽东思想的活的灵魂的三个方面。中国共产党的第三个"历史决议"明确指出："毛泽东思想是马克思列宁主义在中国的创造性运用和发展，是被实践证明了的关于中国革命和建设的正确的理论原则和经验总结，是马克思主义中国化的第一次历史性飞跃。"❶ 毛泽东思想没有"过时"，也不会被淘汰，对中国特色社会主义建设事业仍然有着长远的指导意义。

三是否认中国特色社会主义理论体系的指导意义。历史虚无主义者质疑邓小平理论等中国特色社会主义理论体系的指导意义。1992年初，邓小平在南方谈话中提出计划和市场是经济手段，不是区分社会制度的根本标志。据此，1992年底，党的十四大提出下一步深化经济体制改革的目标是发展社会主义市场经济体制。随着社会主义市场经济体制的建立和逐步完备，中国的非公有制经济逐步超过公有制经济的比重。据此有人质疑改革开放改换了"方向"，认为改革开放前中国是社会主义制度，改革开放后发展社会主义市场经济就是"搞资本主义"。有人散布社会主义失败论，污称"中国特色社会主义"蜕变成"中国特色资本主义""资本社会主义""国家资本主义""新官僚资本主义"，上述政治标签都被历史虚无主义者用来污称改革开放以后中国所选取的发展道路和政治制度。这些论调以苏联社会主义的传统样态和模式为依据，主观臆造社会主义的本相，质疑改革开放和市场经济，说中国复合型的所有制结构、分配体系结构已完全不具备社会主义性质，企图扭转中国特色社会主义的发展方向，进而否定中国特色社会主义理论体系的历史地位和指导意义。

3. 消解制度自信

中国特色社会主义制度是党和人民在改革开放和现代化建设进程中通过总结历史经验、把握历史规律创立的成熟定型的制度体系和架构。"中国特色社会主义制度是当代中国发展进步的根本制度保障，是具有鲜明中国特色、明显制度优势、强大自我完善能力的先进制度。"❷ 制度自信是指

---

❶ 《中共中央关于党的百年奋斗重大成就和历史经验的决议》，《人民日报》，2021年11月17日，第1版。

❷ 习近平：《在庆祝中国共产党成立95周年大会上的讲话》，《人民日报》，2016年7月2日，第2版。

党和人民在建设和发展中国特色社会主义的过程中对中国特色社会主义根本制度、基本制度、重要制度等各项制度的充分肯定和认可，是人民群众对中国特色社会主义制度的政治立场和理想信念。所谓"消解制度自信"是指历史虚无主义者不认同中国特色社会主义制度，把在任何一个国家、一个社会发展过程中出现的失误和遇到的问题，都从社会主义制度上寻找症结，归结为中国制度存在不足和问题，从而质疑和否定中国特色社会主义制度，主张中国要照搬西方的发展模式和政治制度。因此，制度问题是一个根本问题，直接关系到党和国家的前途命运和发展方向。

腐败是人类社会发展过程中出现的毒瘤。当今世界各国，腐败现象都不同程度地存在。历史虚无主义者认为中国的腐败问题，是现行制度和体制机制存在重大缺陷才导致的，腐败现象难以根除的症结也是中国制度。事实上西方资本主义国家推行所谓的民主制度，腐败现象也不同程度地存在，遇到同样的腐败问题，历史虚无主义者却对西方国家的腐败现象视而不见。中国特色社会主义制度是在借鉴古今中外制度建设经验的基础上由中国历史文化和具体国情决定的，是历史和人民的共同选择。中国特色社会主义制度不断成熟定型，稳固而持久，并在实践中显示了强大生命力和优越性，彰显了中国特色社会主义的制度优势。毋庸讳言，社会制度还不完备、不完善，还须根据改革开放和现代化建设中出现的新问题新变化而不断加以创新和完善。但我们决不能简单地照搬照抄西方政治制度和发展经验，否则我们就会犯"全盘西化"的错误，消解中国社会的制度自信。

历史虚无主义者不认同中国特色社会主义制度，割裂改革开放前后这两个历史时期的有机联系，将二者孤立和对立起来，随意剪裁历史，"阉割"历史，以改革开放后取得的成就而质疑改革开放前的社会制度和发展模式，或以改革开放前30年取得的成就质疑改革开放后的政治制度和发展方向。

历史虚无主义者在肯定改革开放前30年取得伟大成就的基础上，质疑和否认中国改革开放，提出发展市场经济就是发展资本主义的论断，认为改革开放"改换了方向",否定改革开放的社会主义性质,污称中国社会性质是"资本社会主义",中国特色社会主义制度已经变成"中国特色资本主义"制度。历史虚无主义还把改革开放过程中出现的贫富两极分化、道德滑坡、环境污染等社会问题产生的原因,归因于现行社会制度的缺陷和不合理。历史虚无主义者认为改革开放前基本不存在腐败问题、贫富两极分化问题和道德滑坡问题,据此,大力盛赞改革开放前社会主义制度的体制机制,极力贬损改革开放。反过来,另一些历史虚无主义者在肯定改革开放后取得伟大成绩的基础上,质疑和否定改革开放前的社会主义制度和发展模式,认为单纯公有制和平均分配方式造成了中国的贫穷落后,脱离当时的历史场景和社会条件,否认社会主义制度,否认社会主义改造的必要性、合理性,否认计划经济体制发挥的积极作用,甚至把"文化大革命"的发生也归因于社会主义制度本身,因而历史虚无主义者也就水到渠成地得出了中国当时必须走资本主义道路、采用西方政治制度和发展模式的结论。

历史虚无主义者对改革开放前后两个历史时期的认识是片面、绝对的,否定中国特色社会主义制度的继承性、连续性,混淆主流和支流,颠倒历史,否定中国特色社会主义制度的社会主义方向和性质。历史虚无主义者秉持唯心史观,以非历史的孤立片面立场分析和评价历史,不能以整体、全面、辩证的观点来正确分析改革开放前后紧密联系的两个历史时期,认识不到制度是随着时代和实践的发展不断完备、不断完善的。历史虚无主义者不认同中国特色社会主义制度,否认这个制度的历史必然性。历史虚无主义者的动机和价值取向决定了他们看待问题的性质和解决问题的深度。

历史虚无主义否定党领导的社会主义革命和建设的历史功绩,质疑社会主义改造的合理性,认为"新民主主义社会结束太早",诋毁改革开放背离了社会主义方向,颠倒黑白,解构历史,否认社会主义建设的基本规律,这一方面是对中国特色社会主义制度历史逻辑、理论逻辑和实践逻辑的彻底虚无,另一方面也是对中国特色社会主义制度根本性质的彻底否定。

中国特色社会主义制度是人类历史上一种全新的社会制度，其产生、发展和完善必然要经历一个曲折的过程，这符合事物发展的辩证法。坚定中国特色社会主义制度自信，不能照搬照抄西方制度和模式，也不能故步自封，而是要了解中华人民共和国成立以来不同时期的制度改革，用马克思主义的唯物史观探寻社会历史发展规律，不断改革创新社会制度，使体制机制更加完善完备，使中国特色社会主义制度优势更突出，体系更完备、作用更持久、特色更明显，从而坚定中国特色社会主义制度的理论逻辑、历史逻辑和实践优势的制度自信。

4. 消解文化自信

文化自信是一个国家、一个民族最根本的自信。文化自信，简言之就是对中国特色社会主义先进文化价值内核和精神标识的认同与自觉。文化自信是一个国家、一个民族对先进文化价值的充分肯定，是国家文化软实力的重要标志。所谓"消解文化自信"是指历史虚无主义者通过扭曲历史，虚无和否认民族历史文化，不认同中国特色社会主义先进文化，颠覆民族文化传承的价值体系和精神动力。优秀传统文化的价值引领能够提升人们对社会主义主流意识形态的认同拥护。只有学习和传承中国优秀的传统历史文化，才能精准地反对历史虚无主义扭曲的文化观、价值观、历史观，从而凝聚民族共识，坚定文化自信。下面从三个层面略述虚无主义对文化自信的消解。

一是文化虚无主义。文化是历史的载体和灵魂，历史是文化的传承和积淀。二者水乳交融，息息相关。中华优秀传统文化是中华民族的文化基因和精神标杆，具有深邃的价值意蕴、高尚的伦理道德和博大的人文情怀，既奠定了主流价值观建构的文化基础和道德自觉，也涵养着中华民族坚定文化自信的历史和文化源泉。近代以来，西方国家通过炮舰打开了中国的国门，中华民族传统文化在社会动荡中饱受摧残，再兼以国家的贫穷落后，文化自信心大大削减。在20世纪二三十年代，陈序经等知识分子没有从整体上、全局上科学把握中国传统历史文化的认知逻辑，诋毁中国传统文化，孤立地、片面地感知历史现象，肆意解构中国历史文化，倡导"全盘西化"，这就虚无了中华民族历史，否定了中华优秀传统文化中蕴含的价值意蕴，这种思维方式使虚无主义者陷入自我否定、自我丑化的泥沼。这股典型的文化虚无主义思潮，使中华民族日益丧失自己的民族文化身份，大大阻碍了中华民族文化意识的觉醒和民族历史文化的认同，严重消解了对中华历史文化的文化自信。

二是民族虚无主义。价值观自信是中国特色社会主义先进文化自信的核心和灵魂。文化建设和意识形态建设关系始终是辩证统一的，二者密不可分。文化自信是意识形态建设和价值观构建的精神之基、文化之源。民族虚无主义者一方面间接、隐晦地宣扬西方资产阶级的人性论和文化多元的价值理念，宣扬"西方文化优越论""西方中心论"，推崇西方资产阶级价值取向和价值理念；另一方面极力贬损中国历史文化，无视中华文脉代代薪火相传，虚无中国的历史文化传统，极力渲染中国传统文化的糟粕，诋毁中华民族丰富多样的文化样态，瓦解中国传统历史文化根基。这种民族虚无主义的错误论调否定中华优秀传统文化具有的精神坐标和价值取向的功用，消解社会主义核心价值观的文化认同，消解了社会主义主流意识形态建设的向心力、号召力和引领力，也暴露了历史虚无主义者企图从意识形态上否定中国共产党的领导和社会主义制度的政治意图。

三是历史虚无主义。文化自信的缺失是历史虚无主义产生的深层次原因，反过来，历史虚无主义产生的传播泛滥也消解了文化自信。历史虚无主义者一方面虚无中华民族优秀传统文化，否认传统文化的历史传承和发展逻辑；另一方面他们把西方的政治制度、发展模式和价值理念作为"普世价值"。"普世价值"是西方资产阶级的一种有害的社会思潮，这种思潮把西方资产阶级的价值理念和价值体系通过文化理论的知识样态加以输送，把西方资本主义社会的法权关系曲解成一种所谓的自然权利，据此极力宣扬现实社会存在超越人类历史和社会形态的永恒的价值理念，这实质是欲盖弥彰地彰显资产阶级的政治图谋、权力意志和利益诉求，彻底否定和摒弃人民群众的发展诉求和价值意蕴。这种"普世价值"被包装成现代人类文化的价值共识,矛头直指社会主义主流意识形态阵地。历史虚无主义者主观地审视中国与西方的文化现象与文化差异,以西方资产阶级的"普世价值"来抹黑社会主义核心价值观,虚无、否定中国特色社会主义先进文化,动摇了人们对中国特色社会主义先进文化的文化自觉和自信。

改革开放以来,历史虚无主义者坚持唯心史观,意图在认识论上消解文化自信的基础和前提;从意识形态上解构社会主义主流意识形态,消解文化自信的灵魂和本质;从核心价值观上,解构主流价值,消解文化自信的特征和内核。新时代只有大力批驳历史虚无主义,遏止历史虚无主义思潮的渗透与侵袭,才能增强对中华民族历史文化的自豪感和认同感,坚定文化自信。

文化自信是抵制历史虚无主义的内生动力和有力精神武器。文化自信为批判历史虚无主义提供了精神动力和理论抓手。"我们说要坚定中国特色社会主义道路自信、理论自信、制度自信,说到底是要坚定文化自信,文化自信是更基本、更深沉、更持久的力量。历史和现实都表明,一个抛弃了或者背叛了自己历史文化的民族,不仅不可能发展起来,而且很可能上演一场历史悲剧。"❶ 坚定文化自信,就必须从先进文化和主流价值观中增长底气、骨气、志气,获得强大的精神力量,抓住反对历史文化虚无主义的根本,涵养我们民族的文化自信。"作为文化发展中的集体精神状态,一个国家和民族的文化自信状况,现实地反映着并深深地影响着其文化发展的实际进程和客观态势。"❷ 文化自信是一种软实力,对国家安全和主流意识形态建构具有不可估量的作用。我们必须将文化自信内化为心理认同,外化为驳斥历史虚无主义的自觉行动,激发文化生机活力,凝聚中国文化力量,增强文化自觉自信。

---

❶ 中共中央党史和文献研究院编:《十八大以来重要文献选编》(下),中央文献出版社2018年版,第323页。
❷ 侯丽羽:《论历史虚无主义对民族国家身份认同的危害及应对策略》,《河南大学学报》(社会科学版),2018年第1期,第11页。

（四）解构主流价值观

历史虚无主义企图通过"和平演变"战略西化、分化社会主义中国，解构社会主义主流价值观和主流意识形态是历史虚无主义一以贯之的既定战略目标。社会主义核心价值观与西方价值观的二元对立与斗争是长期的，短期内是无法解决的。我们必须正视社会主义核心价值观与西方价值观的碰撞与交融，使社会主义核心价值观在学术对话中引领时代精神，坚持唯物史观的正确方向，防止历史虚无主义思潮的渗透和侵袭，加强意识形态安全建设和国家安全建设。

不同的阶级有不同的价值观，如果某一价值观成为社会的主流价值观，就不可避免受到其他的价值观的虚无、诋毁和攻击。历史虚无主义所谓的"虚无"是有条件的，绝不是虚无任何价值，而是有所选择的，历史虚无主义虚无的价值观背后，有其险恶的政治企图和目的。历史虚无主义否认历史的客观性、继承性和连续性，颠倒历史的主流支流、现象与本质的关系，是一种典型的唯心主义历史观。历史虚无主义的唯心主义的历史观决定和影响了认知观和价值观，这种虚无主义的价值观虚无价值，解构社会主义核心价值观，效力和服务于西方的"和平演变"战略。

第四章

历史虚无主义的批判与应对

历史虚无主义思潮是一种以唯心史观为指导的错误思潮，在中国传播演进的过程中始终带有险恶的政治目的和政治图谋，就是企图否定党的领导和社会主义制度，严重威胁政权的稳固和社会秩序的安定，我们只有理解并且正确树立历史虚无主义的批判原则，采取正确的政策对策，才能遏止历史虚无主义的传播和泛滥。

一、历史虚无主义批判原则

改革开放后历史虚无主义在中国不断传播、演进，越来越具有欺骗性、迷惑性，软性历史虚无主义是进入 21 世纪后历史虚无主义应时而变、应势而变的最新表现形式，其传播手法更加隐蔽、更加迂回，是一种危害更大、传播更快的历史虚无主义新样态新形式，我们只有坚持正确的批判原则，才能建构社会主义主流意识形态，取得抵御历史虚无主义思潮的决定性胜利。

（一）政治性

历史虚无主义背后蕴含着特定的政治目的和政治诉求，危害甚大。所谓政治性原则，就是指我们在反对历史虚无主义的斗争中，要坚定正确政治立场、方向和原则，坚决打赢这场反对历史虚无主义的政治斗争。这场斗争关涉一个大是大非的根本性问题，具有严肃性、政治性、原则性，我们必须认真对待，坚定正确的立场，同历史虚无主义者争夺历史阐释的意识形态话语权。

1. 历史虚无主义政治本质

历史证明，无论要稳固还是要颠覆一个政权，对立矛盾的双方总是千方百计地抢夺对历史的阐释权、话语权。历史虚无主义具有鲜明的政治目的，其政治企图就是否定现行社会主义制度和党的领导。改革开放开始后，历史虚无主义的传播泛滥与一部分人群的政治立场和政治心理有着不可分离的密切关系。

历史虚无主义是一种与社会主义主流意识形态和社会主义核心价值观相悖的错误思潮,究其本质,历史虚无主义是一种政治意识形态,背后有消解政治认同、颠覆政权的特定政治图谋,其真实动机和政治目的是否定党的正确领导和社会主义制度存在的合理性,否认马克思主义在思想文化领域中的指导意义。历史虚无主义作为一种意识形态,属于政治上层建筑范畴,政治性是其突出的基本特征。

历史观与政治立场不同,对于同一历史事件和历史人物的认知和评价,不同的人可能得出迥然不同的认识。我们只有坚持和发展马克思主义,以唯物史观为指导,坚持正确的认识论和方法论,坚定政治立场、政治方向和政治原则,才能坚持历史研究学术性和政治性相统一,坚决批判"去政治化""客观中立"的论调,明确划定政治和学术界限,把学术评价与政治标准统一起来,彰显唯物史观的革命性、科学性和旺盛的生命力。

2. 坚定正确政治方向、原则

抵御历史虚无主义的侵袭是一项复杂的政治任务和政治斗争,也是一场尖锐而严肃的意识形态斗争。在这一斗争过程中我们要旗帜鲜明、政治原则坚定,不能把学术问题泛化上升为政治问题,但我们更不能弱化这场斗争的政治性、严肃性,要认清历史虚无主义的政治意图和斗争的政治焦点,以正确的历史观指导历史研究,坚持政治性和学术性相统一,严格把握政治性和学术性政策界限,采取一系列重大政治性举措,揭开历史虚无主义的神秘面纱以及真实面目,抵御历史虚无主义的侵袭、渗透,遏止历史虚无主义的传播泛滥。

在党史研究和历史研究中,我们不能遮蔽主流意识形态的政治立场和实质。江泽民曾指出:在党史研究中要"坚持党性原则,坚持实事求是的原则"❶。这就强调在党史研究中要坚持政治性与科学性的高度统一,揭示和把握党史国史的主题与主线、主流与本质,把握历史发展的根本方向,

---

❶ 江泽民:《在上海党史工作会议上的讲话》,《中共党史研究》,1989 年第 5 期,第 4 页。

才能击中要害，有效地遏制历史虚无主义的进攻。

中国特色社会主义进入新时代，历史虚无主义的传播演进出现了新的样态，习近平强调研究历史要坚持正确的政治方向："要坚持用唯物史观来认识和记述历史，把历史结论建立在翔实准确的史料支撑和深入细致的研究分析的基础之上。要坚持正确方向、把握正确导向。"❶ 研究历史只有正确把握学术自由与政治原则的合理界限，为人们提供正确的政治价值导向，在大是大非问题上，突出其意识形态功能，凸显政治性，绝不能等闲待之，才能免遭历史虚无主义错误思潮的侵扰。

对有关重大问题、重要事件的解读和评价，要认真贯彻中共中央《关于若干历史问题的决议》《关于建国以来党的若干历史问题的决议》《中共中央关于党的百年奋斗重大成就和历史经验的决议》，符合中央基本精神，防止历史虚无主义，坚决反对否定党的历史、否定老一辈革命家的错误倾向。隔靴搔痒，淡化反击历史虚无主义斗争的政治性，缺乏斗争目标所具有的特殊指向性是不能取得驳斥历史虚无主义的决定性胜利的。

在反对历史虚无主义的鲜明政治斗争中，"政治立场事关根本"❷。只有以历史唯物主义和辩证唯物主义为理论根基，揭示历史虚无主义的政治实质，坚定正确政治方向、原则，才能抵御历史虚无主义的侵扰。

（二）实践性

唯物史观认为实践是认识的来源，是检验真理的唯一标准。社会实践是批驳历史虚无主义的原发性力量。所谓实践性原则是指在反对历史虚无主义的斗争中，只有坚持历史唯物主义的实践性特质，亲身参加社会实践，才能充分认识历史虚无主义传播的路径、方法及特点，才能有效抵御历史虚无主义对社会主义主流价值观的侵蚀，给历史虚无主义以深刻的理

---

❶《习近平在中共中央政治局第二十五次集体学习时强调让历史说话用史实发言，深入开展中国人民抗日战争研究》，《人民日报》，2015年8月1日。

❷ 中共中央党史和文献研究院编：《十九大以来重要文献选编》（上），中央文献出版社2019年版，第797页。

论批判，遏止历史虚无主义的传播泛滥。

1. 从实践中分析认识历史虚无主义

人类社会历史的发展过程是有规律而不是盲目的，是人们根据自身需要有意识有计划有目的地改造自然和社会的一个创造性的实践活动过程。马克思指出："社会生活在本质上是实践的。凡是把理论诱入神秘主义的神秘东西，都能在人的实践中以及对这个实践的理解中得到合理的解决。"❶ 马克思主义关于人类社会历史发展演进的规律建立在实践基础之上，反对历史虚无主义首先必须观察现实社会关系，从理论上认清历史虚无主义理论基础和实质，从实践中分析、洞察历史虚无主义传播的路径、方式，领悟历史虚无主义的实践逻辑，从而对这种错误思潮进行有效的回击与应对，取得反对历史虚无主义的决定性的胜利。

历史虚无主义者以一种主观臆断的唯心主义色彩颠倒黑白，对一些具体历史问题进行解构、虚无，更为严重的是对历史观的颠覆和消解。即使有些人一时受到蒙蔽和蛊惑，通过社会实践也能够拨开历史虚无主义的迷雾，认清历史虚无主义的本质，不断增强对中国共产党和中国特色社会主义的情感认同、政治认同。实践性是马克思主义理论的一个重要特性。唯物史观是建立在实践基础之上的具有科学性和旺盛生命力的正确历史观，是驳斥历史虚无主义的理论基石。任何认识都是在实践中产生，在实践中用科学的理论反对历史虚无主义，分析其理论根源、形成基础、表现特点，才能给予我们驳斥历史虚无主义颠倒是非的勇气与信心，旗帜鲜明地抵御和回击历史虚无主义思潮的袭扰和攻击。

2. 在实践中批判消弭历史虚无主义

实践构成了人类历史的认识基础和前提，历史虚无主义否认历史发展的客观性、规律性，而唯物主义坚持从人的实践出发理解社会历史发展进程，从实践活动出发阐释历史虚无主义产生的理论根源和实践基础，唯有

---

❶ 《马克思恩格斯选集》（第1卷），人民出版社2012年版，第139-140页。

深入社会实践中才能真正呈现个体与群体之间的社会关系，进而揭示人类社会历史的发展变化及其规律。鉴于历史虚无主义的传播特点、演进规律和现实危害，我们只有在社会实践中批判历史虚无主义，才能从根本上取得成效。

历史虚无主义的理论依据是唯心主义的思想体系，在这种错误理论指导下的实践活动是极其有害的。在社会实践活动中树立正确的历史观，批驳历史虚无主义，以史为鉴，避免历史虚无主义侵蚀红色文化、社会主义先进文化内蕴的红色精神和红色基因，运用红色历史文化资源建构身份认同、文化自信，进行红色文化的传承和创新。

实践发展赋予了我们批驳历史虚无主义、坚定对民族历史文化自信的底气。我们积极参加社会实践，"四个自信"可以得到巩固和深度认同。比如参观新中国成立以来成就展，我们能够看到社会主义制度确立以来特别是改革开放以来我国取得的历史性成就和巨大的社会进步，这些雄辩地证明了走中国特色社会主义道路是党和人民的正确抉择，具有资本主义无法比拟的优越性和巨大的发展潜力。历史虚无主义借口社会主义这一新生事物在实践发展中的曲折和失误，就极力否定党的领导，否定社会主义制度，这是极为错误的。参观成就展，了解新中国的发展历程和取得的伟大成就一方面能够有力地驳斥历史虚无主义在改革开放问题上的诸多错误论调，驳斥"三大改造"的错误认识，驳斥中国特色社会主义道路不适合中国国情、中国必须推行西化模式的无耻谰言，另一方面使我们能够更加透彻地理解中国特色社会主义制度合理性、历史必然性，让历史虚无主义没有藏身之地，坚定"四个自信"。

红色文化资源是指中国共产党在百年艰苦卓绝的奋斗历程中领导广大人民群众在斗争实践中所形成的永不褪色的伟大红色革命精神、信仰及其实现的红色载体。红色资源是反对历史虚无主义、进行红色文化教育的主要阵地和重要平台。我们必须开发和利用红色资源，利用好红色基地及其历史事实进行红色理论教育和实践教育，提高受众的马克思主义理论水平，领会红色精神的内涵，警惕和抵制历史虚无主义的侵蚀，增强对中国共产党和中国特色社会主义的政治认同和信仰。

红色基地社会实践提供了了解红色资源的途径和平台，能够唤起参观者警惕历史虚无主义思潮的意识，建构社会主义主流意识形态，是批驳历史虚无主义无耻谰言的有力的事实证明。我们运用红色资源，组织社会实践，考察红色革命基地，能够避免人们陷入历史虚无主义的泥沼。参观红色革命遗址，传承革命先烈彪炳史册的卓著功勋；开展红色文化宣传活动，可以传承红色基因，驳斥历史虚无主义者的错误论调。红色精神是中华民族伟大精神的重要组成部分，是批驳历史虚无主义的力量之源。我们在参观红色遗址的过程中，能够倾听历史回响、赓续红色血脉、追寻红色记忆，批驳历史虚无主义的种种错误观点，有效反对历史虚无主义及各种错误政治思潮，增强历史责任感和使命感，培养人们的责任意识与担当意识，立志将无数革命先烈用鲜血和生命浇铸的永不褪色的红色精神大力弘扬，努力实现自己的人生价值，在潜移默化中抵御历史虚无主义思潮的侵袭。

红色资源蕴含了社会主义主流价值和精神实质，组织参观红色革命基地，学习红色革命理论、弘扬红色革命精神，是反对历史虚无主义一个重要的途径，能够帮助人们树立正确的历史观和价值观，提升历史责任感，提高判断是非能力、辩证思维能力，从而坚定正确的政治立场和理想信念。因此通过社会实践，提高红色精神的影响力，能够有效地抵御历史虚无主义的侵蚀。

（三）理论性

历史虚无主义的理论基础是唯心史观，其建构的理论体系，从否定历史发展规律到解构虚无人类历史进步的客观进程，最终否定唯物史观和马克思主义理论体系。历史虚无主义以唯心主义为基础，扰乱人们的思想认识，因而是错误的、有害的理论体系。通过建构理论体系表达的意识形态对历史观、价值观的影响是持久性的。所谓批判历史虚无主义的理论性原则是指我们在认清历史虚无主义理论来源的基础上，学习马克思主义基本理论，坚持唯物史观，建构和创新新时代批判虚无主义的理论体系和实践逻辑。只有把对历史虚无主义的批判建立在科学的历史观和方法论的理论基础之上，才能从根本上取得批驳历史虚无主义的重大胜利。

1. 历史虚无主义的理论根据

为了戳穿历史虚无主义散布的谎言和错误论调，有效遏止历史虚无主义的传播，必须先从根本上认清历史虚无主义的理论基础和根据，从源头上剖析其产生的理论来源。

历史虚无主义属于唯心主义意识形态，其理论根据和基础是唯心主义历史观。基于孤立片面的立场，历史虚无主义不是从整体上、从联系中去把握历史、分析历史，而是以现象代替本质，以支流代替主流，否定人类社会历史发展的普遍规律，否认唯物史观的正确指导。历史虚无主义对于社会历史发展过程和历史规律的把握和理解无法达到最为本质的层面，却扰乱了人们的历史认知，其理论观点和理论体系都是错误的。

历史虚无主义是对历史意义、价值观和社会发展规律的否定、虚无。历史虚无主义以唯心史观为理论基础，揉合西方的一些社会思潮和方法论，形成一整套理论体系。"历史虚无主义是把主观主义、相对主义、解构主义和反历史主义的特征相揉合，形成自己的理论体系。"❶ 历史虚无主义反历史、反科学的唯心主义本质在规律认知论、认识论、方法论、价值论等几个方面都有所体现：历史虚无主义否认人类社会发展的客观规律，否认反映世界客观本质的绝对普遍真理的存在，坚持主观主义，承认偶然性，否认必然性，以现象代替本质；在认识论上主张不可知论，否认人类主体可以认识历史，认为历史的本质是认识不了的，对历史缺乏全面、客观、科学的认识和评价，无法看透看似纷繁芜杂的实践活动现象背后所蕴含着的理论本质，借口历史认识中存在的个体的主体性因素而否认历史的可能性；在方法论上坚持形而上学的认识论，采取片面、静止、孤立的立

---

❶ 沈江平：《"历史虚无主义"的历史唯物主义评判》，《中国高校社会科学》，2021年第3期，第63页。

场和观点,对历史的认识陷入二元对立、非此即彼的单向度思维方式的困境,强调历史的个体、差异、多元,缺乏辩证性、全面性、整体性;在价值论上不是就历史问题谈历史问题,采取非历史主义的立场,颠倒历史,随意剪裁历史,解构历史事实,主张历史要从本质走向现象,通过虚无历史进而否定现实制度和规则,为其政治目的服务。历史证明,历史虚无主义在主流意识形态消解、社会主义国家共产党下台和政权坍塌解体中扮演着极其重要的角色。历史虚无主义的理论体系为历史虚无主义思潮的传播提供舆论基础,误导人们产生对马克思主义和社会主义的信仰危机,我们要深刻揭露其基于错误历史观的带有鲜明意识形态色彩和政治目的的理论本质,增强辩证思维能力,形成批判历史虚无主义错误思潮的理论自觉,增强理论认同和政治认同。

2. 坚持马克思主义理论

马克思主义是人类认识史上科学理论体系,是正确的历史观、世界观的理论依据和思想基础。马克思主义理论来源于实践,反过来也必须用来指导社会实践。只有坚持和创新马克思主义的科学理论,彰显马克思主义理论的实践性、科学性和先进性,才能有效地抵御历史虚无主义的进攻。

马克思主义理论科学地揭示了人类社会历史发展的客观过程及其普遍规律。学习和运用马克思主义是坚持历史唯物主义,反对历史虚无主义的理论基础和前提条件。马克思主义并没有"过时""失败",对中国特色社会主义建设事业和中华民族伟大复兴事业有着长远的指导意义,新时代马克思主义理论的科学价值和时代精神是不可否认的。马克思主义的创始人实现从传统向现代的变革,创立了天才的革命的科学理论体系,要高举马克思主义理论的旗帜,维护马克思主义理论的纯洁性,学深、学透马克思主义理论,真信、真用马克思主义理论,致力于马克思主义理论大众化的宣传普及,将深邃的马克思主义理论用通俗易懂的大众语言演绎出来,才能揭开历史虚无主义的迷雾和面纱,为防止历史虚无主义错误思潮的渗透和传播发挥重要作用。

马克思主义实现了唯物主义的历史性、革命性变革,是一个具有理论性、革命性、真理性、创新性和实践性的科学理论体系。运用马克思主义理论对历史虚无主义进行批驳，我们必须一方面坚持科学社会主义的基本原则，掌握马克思主义的理论体系，洞悉马克思主义理论体系的精髓与灵魂，另一方面着眼于马克思主义理论的运用，运用马克思主义的立场、观点和方法分析热点问题、疑难问题，积极推进中国特色社会主义的理论与实践，着眼于理论思考，防止发生因曲解马克思主义而在新的实践和新的发展中产生教条主义、虚无主义的错误倾向，在坚持和发展马克思主义科学理论体系的实践中，进一步展现马克思主义的理论魅力、真理性和强大生命力。

理论创新的动力和源泉在于实践。历史虚无主义否定马克思主义理论及其指导地位，我们必须学习和坚持马克思主义理论，彰显马克思主义理论的话语权，与时俱进创新马克思主义理论体系，发挥马克思主义理论的真理性、辩证性、科学性，着眼于提高运用唯物史观指导批驳历史虚无主义的能力，在实践中坚持问题导向。马克思主义是科学的世界观和方法论，抵制历史虚无主义就必须坚持学习运用马克思主义理论，从寻根溯源、正本清源做起，只有坚持实事求是和历史主义的原则，以马克思主义理论揭开历史虚无主义的神秘面纱，才能认清历史虚无主义思潮的实质和危害，使历史虚无主义的荒谬论点在正确的历史观、党史观面前彻底破产。

3. 坚持唯物史观

马克思主义唯物史观是关于世界观和方法论的完整、系统、科学的理论体系。历史是一个严肃而永恒的话题，是过去发生的真实的客观存在。唯物史观是科学的历史观、世界观，认为人类社会历史的发展是一个动态而非静态的过程，从科学的角度出发，用全面、联系和发展的观点认识人类社会发展的客观历史进程与普遍规律，认识客观物质世界的本质特征，从历史发展的全部真实情形出发去阐释历史，探寻和正确把握人类社会历史发展的基本规律。面对思想理论界的混乱状况和历史虚无主义错误思潮的严重危害，只有坚持历史分析法，大力弘扬唯物史观，更加坚定自觉地坚持和运用马克思主义科学理论体系，以科学的历史观和方法论指导历史研究，才能认清历史虚无主义错误思潮的危害、特点和流变形式，才能正确认识和评价历史，还历史的本来面目。坚持宏观叙事与微观分析相结合、结构分析与辩证分析相结合，才能巩固马克思主义唯物史观的指导地位，旗帜鲜明地捍卫历史真相，真正做到"把历史的内容还给历史"，给予历史虚无主义的荒谬论点以深刻的理论批判。

马克思主义唯物史观关于历史认识和评价的基本观点主要有：用全面、辩证、发展的观点来揭示历史发展的客观过程；采用阶级分析、历史主义的研究方法，将历史事件、历史人物放在特定历史场景下进行认知和评价，一切以时间、地点和条件为转移；承认历史的内在必然联系和历史发展的普遍规律，承认历史的整体性；承认历史的发展、社会形态的更替具有连续性和继承性，对历史文化传统采取辩证的立场。"社会制度的建立、巩固与发展需要与之相适应的思想观念的支持和引导，没有一定理论体系做先导的制度是难以立足的。"❶ 历史虚无主义以唯心史观为理论基础，其理论体系和观点是错误的，其政治目的就是颠覆社会主义国家政权和政治制度，虚无马克思主义的理论体系。为了戳穿历史虚无主义在层层迷雾下遮掩的政治立场，破除历史虚无主义的迷障，只有认真学习运用马克思主义理论，坚持以科学的历史观为指导，坚持历史的辩证法，洞悉历史虚无主义错误思潮的表现形式和理论实质，才能夯实批驳历史虚无主义的思想基础，大力回击历史虚无主义的袭扰，驱散历史虚无主义的思想阴霾。

（四）斗争性

反对历史虚无主义，必须坚持实事求是的原则，敢于发声亮剑，敢于坚持斗争。所谓斗争性原则就是面对历史虚无主义的错误言论和论调，我

---

❶ 张洁：《改革开放以来几种代表性社会思潮制度指向性论析》，《学术论坛》，2016 年第 12 期，第 28 页。

们要主动亮剑出击，作出正面回应，增强斗争本领和锤炼敢于"亮剑"胆略，提升战胜历史虚无主义的信心，坚决反对历史虚无主义的侵袭。

1. 敢于亮剑发声

反对历史虚无主义是一场关系政权稳固、国家兴亡的政治斗争。面对历史虚无主义的袭扰和泛滥，面对历史虚无主义的攻击与诘难，我们要敢于亮剑发声，增强斗争的积极性、主动性和政治自觉，对涉及政治方向、政治原则和政治立场的问题，绝不能含糊其词。历史虚无主义在不同历史时期的样态和表现形式都以解构主流价值观、宣传西方价值观为目的，面对历史虚无主义的传播泛滥，如果不及时亮剑，敢于斗争，揭穿历史虚无主义的政治本质，划清是非界限，用大量的历史事实驳斥历史虚无主义的无耻谰言和错误论调，就会丧失意识形态建设的话语权和主导权。习近平总书记强调："让正确的声音先入为主""我们不能默不作声，要及时反驳，让正确声音盖过它们。"❶ 我们在事关意识形态话语权、领导权的大是大非面前不能模棱两可、态度暧昧，要清醒坚定、勇于担当，不能丧失政治信仰、动摇政治立场，更不能退避三舍。对历史虚无主义错误思潮消极地等待其自生自灭，不愿亮剑、不敢斗争，就不能旗帜鲜明坚持和捍卫真理，批驳谬误，也就不可能立场坚定，同历史虚无主义作彻底的不妥协的斗争。

某些历史虚无主义者任意裁剪和解构历史，诋毁英雄人物，矮化、丑化"狼牙山五壮士"。这种对英雄人物进行"挖墙脚式"的贬损，解构革命英雄主义，颠倒传统历史认知模式，触碰了社会道德底线，在社会上造成非常恶劣的影响。五壮士中葛振林、宋学义的后人起诉该行为侵害"五壮士"的名誉权、人格权，案件由北京市西城区人民法院审理，很快就作出判决，判处被告立即停止侵权行为、责令他限期在媒体上公开致歉，以消除抹黑、调侃革命英雄人物带来的恶劣影响。这是一件由司法机关判决的关于历史虚无主义者诋毁和贬损英雄人物的特殊案件，经主流媒体宣传

---

❶ 《习近平关于社会主义文化建设论述摘编》，中央文献出版社2017年版，第209页。

报道后，沉重打击了历史虚无主义者的嚣张气焰，一些过去大肆传播历史虚无主义的网站、平台开始销声匿迹，不敢露骨地公开宣扬错误观点了。这是运用法律手段对历史虚无主义者发声亮剑的典型案例，捍卫了英雄人物尊严和历史真相。对历史虚无主义态度鲜明，敢于发声亮剑，遏制了贬损英雄人物势头的蔓延，掌握了意识形态工作的领导权、主动权。2018年4月27日，十三届全国人大常委会第二次会议通过了旨在弘扬革命烈士精神，培育和践行主流价值观的《中华人民共和国英雄烈士保护法》，这项法律的公布实施使历史虚无主义者再也不敢公开诋毁、戏谑英雄人物，网络空间变得清朗起来，进一步遏制了诋毁英雄势头的蔓延，大大降低了历史虚无主义对社会的负面影响，抵御历史虚无主义的斗争取得了重大的胜利。

2. 增长斗争本领

面对历史虚无主义无休止的袭扰和肆意蔓延，我们必须增长斗争本领，敢于并善于斗争，才能遏止历史虚无主义的传播和演变。我们必须以马克思主义唯物史观的坚决态度和鲜明立场，同历史虚无主义思潮进行不懈斗争，积极弘扬主流价值观和社会正能量，提高舆论引导能力，提升主动性、把控主动权、打好主动仗，形成强大的示范引领效应，澄清理论困惑，还原历史真相，压缩历史虚无主义错误思潮的存在空间、时间范围，形成抵制历史虚无主义的合力，在复杂的意识形态斗争中赢得主动，粉碎历史虚无主义的幻梦，牢牢掌握意识形态领域主动权、领导权。

历史虚无主义思潮打着"揭秘历史""还原真相"的旗号，解构历史，混淆是非，具有较大的蒙蔽性、危害性和欺骗性。反对历史虚无主义，增长斗争本领，一是必须学习马克思主义理论，坚持唯物史观，分清历史唯物主义和历史虚无主义的界限，提高理论水平，洞悉历史虚无主义的思想基础和理论逻辑；二是必须洞察历史虚无主义在不同时期的流变情况，更重要的是洞悉历史虚无主义的理论本质及其现实危害，在此基础上，以历史唯物主义指导历史研究，在理性辨析中树立科学的历史观，牢牢把握马克思主义唯物史观话语权；三是必须提高网民素质，新媒体时代，历史虚无主义错误观点通过网络大肆传播，许多网民面对历史虚无主义错误观点与主流价值观相矛盾时，经常会陷入迷茫，不能抵御历史虚无主义的进攻。网民人数众多，采取切实有效的措施不断提升网民的分辨能力，培训出一支敢于向各种错误思潮"亮剑"的强大生力军，形成对历史虚无主义"人人喊打"的浓厚社会氛围，营造"个个参加"反对历史虚无主义的社会大环境。

只有旗帜鲜明地对历史虚无主义发声亮剑，增长斗争本领，清醒认识历史虚无主义的危害，理直气壮地高举批驳大旗，揭开唯心主义历史观的错误本质，大张旗鼓地同历史虚无主义思潮进行理论上的辩驳与论战，才能揭开历史虚无主义的面纱，铲除历史虚无主义滋生的社会条件，遏制这些错误思潮的泛滥和传播，清除历史虚无主义的历史迷雾。

二、历史虚无主义的应对

历史虚无主义脱离真实的、具体的、完整的历史进程，以唯心史观为理论基础，是一种带有强烈意识形态色彩的政治思潮。面对历史虚无主义的各种样态和表现形式，我们必须保持清醒的头脑，采取有效的对策措施，筑牢抵御历史虚无主义思潮的坚固防线，建设社会主义主流意识形态领域的良好生态。

（一）加强理论学习研究

历史虚无主义者为了迎合研究者理论学习和学理研究的需要，打着"学术研究""还原真相"的旗号，解构历史真相和虚无历史发展客观规律，在学术界、理论界引起了极大的思想混乱。批驳历史虚无主义，必须从理论维度层面大力加强马克思主义理论学习和学术研究，坚持正确的历史观、党史观，才能遏制历史虚无主义思潮的蔓延。

1. 加强理论学习

中国共产党历来重视理论学习。延安时期，毛泽东就倡导马克思主义理论学习教育，整风运动期间，党的干部认真学习整风运动时期党的文件，特别是毛泽东的讲话和理论文章，代表性的有《改造我们的学习》《整顿党的作风》《反对党八股》《在延安文艺座谈会上的讲话》等，经过学习提升党员的思想政治素质和马列主义理论水平，在理论教育和具体实践中树立了科学的历史观。

邓小平在认真总结"文化大革命"教训的基础上，强调共产党员要认真学习马克思主义理论、毛泽东思想。改革开放初期历史虚无主义泛起，邓小平旗帜鲜明地提出坚持四项基本原则的问题，对"非毛化"的错误思潮给予了有力回击。在邓小平的主持下，中共十一届六中全会通过了党的第二个"历史决议"，科学地评价了毛泽东的历史地位和毛泽东思想的指导意义，邓小平多次强调要进行党的基本路线的学习教育，批驳资产阶级自由化，这些使我们对历史虚无主义的反动本质和理论谬误有了较为深刻的认识。

为了增强识别和抵御历史虚无主义渗透的能力，江泽民强调党员干部必须加强理论学习和历史教育。江泽民明确指出："一部中国近代、现代史，就是一部中国人民爱国主义的斗争史、创业史。我们要正确认识自己的历史文化。"❶ 面对复杂多变的世界环境，党中央开展"讲学习、讲政治、讲正气"的"三讲教育"，强调要警惕西方敌对势力"和平演变"社会主义中国的阴谋，在新的历史形势下，党员必须不断加强理论学习武装头脑，坚定社会主义、共产主义的崇高理想信念，认真学习"三个代表"重要思想，时刻保持党员的先进性，开展积极的思想斗争，自觉抵制历史虚无主义思潮的侵袭。

党的十六大以来中央政治局坚持集体学习，并形成一项制度长期坚持下来，胡锦涛强调要认真学习马克思主义的科学的历史观和方法论，研究中国历史和弘扬优秀传统文化，坚决回击和批判历史虚无主义虚无民族历史文化的错误论调。面对历史虚无主义解构中华民族价值体系、虚无民族

---

❶《江泽民文选》（第一卷），人民出版社2006年版，第123页。

历史文化,以胡锦涛同志为核心的中央领导集体旗帜鲜明地提出必须大力反对历史虚无主义,胡锦涛指出:"中华民族在漫长历史发展中形成的独具特色的文化传统,深深影响了古代中国,也深深影响着当代中国。"❶ 胡锦涛强调重视学习马克思主义理论和历史知识,强调要以史为鉴,只有尊重历史、坚定文化自信,才能遏止历史虚无主义的传播和消极影响。

党的十八大以来,中国特色社会主义进入了新时代,中央政治局继续坚持集体学习制度,先后组织学习中国特色社会主义理论和实践、历史唯物主义基本原理和方法论、中国人民抗日战争的回顾和思考、五四运动的历史意义和时代价值、用好红色资源赓续红色血脉等。习近平总书记在每次学习会议上都做了重要讲话和指示,倡导阅读经典作家的原著,学习马克思主义,马克思主义理论学习为反对历史虚无主义提供了不可替代的理论基础。

(1)学习马克思主义理论。

反对历史虚无主义,捍卫社会主义主流意识形态,弘扬正能量,必须学习马克思主义基本理论。只有学习马克思主义基本理论,才能坚持唯物史观,把握历史虚无主义的演变规律,在历史认知和价值观上达到真理尺度和价值尺度的有机统一,有效抵制历史虚无主义的传播,维护国家意识形态安全。

马克思主义理论是具有科学性、实践性、包容性、革命性的科学理论体系,彰显了正确历史观的科学性、真理性。只有深化对马克思主义理论的学习、研究和运用,才能够为改革开放和现代化建设事业提供强大的内生动力和理论基础。"马克思的整个世界观不是教义,而是方法。它提供的不是现成的教条,而是进一步研究的出发点和供这种研究使用的方法。"❷ 马克思主义的科学理论以强大的真理力量和理论力量赢得了人民群众的广泛认可和赞誉,增强马克思主义意识形态的主导性,筑牢理论和思

---

❶ 胡锦涛:《在美国耶鲁大学的演讲》,《人民日报》,2006年4月23日。
❷ 《马克思恩格斯选集》(第4卷),人民出版社2012年版,第664页。

想根基，是批判历史虚无主义的利器。只有认真学习马克思主义科学理论体系，才能深化对哲学社会科学研究的科学认识和动态研判，深刻把握历史虚无主义理论本质和现实危害。在此基础上加强以马克思主义为指导研究、宣传党和国家的历史，揭露和批判历史虚无主义否定党的领导和社会主义制度的真实意图和政治本质，认清其意识形态倾向和价值立场，不断提升政治鉴别力和敏感力，推进马克思主义理论创新、实践创新，对重大理论、现实问题给予及时、科学的阐释，从而为遏制历史虚无主义思潮的传播和泛滥提供坚实的理论基础和思想基础，牢牢掌握意识形态领域的主导权，提高社会主义主流意识形态宣传的吸引力、号召力和社会适应性。

反对历史虚无主义是改革开放以来党为了增强社会主义主流意识形态话语的引导力、抵御错误思潮侵袭而提出来的一项重大的政治任务。马克思主义具有真理性和批判性，是科学的世界观和方法论的统一。只有认真学习和大力宣传马克思主义，思想上与党中央保持高度一致，才能高扬马克思主义意识形态的大旗，建构社会主义主流意识形态话语权，营造风清气正的社会氛围，建设具有强大引领力、号召力和凝聚力的社会主义核心价值体系。

（2）树立正确历史观。

唯物史观科学揭示了人类历史发展规律，是批判历史虚无主义的根本方法，也是抵御历史虚无主义在意识形态领域袭扰的重要策略，坚持这一正确的历史观就能够筑牢抵御历史虚无主义的思想基础。历史观是人们对社会历史基本问题的根本看法和观点，具有鲜明的阶级性。阶级立场和属性不同，历史观也必然相异，所谓超阶级的历史观事实上是不存在的。马克思主义唯物史观是成熟、稳定的历史观，它与历史虚无主义的根本不同之处在于能否用科学的历史观、正确的方法论来认识历史、评价历史。自马克思主义诞生之日起，唯物史观为正确把握历史发展的客观规律和主流趋势提供了正确的世界观、科学的方法论。英国著名历史学者霍布斯鲍姆指出："如果不回溯至马克思，或更确切地说，如果不从他思索的起点开始，严肃的历史探讨是不可能存在的。这就意味着基本上——如盖勒所认为的——是唯物主义历史观。"❶ 反对历史虚无主义，必须运用唯物史观关于历史发展规律和人类社会基本矛盾的理论以及阶级斗争的理论来分析阐释社会历史，揭示历史虚无主义的政治本质和严重危害，彰显正确历史观对于批判唯心主义错误思潮的革命性的建构意义。恩格斯指出，"历史从哪里开始，思想进程也应当从哪里开始，而思想进程的进一步发展不过是历史过程在抽象的、理论上前后一贯的形式上的反映；这种反映是经过修正的，然而是按照现实的历史过程本身的规律修正的"❷。社会历史发展是一个有规律的自然历史过程，这一历史过程具有客观性、一维性，是不可逆的，历史发展的客观进程和历史事实绝不允许肆意解构。唯物史观的诞生是人类思想史上的一次伟大的理论创新和思想革命，我们必须认真学习唯物史观，从历史与现实的结合上深入研究和发掘唯物史观的当代价值，对马克思主义唯物史观进行创新性发展，把握历史的本质与规律，自觉地指导于人们的社会实践。

树立正确的历史观、党史观，批判历史虚无主义错误思潮，需要坚持马克思主义立场、观点和方法。历史唯物主义认为，人类社会的发展是客观规律性和人的主观能动性相互作用的辩证统一的过程。历史观承载着一个国家的精神价值目标，在正确的价值取向和科学的方法论指导下，只有廓清错误思潮的思想认识根源，批驳抵制历史虚无主义，才能旗帜鲜明地坚持马克思主义唯物史观，"始终站在现实历史的基础上，不是从观念出发来解释实践，而是从物质实践出发来解释各种观念形态"❸。历史虚无主义是建立在相对主义、怀疑主义基础之上的一种主观主义哲学流派，只有坚持唯物史观的指导，推进理论创新，创新表达形式，才能把握历史主流与主线，树立科学的历史观与方法论，客观正确评价历史，增强唯物史观的战斗力，从而抵御历史虚无主义的传播和攻击。

---

❶ 埃里克·霍布斯鲍姆：《史学家——历史神话的终结者》，马俊亚、郭英剑译，上海人民出版社 2002 年版，第 36 页。
❷ 《马克思恩格斯选集》（第 2 卷），人民出版社 2012 年版，第 14 页。
❸ 《马克思恩格斯文集》（第 1 卷），人民出版社 2009 年版，第 544 页。

（3）学习领导人关于反对历史虚无主义的重要论述。

历史研究的一个重要功能就在于"知古鉴今，以史资政"。党的领导人关于历史虚无主义和加强历史学习研究的论述深刻阐明和揭示了历史虚无主义的表象和实质，使我们明晰了历史虚无主义的特点和新动向，为我们精准施策，从学理上进行批判和揭露历史虚无主义、坚决抵制和反对错误论调及错误倾向指明了方向，提供了根本遵循。深入学习党的领导人关于历史学习研究和反对历史虚无主义的基本观点和一系列重要论述，能够对历史虚无主义错误思潮进行根本的批判和普遍的反制，有助于形成抵御和批判历史虚无主义的强大合力，牢牢掌握意识形态工作的领导权、主动权和话语权。

中国共产党人是真正的马克思主义者，总结历史经验、正确对待历史文化遗产是共产党人的基本态度。延安时期，毛泽东就在六届六中全会的报告中强调历史学习和研究的重要性、迫切性、必要性。新中国成立后，毛泽东继续大力强调总结历史经验，教育干部群众，毛泽东指出："我们是历史主义者，给大家讲讲历史，只有讲历史才能说服人。"❶ 这些观点和主张强调了历史学习和研究的重要性，表达了中国共产党人正视历史学习和正确对待历史文化遗产的科学态度，在今天仍然具有极强的现实指导意义。

改革开放开始以后，邓小平更加注重历史学习和历史经验的总结，他提出："我们要用历史教育青年，教育人民。"❷ "要懂得些中国历史，这是中国发展的一个精神动力。"❸ 邓小平还强调要用实事求是的态度来研究历史、评价历史，他认为："每个党、每个国家都有自己的历史，只有采取客观的实事求是的态度来分析和总结，才有好处。"❹ 对于历史的客观性和一维性，邓小平指出："已经客观地存在着的历史，除了不断地加深对于

---

❶ 《毛泽东文集》（第8卷），人民出版社1999年版，第276页。
❷ 《邓小平文选》（第3卷），人民出版社1993年版，第206页。
❸ 《邓小平文选》（第3卷），人民出版社1993年版，第358页。
❹ 《邓小平文选》（第3卷），人民出版社1993年版，第272页。

它的认识、理解之外，是谁也改变不了的。"❶ 这些论述要求我们始终坚持唯物史观的立场、观点、方法来认识和研究历史，对加强历史学习和理论研究有着重要的指导作用，有助于树立正确的历史观，坚持和发展唯物史观，警惕和抵制历史虚无主义的侵蚀。

以江泽民同志为核心的党的第三代中央领导集体在新形势下，提出强化中国国情教育，加强近现代史和党史教育，提高党史工作的理论水平。1989年6月24日，江泽民在党的十三届四中全会上的讲话强调加强"近百年来中国历史的教育，社会主义必然性的教育。"❷ 20世纪80年代中后期，资产阶级自由化思潮泛滥，民族虚无主义极力贬损民族历史文化，党中央全力批判民族虚无主义思潮。1989年9月，江泽民强调："任何割断历史，采取虚无主义的态度，借口'改革'而否定党的优良传统的做法，都是错误的。"❸ 1991年3月9日，就中小学生中国近代史、现代史及国情的教育问题，江泽民致信国家教委负责同志，作出明确指示和要求，强调要通过历史教育使学生从小就开始"熟悉我国的近代史、现代史和我们党的斗争史，认识今天的人民政权来之不易"❹。这些论述和指示坚持问题导向，抓住反对历史虚无主义的要害和根本，对防止历史虚无主义在社会上的传播、渗透有着重要的意义。

以胡锦涛同志为总书记的党中央在进入21世纪后极为重视历史学习和党史研究。胡锦涛指出："在新形势下，我们要更加重视学习历史知识，更加注重用中国历史特别是中国革命史来教育党员干部和人民。"❺ 党的十七大以后随着形势的变化，党中央就党史研究工作中的虚无主义问题，作出指示和具体部署安排，提出建设社会主义核心价值体系引领社会思潮的重大战略任务，以建构意识形态领导权、维护国家政治安全。2010年6

---

❶ 《邓小平年谱（1975—1997）》（下），中央文献出版社2004年版，第714页。
❷ 《江泽民文选》（第一卷），人民出版社2006年版，第61页。
❸ 《江泽民思想年编（1989—2008）》，中央文献出版社2010年版，第8页。
❹ 《进行中国近代史现代史及国情教育，使小学生中学生大学生认识人民政权来之不易，提高民族自尊心自信心》，《人民日报》，1991年6月1日。
❺ 胡锦涛：《在中共中央政治局第九次集体学习时的讲话》，《人民日报》，2003年11月25日。

月,为切实加强和改进对党史工作的领导,反对党史研究中的错误倾向,中共中央印发了《关于加强和改进新形势下党史工作的意见》,意见指出:"正确认识和对待党的历史,关系党的形象,关系党的生命,关系国家长治久安。在世情、国情、党情发生深刻变化的条件下,党史工作面临新的机遇和挑战。"❶ 这些论述和指示坚持历史唯物主义原则,对学习总结党的历史经验,建设社会主义核心价值体系,抵御历史虚无主义错误思潮,具有重大的指导意义。

党的十八大以来,为了把握历史发展规律,树立正确党史观,习近平总书记作出一系列关于反对历史虚无主义的重要论述,对于历史虚无主义的实质和危害,习近平总书记一针见血地指出,历史虚无主义的要害,是从根本上否定马克思主义指导地位和中国走向社会主义的历史必然性,否定中国共产党的领导。❷ 习近平总书记强调要旗帜鲜明反对历史虚无主义,指出要警惕和抵制历史虚无主义的影响,坚决抵制、反对党史问题上存在的错误观点和错误影响。❸ 习近平总书记的相关论述蕴含着丰富的历史唯物主义原理,划清了历史唯物主义与历史唯心主义的界限,准确把握党的历史发展的主题主线、主流本质,对新时代树立正确历史观、党史观,加强五史学习教育,遏止历史虚无主义,具有重大的历史意义。

2012年以来,以习近平同志为核心的党中央在新时代加强法制建设和党纪党规建设,以应对历史虚无主义的渗透和传播,制定通过了《中华人民共和国英雄烈士保护法》《关于新形势下党内政治生活的若干准则》《中国共产党纪律处分条例》《中华人民共和国民法典》等法律和党规党法,有效打击了历史虚无主义贬损英雄人物的恶行,为尊崇英雄烈士提供了法律依据。运用法律手段遏制、打击历史虚无主义,将反对历史虚无主义的

---

❶ 中共中央文献研究室编:《十七大以来重要文献选编》(中),中央文献出版社2011年版,第786页。

❷ 中央党史研究室:《历史是最好的教科书——学习习近平同志关于党的历史的重要论述》,《人民日报》,2013年7月22日。

❸ 中央党史研究室:《历史是最好的教科书——学习习近平同志关于党的历史的重要论述》,《人民日报》,2013年7月22日。

斗争纳入制度化、法治化的轨道，形成批判历史虚无主义的强大合力，这捍卫了历史真实，彰显了尊崇英雄烈士的鲜明价值导向。

习近平总书记关于反对历史虚无主义的重要讲话和论述，客观辩证地评价党史，重申了历史唯物主义的基本理论和方法论，不仅有助于认清历史虚无主义的本质特征，厘清党史研究中的若干分歧和认识，正确认知党史国史上的历史事件和重大人物，而且能够从党史研究中汲取历史智慧和前进力量，为牢固树立马克思主义的立场、观点和方法奠定了理论基础，对于批驳历史虚无主义具有深刻的方法论意义。

2. 加强理论研究

改革开放以来，党中央加强理论平台建设，理论界、学术界不断开展关于历史虚无主义思潮的研究，研究者从不同维度、不同层面展开学术研究，发表了大量的研究成果，使得人们对历史虚无主义思潮的流变、观点、实质和危害有了明确的认识，帮助人们提高了理论是非鉴别能力，遏制了历史虚无主义思潮的进一步蔓延。

开展学术研究，学理层面只有以马克思主义基本理论为指导，才能避免陷入理论研究的历史虚无主义误区。开展深化党史国史的理论学习和理论研究，加强对历史虚无主义的理论研究和批判工作，为抵御和回击历史虚无主义思潮奠定坚实的理论基础。

（1）建设理论平台。

一是启动马克思主义理论研究和建设工程。马克思主义理论研究和建设工程是21世纪以来党中央在新形势下为抵御错误思潮、进一步确立马克思主义在意识形态领域的指导地位而实施的一项基础工程和重大理论创新工程。2004年1月，中共中央为了进一步学习宣传马克思主义理论、繁荣发展哲学社会科学、打牢主流价值观的思想理论基础，开始启动马克思主义理论研究和建设工程的建设工作，"力争用十年左右的时间，形成全面反映马克思列宁主义、毛泽东思想、邓小平理论和'三个代表'重要思想的教材体系，形成具有时代特点、结构合理、门类齐全的学科体系"❶。马克思主义理论研究和建设工程的启动和推进，提升了人们的理论素养和理论勇气，不断提升马克思主义的号召力、影响力和凝聚力。以马克思主义理论为指导建构科学的研究框架和理论体系，强化了哲学社会科学研究的科学化进程。

在深刻把握和洞悉历史虚无主义反马克思主义、反社会主义的理论本质的基础上，为了系统学习宣传马克思主义，建构社会主义主流意识形态，培养社会主义事业的合格的建设者和可靠的接班人，2004年4月，中共中央正式启动马克思主义理论研究和建设工程的建设工作，组织全国哲学社会科学领域的领军人才和骨干，开始编写一百多种马克思主义理论研究和建设工程重点教材，课程设置、教材建设取得了显著成就。这些教材中既有专业课的教材，也有思想政治理论课的统编教材，将马克思主义科学的历史观和方法论贯穿其中，构建主流意识形态认同。教材是构建历史记忆、传播正能量的载体，这些教材拓展教育载体，系统地有步骤地向青年学生进行马克思主义理论的学习教育，进行正确的历史观、价值观教育，提高学生辨析是非黑白、自觉抵制历史虚无主义的意识和能力，引导学生树立和坚持正确的文化观、价值观、历史观、党史观，确保社会主义的教育办学方向。

马克思主义理论研究和建设工程实施推行后，理论工作者拿起科学理论的武器，开展了卓有成效的工作，加强马克思主义理论正面引导，批驳各种错误思潮和政治思潮，巩固历史唯物主义在史学研究中的主导地位，努力营造良好的思想舆论氛围，不断提升用马克思主义科学理论解疑释惑、正本清源的能力，增强舆论影响力，巩固思想文化阵地，让历史虚无主义、新自由主义、民主社会主义等错误思潮无可遁逃，从根本上把握社会主义主流意识形态的领导权、主动权和话语权。

---

❶ 中共中央文献研究室编：《十六大以来重要文献选编》（上），中央文献出版社2005年版，第687页。

启动和实施马克思主义理论研究和建设工程，学习宣传马克思主义理论，是党的一项根本性的建设。这一基础性战略性工程增强了抵御错误思潮的理论水平和政治智慧，运用马克思主义的立场、观点、方法批驳错误思潮，使我们进一步认清历史虚无主义的实质和危害。马克思主义理论研究和建设工程是一项推进中国特色社会主义事业的伟大的战略工程，也是铸造灵魂、巩固核心价值观阵地的系统的基础性理论工程，这一战略工程的实施宣传了马克思主义的真理性、革命性、实践性与科学性，建构符合中国国情的科学的哲学社会科学话语体系。建构社会主义主流意识形态是一个复杂的、长期的斗争过程，只有大力推行和实施这一理论工程，才能把握人类历史发展的普遍规律，坚定马克思主义、社会主义必胜的信念，从学理上为坚定"四个自信"提供研究方法和强大科学的理论支撑，取得批驳历史虚无主义思潮的胜利。

二是推进理论平台建设。为了学习研究马克思主义理论、推进中国特色社会主义伟大事业，一以贯之地加强党的思想理论工作和宣传工作，批判各种错误思潮，建设社会主义主流价值观，2015年7月，时任中宣部部长刘奇葆指出要扎实推进以马克思主义为指导的理论平台建设工作，系统地有计划地开展"马克思主义理论研究和建设工程、中国特色社会主义理论体系研究中心、马克思主义学院、报刊网络理论宣传阵地"❶等理论工作"四大平台"建设。"四大平台"是理论工作实践中形成的建构意识形态话语权的重要平台。这是进入新时代以后党中央汇集哲学社会科学领域的研究力量加强理论辨析和引导、进一步加强马克思主义理论学习研究和宣传教育、夯实思想文化领域舆论阵地、进一步扩大党的思想宣传理论工作影响力和号召力的重要载体和平台。"四大平台"建设，以理论之思解实践之问，一方面巩固马克思主义唯物史观在历史研究中的指导地位，坚持马克思主义指导地位具体体现到各领域工作中，

---

❶ 《刘奇葆在推进理论工作"四大平台"建设工作会上强调：用中国理论回答中国问题 用中国话语解读中国道路》，《人民日报》，2015年7月29日，第4版。

批驳抵制历史虚无主义错误思潮；另一方面疏导负面情绪，把牢意识形态工作主动权、领导权、话语权，在重大问题上避免陷入认识误区和理论困境，从而廓清历史虚无主义的思想迷雾，维护和恢复客观历史的本来面目。

（2）加强学术研究。

历史虚无主义经常披着学术研究的外衣，蒙蔽、欺骗受众，因此加强学术研究工作是反击历史虚无主义斗争取得胜利的有效路径。反对历史虚无主义，开展深入辩论与批判，不能仅仅停留在政治话语层面作价值批判，形成正确的历史认知，还要发扬敢于亮剑的精神，坚持客观、公正的原则和立场进行学术研究，通过理论阐释、史料分析、实证研究、文本解读等，遵循学术研究基本原则，有针对性地加强学理研究，才能有效驱除历史虚无主义的思想迷雾。理论界、学术界的专家学者从学理层面，以马克思主义理论为指导，对历史虚无主义的实用主义、历史相对主义态度与消解文化认同、解构主流意识形态的政治意图展开了系统性、理论性的批判，综合运用集中批判、具体驳斥、理论宣讲等多种方式和手段，深度解读历史虚无主义理论逻辑和价值取向，揭露历史虚无主义的实质和危害。理论界、学术界一方面召开理论研讨会，深入开展批驳历史虚无主义思潮的学术研究，扩大学术交流和形成共识，另一方面，发表了大量的学术研究论文，出版了一些学术著作，从学理上对历史虚无主义错误思潮进行针对性的批判，代表性的著作或论文集有：《中国社会科学院历史虚无主义批判文选》、杨金华的《历史虚无主义的生成机理及其克服》、程馨莹的《历史虚无主义对当代大学生的影响研究》、"历史虚无主义研究"课题组编的《怎样才能做到历史清醒》《历史虚无主义辨析》等。新时代各种错误思潮的流变出现了新的特点，从露骨直白的话语体系向所谓"学术研究"的"理性"话语体系过渡，因此更具有迷惑性和欺骗性。批判历史虚无主义的斗争具有复杂性、长期性、严肃性，要正确处理好学术性和政治性的关系。在理论界、学术界批驳历史虚无主义的斗争中，"理论界的研究主要以批判为主，但学者们仍秉持着平和的心态、理性的精神和科学的方法，正确处理了学术与政治的关系"❶。这些强有力的科研成果中政治性和学术性完美结合，秉持客观中立的立场，论有所据，以理论研究推动历史虚无主义错误思潮批判，一方面从学理上深度剖析这种错误思潮的历史渊源、理论基础、现实危害，从学术话语体系揭示历史虚无主义的政治本质，为人们看清历史虚无主义的本质并化解其危害提供科学遵循；另一方面从历史、理论和实践逻辑辩证统一的角度，本着实事求是的原则，通过学术性、全面性、严密性的论证，为批驳历史虚无主义思潮提供丰富的学术资源和深厚的学理支撑，作出了深刻的理论批驳和反击，提高了对历史虚无主义思潮的批判水平，进一步推进构建具有鲜明中国特色的哲学社会科学学术体系，深化唯物史观的学习和宣传教育，坚定了"四个自信"。

（二）治理新兴网络媒介

新媒体时代，历史虚无主义者利用新兴网络媒介传播历史虚无主义，"恶搞"英雄人物和红色经典，解构历史，为历史上已有定论的反面历史人物"翻案"，引发受众对历史真实的盲目质疑与否定。网络传播具有的即时性、碎片性、广泛性和隐匿性的特点，使历史虚无主义的错误观点迅速通过网络发酵、传播呈泛滥之势，危害甚大，我们必须大力反对网络历史虚无主义，筑牢网络阵地，治理新兴网络媒介，切断历史虚无主义网络传播路径。

1. 反对网络历史虚无主义

新媒体时代，历史虚无主义者通过网络兴风作浪，大肆传播错误观点，网络成为历史虚无主义思潮传播的平台和重要载体，学界称之为"网络历史虚无主义"。其主要表现和特征就是新媒体时代，历史虚无主义者"借助网络否定中国革命的历史必然性和正确性、借助网络巧立名目'解

---

❶ 黄刚、姚雪峰：《历史虚无主义思潮研究述评与展望》，《思想教育研究》，2017年第3期，第59页。

读'和'重构'历史、任意臧否，扰乱网络舆论生态"。❶ 历史虚无主义者迎合受众心理，采取符合受众娱乐习惯的文化消费形式娱乐历史，戏谑英雄人物，"恶搞"红色经典，消解红色经典蕴含的精神力量，肆意丑化贬损英雄人物，以娱乐方式恶搞、消费历史，亵渎历史和革命英烈，使红色经典和革命英雄人物在网民和广大青少年受众中的印象严重失真。如一段时间，网络上出现了雷锋戴手表的照片，借此颠覆雷锋省吃俭用、助人为乐的形象，讥讽雷锋是愿意显摆、赶时髦的，雷锋的故事是虚构的，造谣雷锋是"富二代"，引发人们对历史真实的错误性认识。还有人在网络上公开发表《雷锋日记》是伪造的，有人代笔，根据他的文化水平是不可能写出如此的日记等言论，质疑雷锋精神的真实性和合理性，经过网络的发酵和推送，严重贬损和歪曲了英雄模范人物的光辉形象，偏离了历史存在的真正价值和意义。社会公众出于对网络信息的感性体悟，再加上一些人不同程度的心理异化，导致他们对被解构的历史真相缺乏辩证理性的思考，被非理性、情绪化所裹挟，以抽象的人性论作为英雄模范人物的价值评判标准，进一步加剧了网络历史虚无主义思潮的泛滥。

网络有禁区，"互联网不是法外之地"❷。历史虚无主义者通过社会化传播媒介和信息化传播手段解构历史，诋毁英雄模范人物，否认他们的牺牲精神、奉献精神与价值引领功能，历史虚无主义者的种种谎言谬行造成了恶劣的影响和严重的危害，我们必须大力批判历史虚无主义，形成自觉抵制历史虚无主义侵蚀的氛围，就必须遏止网络语境下的历史虚无主义，建设弘扬正能量的网络载体平台，提升社会主义主流意识形态在网络空间的号召力、影响力和凝聚力，建设充满正能量的网络文化，压缩历史虚无主义传播演变的空间。

---

❶ 李辉源、李云雀、张俊：《祛除网络历史虚无主义》，《社会科学家》，2021年第5期，第32页。

❷ 习近平：《在网络安全和信息化工作座谈会上的讲话》，《人民日报，》2016年4月26日，第2版。

2. 加强网络舆情监督

历史虚无主义之所以能在网络空间沉渣泛起，源于网络监管存在盲点，网络舆情监管不到位。因此反对网络语境下的历史虚无主义，要重视互联网新媒体平台的监管和建设，严肃政治立场，适时研判新媒体舆情，把握网络舆论方向，实施专项审查和重点监管，用社会主义核心价值观引领新闻媒体、网络平台的价值观念和思想动态，借助新媒体技术优势，加强网络阵地建设和管理，构建立体化、现代化的管控体系，加强网络平台舆情监管。

新媒体推送和接收信息的迅捷改变了传统媒介的传播方式和格局，新媒体时代网络平台对历史虚无主义错误思潮的泛滥传播，推波助澜，起着不可低估的作用，互联网已成为继领土、领海、领空之后的"第四空间"。历史虚无主义者选择以网络新媒介作为传播载体，以碎片化的历史为突破口，借助新媒体技术平台和载体肆无忌惮地扩散、流变，互联网成为意识形态较量的一个"无硝烟战场"。我们必须像抓国家安全一样重视网络平台的意识形态建设和监管工作。党的十九大报告明确指出："加强互联网内容建设，建立网络综合治理体系，营造清朗的网络空间。"❶ 我们要监管媒体平台，反对历史虚无主义，一方面必须切实加强网上内容建设，提高分辨是非能力，净化网络话语，构建信息传递的良好网络生态，健全网络意识形态审查和净化制度，筑牢互联网安全和信息化的坚固的防火墙；另一方面紧紧围绕网民关心的重大现实问题、社会热点问题、思想认识问题，积极作出回应，给予正面答复，用社会主义核心价值观引领网络空间风尚，凝心聚力，汇聚共识，实现对新媒体技术和平台载体的精准利用。新媒体时代各种社会思潮和思想观点在网络平台混合、交融，其中既有正确的思潮和观点，也有错误的思潮和主张，既有人真正进行学术研究，也有人打着"学术研究"的旗号在背后却有着不可告人的政

---

❶ 中共中央党史和文献研究院编：《十九大以来重要文献选编》（上），中央文献出版社2019年版，第29-30页。

治目的。在加强网络舆情监管的过程中，我们必须注意区分政治原则问题、思想认识问题、学术观点问题，把握好学术性和政治性的尺度，不能把学术问题和政治问题混为一谈，以免扩大打击面。我们必须抓住互联网时代带来的巨大机遇，精准施策，善于运用新媒体技术平台，弘扬网络正能量，加强网络舆论监管工作和文化传播工作，澄清模糊认识，将历史虚无主义的消极影响扼杀在网络媒体之中，从而强化媒体舆情监督机制，管控好互联网宣传媒介和交流平台，捍卫历史真相，维护公正正义，抢夺媒体平台的文化舆论阵地，牢牢掌控网络意识形态主动权、领导权。

3. 营造风清气正网络环境

互联网时代，历史虚无主义者有机可乘，利用新媒体技术肆意解构历史，大肆传播与主流价值观相悖的错误言论，颠覆解构社会主义主流意识形态。我们必须加强互联网的管理，营造风清气正的网络环境。苏联共产党垮台、苏联解体的一个重要原因是没有管控好媒体，导致历史虚无主义泛滥。前车之鉴，我们必须认识到放松媒体监管、历史虚无主义泛滥对党的执政和国家政权稳固的严重危害，认真吸取惨痛的历史教训。因此党领导一切特别是管控媒体的原则必须贯彻到互联网领域，要密切跟踪历史虚无主义网络传播的轨迹，通过技术、法治等手段严格管网治网，持续净化网络空间文化生态，从源头上切断历史虚无主义的传播和蔓延路径。反对历史虚无主义，必须创新改进网上宣传内容，褒扬真善美，鞭挞假恶丑，加强微博、微信与客户端平台的"两微一端"建设，建立政府主导下的迅捷而有效的网络舆情监督体系，加大对新媒体传播内容的监管力度，做好预警和研判工作，掌握意识形态建构的领导权、主动权，对各种社会思潮要实行信息的全方位收集与研判，"把好网络信息入口关、看紧网络信息生产过程关、严守网络信息出口关"❶。在反击网络历史虚无主义的斗争

---

❶ 郑志康：《软性历史虚无主义：现实成因、基本样态与纠治进路》，《思想教育研究》，2020年第8期，第78页。

中，我们要提高辨识能力，肃清新媒体平台上的各种与社会主义核心价值观不相符的"杂音"，净化历史虚无主义扩散的网络空间，弘扬主旋律，捍卫主流意识形态。鉴于一些新媒体从业人员违背新闻传播工作的职业要求和道德素养，反对历史虚无主义必须加强对新媒体从业人员的管理培训，提升他们的政治素质、知识能力和道德素养，强化其责任感、使命感，把握好网上舆论引导的时、度、效，用社会主义核心价值观涵养人心，营造风清气正的网络文化环境，提高网络媒介从业人员的素质，合力建构坚固阵地，牢牢掌握网上意识形态话语权、主导权；反对历史虚无主义，必须站在意识形态的高度统筹把握、整体分析，打造积极健康的网络文化环境，建设融历史性、政治性、理论性、文艺性于一体的网络教育平台，加强网络空间道德建设，营造一个风清气正的网络空间，运用网络传播规律，弘扬主旋律，推进社会主义核心价值观网络化，提升网络虚拟社会治理效能，遏制网络历史虚无主义，把主流新媒体建设成为传播正能量、捍卫主流意识形态的前沿阵地。

（三）加强"四史"学习教育

中国共产党历来重视历史教育，如前所述，在革命战争年代，以毛泽东为代表的中国共产党人就重视历史的学习与研究，中华人民共和国成立后，历代中央领导集体都非常重视政治信仰的培养，注重从历史中汲取经验和智慧，发挥资政育人的作用，树立正确的历史观，反对历史虚无主义。

1. 中国共产党历史学习教育

党史学习教育对凝聚人心、形成共识起着重要功用，党史学习教育是推进中国特色社会主义伟大事业继续前进的重要一环，实事求是地研究和宣传党史，加强爱国主义为主旋律的党史学习教育，洞悉中国共产党的性质宗旨与历史担当，认清中国共产党进行改革开放和现代化建设的历史，才能牢牢把握党的历史发展的主题和主线、主流和本质，增强对党的认同，提高民族自尊心、自信心，自觉按照历史普遍规律和马克思主义的辩证法办事；才能助力新时代中国共产党的历史使命，始终坚持和发展中国特色社会主义，不断交出实现党的初心和使命的合格答卷，为中华民族伟大复兴奉献应有的力量。

一部中国共产党的历史就是党团结带领人民为实现中华民族伟大复兴而不懈奋斗的辉煌历史。加强党史学习教育，特别是学习党史上的三个"历史决议"，提升中共党史学习研究的影响力度和传播广度，才能够提高历史自觉，树立正确的党史观、历史观，在此基础上，促使人们正确看待党的成就和失误，批驳党史认识和研究上的各种错误论调。

因此，加强党史学习教育，树立正确的历史观，加强对党史重大问题的研究和宣传，使党史教育成为抵御历史虚无主义的有力抓手，才能避免被历史虚无主义错误思潮所左右，揭开历史虚无主义的真实面目，实现对历史虚无主义思潮批驳的有效抵制，为中国特色社会主义伟大事业夯实坚固的意识形态话语基础。

2. 中华人民共和国史学习教育

中华人民共和国的历史是一部从一穷二白的贫穷落后的中国发展到实现脱贫攻坚战的决定性胜利，全面建成小康社会再到向第二个百年奋斗目标迈进，建设中国特色社会主义现代化强国的光辉历史。加强新中国史学习教育，使人们充分认识新中国成立70多年来取得的历史性的伟大成就和社会发生的翻天覆地的变化，真正了解中国特色社会主义道路是党和人民的正确的历史选择，是时代发展和进步的必然。这有效地回击了历史虚无主义者质疑中国选择社会主义道路必然性的错误观点，从而坚定中国特色社会主义的信心。

加强国史学习，使我们面对历史虚无主义错误思想和观念时，能够做到明辨是非、理性批判，旗帜鲜明抵制各种有害的思想认识与错误观点。如在关于新中国成立初期社会主义改造的认识和评价问题上，历史虚无主义者认为社会主义改造"搞得太早"，新民主主义社会"结束得太早"，从新民主主义社会向社会主义社会的过渡时期"时间太短"，没有充裕的时间发展新民主主义经济，社会主义改造步子"太急"，时间"太短"，遗留下很多问题，埋下了中国以后发展的隐患，因此社会主义改造毫无积极意义而言，由此否定中国共产党在新中国初期对中国社会发展道路所作出的适时的正确选择，用改革开放后取得的伟大成就否定质疑社会主义改造的必要性、合理性。还有人认为社会主义改造脱离了中国国情，超越了中国社会发展实际水平和历史阶段；认为在消灭资产阶级剥削制度，如何向社会主义社会过渡的问题上，毛泽东没有吸取苏联社会主义革命的经验教训，犯了超越历史阶段的"左"倾错误，越过资本主义发展的"卡夫丁峡谷"，直接进入社会主义阶段。有一些人认为改革开放开始后在农村推行经营管理体制的改革，允许个体经济和私营经济存在和发展，是"补资本主义的课"，说明当年进行社会主义改造操之过急，根本没有必要进行社会主义改造，这是错误的抉择和选择。还有人提出，现在的社会主义初级阶段实际上就是当年新民主主义社会的复归，只不过改换了名称而已，换汤不换药，从根本上讲没有实质上的改变。上述观点，不一而足，都是质疑中国选择社会主义道路的历史必然性与合理性。通过国史的学习，我们知道社会主义改造的完成、社会主义制度的确立，推动了生产力的发展和社会的长足进步，为社会主义建设和发展提供了前提条件、奠定了制度基础，社会主义改造完成后，很快建立了独立的比较完整的工业体系和国民经济体系，经济和社会发展都取得了显著的成绩，初步显示了社会主义制度的优越性。

国史学习教育是加强思想理论武装、树立正确历史观的重要环节。加强国史学习，利用各种途径、方法和手段进行国史教育，坚持实事求是的原则，学会用唯物史观的立场、方法、观点来研究国史，形成学习研究国史的浓厚氛围，能够以透彻的说服力戳穿历史虚无主义的真实面目，揭露历史虚无主义蒙蔽性、蛊惑性、虚伪性及其错误思潮背后不可告人的政治动机和目的，从而建立反对历史虚无主义的正面防线，起到正本清源的效果。国史学习教育与反对历史虚无主义错误思潮、树立正确的历史观、养成辩证的历史思维具有内在的逻辑一致性。

3. 改革开放史学习教育

改革开放关系到党和国家的前进道路和发展方向，改革开放史就是一部中国40多年来成功开创和发展中国特色社会主义事业的历史。通过改革开放史的学习教育，我们能深刻了解改革开放以来党领导人民战胜前进道路上的各种艰难险阻、经受各种风险考验的艰辛过程，深刻了解改革开放以来取得的历史性成就和发生的根本的变化，深刻理解中国选择改革开放这个强国之路的历史必然性。

在改革开放史的学习教育过程中，我们能够批驳历史虚无主义在改革开放问题上捏造的不实言论。一些别有用心的人认为改革开放以来中国社会存在的腐败问题、社会贫富两极分化问题、道德滑坡问题，都是改革开放引起的，计划经济时代就没有产生这些问题，因而主张回到封闭僵化的老路上去，由此否定改革开放的必要性、合理性。还有人认为中国的改革开放"程度还不够"，一些政策措施非常不到位，主张推行西方的社会制度、发展模式和价值观，使中国走上改易旗帜的资本主义道路。还有人认为改革开放"改换了方向"，特别是推行社会主义市场经济体制以来，中国经济的所有制形式和分配形式都发生了革命性的变革，实现了公有制与非公有制经济的有机融合，有人质疑中国特色社会主义是"资本社会主义""国家资本主义"，否认中国特色社会主义的社会主义前进方向和根本性质。

历史虚无主义者认为改革开放以来中国社会发展过程中出现的贫富分化、贪污腐败和公平正义等问题，症结就在于改革开放，质疑改革开放这一战略抉择，利用这些失误和问题大做文章，目的就是否认改革开放必要性、合理性，进而否定党的领导和中国特色社会主义制度。

改革开放被历史虚无主义者冠以各种口实，进行诋毁和攻击。历史虚无主义将改革开放过程中产生的问题都归结于改革开放和中国的社会制度，没有将这些社会的深层次问题置于特定的社会历史条件下来研判，认为改革开放就是"搞资本主义"，散布社会主义失败论，习近平总书记指出："不能用改革开放后的历史时期否定改革开放前的历史时期，也不能用改革开放前的历史时期否定改革开放后的历史时期。"❶ 这一观点，为我们正确认识和评价改革开放史、中华人民共和国史提供了理论依据。因此通过改革开放史的学习教育，我们就能认识到改革开放是符合中国国情和时代特点的正确选择，在对历史的深入思考中对中国选择改革开放道路的历史必然性和合理性坚信不疑，以科学的态度对待改革开放过程中经历的失误和挫折，对待错误必须采取严肃的、辩证客观的态度，提高政治上的敏锐性和鉴别力。

改革开放四十多年来，中国经济社会发展创造了两大"奇迹"一是经济保持高速度发展，不断超越西方资本主义国家，为世界经济的增长作出了中国贡献；二是社会保持长期稳定。创造的奇迹就是由于我们选择了改革开放。因此通过改革开放史的学习教育，我们一方面就能深刻理解"四个选择"特别是为什么选择改革开放的道理，另一方面就能以改革开放取得的伟大成就和创造的"奇迹"来回应历史虚无主义的各种错误主张，改革开放问题认识和评价中的种种历史虚无主义荒谬论调就会不攻自破。

4. 社会主义发展史学习教育

一部社会主义发展史就是五百多年来社会主义从空想社会主义到科学社会主义、从社会主义理论到社会主义实践、从社会主义一国胜利到多国实践、从中国特色社会主义制度的确立和初步探索到改革开放开辟和发展中国特色社会主义伟大事业的辉煌历史。只有加强社会主义发展史学习教育，才能进一步坚定社会主义、共产主义的理想信念，批驳历史虚无主义的各种错误观点。任何敌对力量都不能梗阻社会主义中国前进的步伐，社会主义制度仍然是具有美好发展前景的、优越于资本主义的社会制度，中国特色社会主义是在对未来社会美好憧憬和不懈探索中与时俱进的科学社会主义，具有无与伦比的强大生命力和远大的发展前途，这是历史的结论。

---

❶ 中央文献研究室编：《十八大以来重要文献选编》（上），中央文献出版社2014年版，第112页。

通过社会主义发展史学习教育，我们进一步懂得马克思主义是科学的世界观和方法论的统一，并没有"过时"，从而有效地批判历史虚无主义在马克思主义评判上的各种错误叫嚣。历史虚无主义者打着"学术创新""反思历史"的旗号，诋毁马克思主义，重塑马克思主义理论，他们污称马克思主义是"教条主义"，是"真正的历史虚无主义"，给社会主义事业的发展带来空前灾难。特别是东欧剧变、苏联解体后，国际共产主义运动陷入低潮，社会主义的实践经历巨大的挫折和失败，历史虚无主义者大肆否定马克思主义的真理性和科学的指导作用，叫嚣马克思主义的理论体系已经"过时"，散布马克思主义"失败论"。通过社会主义发展史学习教育，我们就能进一步明晰以下道理和观点：马克思主义是人类思想史上最具有科学性、革命性、真理性、实践性的理论体系，对社会主义事业的开创和发展有着深远的指导意义，马克思主义是开放的科学理论体系，随着时代的进步和实践的发展，其理论体系也与时俱进，不断创新。因此马克思主义的科学理论不会"过时"，也永远不能"过时"。历史虚无主义者否定马克思主义理论，就暴露了他们的险恶用心和政治图谋。

通过社会主义发展史学习教育，我们进一步懂得东欧剧变、苏联解体并不是社会主义制度本身的问题，恰恰在于社会主义制度的优越性没有得到充分的发挥，这些国家改革脱离实际，并没有给人民带来各种实惠和利益，丧失了对共产党执政的信心，最终导致共产党垮台和社会主义政权的坍塌。苏联解体背后深层次的原因很多，其中一个重要原因就是意识形态领域放松了管控，导致历史虚无主义错误思潮兴风作浪。"苏联为什么解体？苏共为什么垮台？一个重要原因就是意识形态领域的斗争十分激烈，全面否定苏联历史、苏共历史，否定列宁，否定斯大林，搞历史虚无主义。"❶ 苏联解体的惨痛教训证明了历史虚无主义扭曲历史、解构社会主义意识形态给党的执政和国家政权带来严重危害。史可为鉴，面对历史虚无

---

❶ 中共中央文献研究室编：《十八大以来重要文献选编》（上），中央文献出版社2014年版，第113页。

主义和资本主义国家"和平演变"战略的渗透，我们必须保持高度警惕，占据社会主义意识形态话语权。

通过社会主义发展史学习教育，我们就能进一步了解中国特色社会主义事业的历史性成就和对人类进步的巨大贡献，社会主义中国"风景这边独好"进一步坚定社会主义、共产主义的理想信念，有效地驳斥了历史虚无主义在中国发展道路和社会主义发展史上的种种错误主张。20世纪80年代末90年代初，东欧剧变、苏联解体后，西方一些学者的"历史终结论""中国崩溃论"盛极一时，新自由主义、民主社会主义、历史虚无主义等思潮在中国大肆传播，西方一些学者、政客预言，中国也会发生"多米诺骨牌"效应，中国共产党也将失去政权，社会主义也会"改旗易帜"，恢复到资本主义的一统天下。事实证明，中国特色社会主义制度不但没有"终结"，而且中国特色社会主义事业的发展展示了巨大的制度优势和强大的活力及生命力，展示了社会主义发展的美好愿景，社会主义中国正在积极对世界释放正能量。

（四）完善法律保障体系

在建设社会主义法治国家的过程中，由于相关立法不完备，法治建设还存在很多空白点，历史虚无主义思潮借助互联网得以蔓延传播，因此，批驳历史虚无主义，必须从制度维度方面加强法治建设，促使社会公众遵守相关法律法规，弘扬社会正气，建构主流价值观。

完善相关立法，加强法治建设，必须以法律法规体系来遏制历史虚无主义的错误言行，把反对历史虚无主义纳入制度化、法治化轨道。坚持全面依法治国是坚持和发展中国特色社会主义的基本方略。在全面依法治国深入推进的新时代，我们必须用法律武器来遏制历史虚无主义，对历史虚无主义者的违法行为定罪量刑，严加惩处，发挥法律的震慑作用；制定并逐步完善惩治历史虚无主义的法律法规，汇聚起强大的法治力量，为反对历史虚无主义提供有力的法律保障。

1. 修订出台党内法规

2003年12月，中共中央印发《中国共产党纪律处分条例》，对领导干部和党员的错误的政治言论和行为，将视情节轻重和危害程度给予相应纪律处分和法律惩罚，严肃党规党纪以梗阻错误思潮在党内的流布。党的十八大以后，该条例已经不能完全适应全面从严治党新的实践需要，必须进行修正，以坚决批驳历史虚无主义歪曲党史、否定党的领导和社会主义制度的错误论调。2015年10月新修订的纪律处分条例正式印发，从第二年元旦起正式推行。新修订的条例强调："丑化党和国家形象，或者诋毁、诬蔑党和国家领导人，或者歪曲党史、军史的"❶，视危害严重程度给予不同的相应的纪律处分，对历史虚无主义等各种反动思潮依法依规治理。为了全面从严治党，使领导干部和党员敬畏党规党纪，做到"两个维护"，提高政治敏锐性，《关于新形势下党内政治生活的若干准则》对反对历史虚无主义提出了明确的政治和纪律要求："对否定党的领导、否定我国社会主义制度、否定改革开放的言行，对歪曲、丑化、否定中国特色社会主义的言行，对歪曲、丑化、否定党的历史、中华人民共和国历史、人民军队历史的言行，对歪曲、丑化、否定党的领袖和英雄模范的言行，对一切违背、歪曲、否定党的基本路线的言行，必须旗帜鲜明反对和抵制。"❷ 历史虚无主义是建立在唯心史观基础上的政治思潮，十八届六中全会将反对和抵制历史虚无主义作为全党准则提了出来，这是全面从严治党、反对历史虚无主义的有力举措，使反对历史虚无主义的相关规定真正落到实处，从规章上对反对历史虚无主义行为作出明确要求，真正做到从思想认识和政治行为上抵御历史虚无主义的袭扰。党的十九大以后，党中央抓好政治纪律和政治规矩这个关键，对《中国共产党纪律处分条例》又重新修订，2018年8月26日，新修订的纪律处分条例正式公布，从2018年10月1日

---

❶ 中共中央文献研究室编：《十八大以来重要文献选编》（中），中央文献出版社2016年版，第739页。

❷ 中共中央文献研究室编：《十八大以来重要文献选编》（下），中央文献出版社2018年版，第423页。

起实施，条例加强党规党纪的科学严谨性，加大纪律处分的力度，从规章上对党员政治言行作出明确要求，用党规党纪捍卫历史真相、维护英雄烈士和领袖人物人格名誉，彻底否定历史虚无主义的图谋。

党规党纪以清醒的法治思维、底线思维规定党员干部的政治规矩和行为标准，是从刚性纪律约束层面抵御历史虚无主义在党内传播和扩散的根本方法和路径，不仅构建了批驳历史虚无主义思潮的坚固防线和思想基础，而且对党员领导干部提出了明确的纪律要求和政治规矩，增强党员遵守党规党纪的自觉性，汇聚起反对和批判历史虚无主义的强大力量。

2. 构建法律保护体系

新媒体时代英雄人物是历史虚无主义通过网络攻击的重点对象。历史虚无主义者以解构崇高为能事，肆意兜售丑化英雄人物观点、传播虚无英雄人物言论，对英烈形象和事迹虚无否定，挑战正义良知。历史虚无主义通过对英雄人物的丑化、诋毁、恶搞来瓦解榜样力量。对于历史虚无主义矮化、戏谑英雄模范人物的言行，我们必须依照相关法律进行惩罚，以维护英雄人物的名誉、人格和崇高形象。反对历史虚无主义，需要通过国家立法保护英烈权益，传承英烈精神。宪法是遏制历史虚无主义的根本大法和锐利武器，《中华人民共和国宪法》第 38 条对侮辱、诽谤公民人格的行为作出规定："中华人民共和国公民的人格尊严不受侵犯。禁止用任何方法对公民进行侮辱、诽谤和诬告陷害。"❶ 但宪法不可能并且也没有具体的实施细则保护英烈权益，必须进一步加强法治建设，有专门法律来保障，需要完善法律保障体系对诋毁革命英烈的行为进行规制。

党的十八大以来，国家相继出台了一些打击历史虚无主义的法律法规，以阻遏错误思潮对党员干部的袭扰和侵害，加大力度对历史虚无主义的言行进行法律监管，以压缩历史虚无主义的空间。革命烈士是庄严、崇高和神圣的，我们应向革命先烈致敬、学习，缅怀他们的英勇事迹和革命精神。2014 年，全国人大常委会通过了《关于设立烈士纪念日的决定》，

---

❶《中华人民共和国宪法》，中国法制出版社 2018 年版，第 17 页。

以褒扬烈士、尊崇烈士，弘扬英雄烈士的革命精神。《中华人民共和国民法典》第185条对亵渎英烈的行为作出明文规定："侵害英雄烈士等的姓名、肖像、名誉、荣誉，损害社会公共利益的，应当承担民事责任。"这些法规让随意裁剪拼接历史、亵渎英雄、触碰法律红线的违法者受到应有的惩罚。

  英雄烈士的英勇事迹承载着党的崇高理想和价值理念，引领社会主义核心价值观的构建，增强主流意识形态感召力、号召力、凝聚力。以网络空间为媒介，历史虚无主义者不断设置话题，贬损英雄，娱乐历史，消解社会主流意识形态，在社会上造成了严重的后果。戏谑革命英烈，不仅损害了革命英烈的人格、名誉，违背了社会公序良俗，践踏了社会良知，使社会产生"揭秘真相""颠覆崇高"的戏谑心理，梗阻了革命英烈崇高精神的价值传承，而且还降低了社会公众对民族历史文化的认同，解构了社会主义核心价值观。戏谑、抹黑、矮化革命英烈本质上就是历史虚无主义。过去由于法制建设不健全，贬损、戏谑革命英烈可操作的具体惩戒法规还是空白，因而历史虚无主义者抓住法律盲点，肆无忌惮地诽谤、侮辱革命英雄。此种恶劣行为在网络空间不间断地发生，虚无英雄烈士崇高的人格和民族精神，在社会上产生了恶劣的影响。历史虚无主义者挑战社会公众红色革命记忆的良知，消解对英雄先烈的敬仰，淡化甚至弱化红色历史记忆，因此，反对历史虚无主义，我们必须加强法治建设，拿起法律武器，尊崇英雄先烈，强化革命历史记忆。2018年4月27日，为了用法律之剑激浊扬清，尊崇英烈，打击历史虚无主义者通过解构红色经典、丑化英烈人物来迎合受众进而谋取政治目的和经济利益的恶劣行为，十三届全国人大常委会第二次会议通过了《中华人民共和国英雄烈士保护法》，该法第22条明确规定："英雄烈士的姓名、肖像、名誉、荣誉受法律保护。任何组织和个人不得在公共场所、互联网或者利用广播电视、电影、出版物等，以侮辱、诽谤或者其他方式侵害英雄烈士的姓名、肖像、名誉、荣誉。"❶ 法律明确规定对侮辱、诋毁英雄烈士者，要予以谴责和惩戒，情节严重者要依法进行严惩。《中华人民共和国英雄烈士保护法》捍卫历史真实，对反对历史虚无主义有明确具体的规范和要求，它的通过和实施目的是加强对英雄烈士名誉、人格的尊崇和保护，打击历史虚无主义者的恶劣行为，维护社会良知和社会公德，传承和弘扬英雄烈士精神、爱国主义精神，提高对历史虚无主义的震慑力，以时代话语永葆对革命先烈的敬畏和红色历史记忆生命力。

2020年5月，为了制定明确的法律条款尊崇英烈，维护英烈权益，捍卫英烈形象，旗帜鲜明反对和抵制历史虚无主义贬损革命英烈的言行，在十三届全国人大三次会议上一致通过的《中华人民共和国民法典》对亵渎英烈的侵权行为作出明确规定，侵害英雄烈士的姓名、肖像、名誉、荣誉的，依法承担相应的法律责任、民事责任，加大贬损英烈者的惩罚力度和广度。面对历史虚无主义者混淆视听、丑化革命英烈、践踏社会公众的良知和情感，2021年3月开始正式实施的《刑法修正案（十一）》，运用法治手段尊崇革命英烈和捍卫历史真相，修正案进一步以国家立法形式新增了侵害英雄烈士名誉、荣誉罪，明确规定将侮辱、诽谤英雄烈士的行为定为犯罪，对触碰社会道德底线和法律红线的，将依据法律给予应有的处罚。《刑法修正案（十一）》与《中华人民共和国英雄烈士保护法》前后相接，为弘扬英雄精神、打击污蔑英雄烈士尊严及其合法权益的行为提供了法律保障，形成反对历史虚无主义的强大合力。

党的十八大以来，中国运用法律武器和法治手段反对历史虚无主义取得了明显的效果，判处的一些诉讼案件在社会上产生了积极的影响，如2016年"狼牙山五壮士"后人维权案件、邱少云烈士亲属维权案件的审理，让诋毁、侮辱革命英烈的行为承担相应的法律责任，大快人心。

一段时间，有些无良商人为了吸引关注、博人眼球，违背公序良俗，以消费历史、贬损英雄的方式来促进商业营销，制造商机。下面以邱少云

---

❶ 《中华人民共和国英雄烈士保护法》，中国民主法制出版社2018年版，第6页。

烈士亲属维权案件的审理为例说明。2013年5月，网络"大V"发表侮辱邱少云的文章，2015年4月，加多宝（中国）饮料有限公司进行回应互动。他们这种为了吸引公众眼球，毫无底线和下限，竟然在网络上公然丑化、侮辱革命烈士邱少云的营销活动，使烈士家属的精神受到严重的伤害，造成严重的社会影响，激起公愤，网民纷纷在网络上发声，对这种通过侮辱烈士进行营销的低俗行为进行质疑与谴责。网络空间应成为弘扬主流价值观的精神高地，绝不允许历史虚无主义者诋毁英雄，触犯道德和法律底线，践踏社会良知。邱少云烈士的亲属为了维护烈士人格和尊严，起诉网络"大V"和加多宝恶意炒作，损害烈士的人格权、名誉权，北京市大兴区人民法院审理这起人格权、名誉权纠纷案。2016年9月，法院判决被告向烈士亲属和后人公开致歉。这起反击侮辱革命英烈来进行炒作和营销的诉讼案件，引起社会广泛关注，最终被告受到应有的谴责和法律惩处。运用法律手段捍卫革命英烈尊严和历史真实本相，实现了对英雄烈士事迹的价值认同，对历史虚无主义者产生了极大的震慑作用。2018年《中华人民共和国英雄烈士保护法》的出台对尊崇革命英烈、批驳历史虚无主义具有里程碑式的意义。法律的出台，使反对历史虚无主义正式进入法治化轨道，极大地震慑了历史虚无主义。在此之前还能在媒体上看到一些审理历史虚无主义者的案件，2018年之后就很少看到相关审理案件，这也说明了反击历史虚无主义已经运用法律之剑步入了法治的正轨，形成对历史虚无主义者的强大威慑力，他们再也不敢冒天下之大不韪，像原先那样露骨、直白地发声，表达他们的虚无主义观点。

  法律是遏制历史虚无主义最根本的利器，要通过加强法治建设和制度设计，依据法律加强对网络媒体的监管，对于诋毁、贬损、矮化英雄英烈的言行要运用法律武器进行坚决斗争，用法律手段凝聚历史共识、捍卫革命英烈形象。通过法治武器来抵御、批驳历史虚无主义，对传播历史虚无主义的言行按律处罚且罚当其罪，体现了法治对历史虚无主义遏止的决定性作用。法律之剑对历史虚无主义的传播泛滥起到了威慑作用，在全社会形成对历史虚无主义者挑战核心价值观行为的批判氛围，形成敬仰英烈、崇尚英烈、追念英烈的社会氛围，把英雄烈士的革命精神和英勇事迹化为前进动力。在反对历史虚无主义的斗争中，我们必须加强法治建设，使法律真正肩负起促进社会尊崇英雄烈士、捍卫历史真相、维护社会公共利益的使命和职责。

（五）坚持历史辩证法

历史辩证法在认识论上有唯物主义和唯心主义的分别，二者的区别就在于唯物主义的历史辩证法从马克思主义的物质实践观出发来阐释历史，一切以时间、地点、条件为转移，采用整体、全面、动态的唯物辩证的思维方法来认识历史。与此相反，唯心主义的历史辩证法，在认识论上与马克思的唯物辩证法相抵牾，否认社会历史发展的普遍规律，没有正确揭示历史发展的辩证过程，表现出与历史唯物主义完全不同的认知取向。"唯物主义历史观及其在现代的无产阶级和资产阶级之间的阶级斗争上的特别应用，只有借助于辩证法才有可能。"❶ 因此我们必须坚持唯物主义的历史辩证法即马克思主义的历史唯物主义，反对唯心主义的辩证法亦即形而上学的思维方式，才能树立正确的历史观，尊重历史，在分析和研究历史时还历史的本真面目，有力批驳历史虚无主义的错误论调。

1. 反对唯心主义的历史辩证法

历史虚无主义本质上坚持唯心主义的认识论，以主观推断的形而上学态度，割裂历史的整体性、连续性及其内在的有机联系，彻底背弃唯物辩证法的方法论要求，用形而上学的思维模式来认知和评判历史。只有反对唯心主义的历史辩证法，才能驳斥历史虚无主义的种种荒谬论调，坚持马克思主义的历史观和认识论。唯心主义的历史辩证法在认识历史和研究历史问题上有以下三个缺陷。

（1）以主观代替客观。

历史虚无主义坚持唯心史观，在历史认识论上，否认历史发展的辩证

---

❶ 《马克思恩格斯文集》（第3卷），人民出版社2009年版，第495－496页。

法，始终秉持偏颇的非此即彼的二元对立的形而上学的思维模式和方法。历史虚无主义者基于历史选择论，没有从"彼时彼地"的历史场景出发，脱离当时的具体的时空条件，从自身的主观目的和愿望出发，有指向性和针对性地虚无历史。历史虚无主义者没有全面地整体地把握历史材料，扭曲历史，使客观史实严重失真，对历史评价表现出随意性，因此必须客观、动态、辩证地去看待历史，不能脱离当时具体的历史场景，必须反对历史虚无主义的历史选择论。例如在选择革命道路还是改良道路的问题上，历史虚无主义者提出"告别革命论"，否定革命，鼓吹改良，指责革命有"暴力"倾向，有流血、牺牲，会造成"社会的动荡"，从而阻碍经济的发展和社会的进步，这就否定近代中国革命对推动社会和历史发展的进步作用。历史虚无主义者之所以会得出"改良优于革命"的结论，是因为历史虚无主义者剪裁史料，歪曲历史，以主观取代客观，没有看到在中国改良之路行不通才选择革命道路。此种认识和评价脱离了当时的历史场景和社会条件，其谬论是不值一驳的，这严重违背了历史的全面性和本来面目。

正确认识和评价历史，必须从总体上分析和把握主观和客观的关系，把握历史的发展脉络，不能以主观代替客观历史，用碎片化的史料颠覆历史。

（2）以现象代替本质。

历史虚无主义从感性和片面着手，用唯心史观解读历史，没有从事物的现象认知上升到对事物本质的把握，无法揭示历史的本质规律和发展的动力来源，只停留在现象一端，用历史的偶然性替代历史必然性，用现象的分析替代对事物本质的综合，混淆现象与本质、偶然性与必然性之间的关系，否定历史规律的存在，通过个别历史现象、偶发性事例，否认、摒弃事物的本质，在历史认识论上陷入不可知论，否认历史是可以认知的，以此掩盖历史虚无主义背后的真正政治目的。

历史虚无主义者剪裁历史，以现象代替本质，利用碎片化的历史资料得出了迥异于早已形成的正确历史认知的结论，企图使人们的历史记忆和认知发生变形。如提出"抗美援朝有害论",中国经济落后,抗美援朝不应该进行,认为抗美援朝的军事和战略决策是错误的,中国参战主要是毛泽东的个人决断,认为中国在抗美援朝战争中得不偿失,弊大于利。这些错误观点天马行空地想象和意淫历史,遮蔽了历史的真相,没有认识到美国侵略的恶劣行径和霸权主义图谋是抗美援朝的根本动因,企图否定抗美援朝战争的正义性质和历史功绩,解构抗美援朝的历史意义和人们的集体记忆,这种唯心主义的认识论以现象代替本质,颠覆了人们的历史观,造成极其严重的思想混乱。

(3) 以主流代替支流。

历史虚无主义在研究历史时,剪裁史料,关注历史发展的细节、支流,通过挖掘碎片化的历史资料用琐细、零碎的片段来代替主流趋势,孤立、片面地分析和研究历史,以偏概全、以点带面,背离了整体与部分相统一的原则,否认历史发展的连续性、规律性、整体性,颠倒历史的主流与支流的关系,采用"攻其一点、不及其余"的手法否认主流,无限放大细节或支流,颠倒历史主次,专注于对历史细节和支流而忽略了对历史发展主流和历史本质的揭示,造成历史认知上的混乱。只有揭示和反对历史虚无主义的唯心史观实质,才能坚持马克思主义的唯物辩证的历史观。

2. 坚持唯物主义的历史辩证法

辩证思维是马克思主义唯物辩证法在思维活动中的正确运用。只有坚持唯物主义的历史辩证法,批判唯心主义认识论,坚持"两点论"和"重点论"辩证统一的分析方法,坚持历史唯物主义科学方法,体现唯物辩证法的思想方法,才能坚持和发展马克思主义,从整体性、全面性和科学性的高度评判历史,避免陷入唯心主义辩证法的认识误区、思维误区和理论误区,有力驳斥历史虚无主义的错误论调,从而遏制历史虚无主义的传播和泛滥。

(1) 坚持辩证的否定。

否定的形式是客观世界发展中的广泛而普遍的形式。唯物主义的历史辩证法要求我们在认识和评价历史时，必须坚持辩证的否定，坚持历史与逻辑相统一的方法，用历史的发展的眼光分析和评价历史事件和人物。"辩证法在对现存事物的肯定的理解中同时包含对现存事物的否定的理解，即对现存事物的必然灭亡的理解；辩证法对每一种既成的形式都是从不断的运动中，因而也是从它的暂时性方面去理解；辩证法不崇拜任何东西，按其本质来说，它是批判的和革命的。"❶ 辩证法具有革命性，是研究历史、分析历史的唯一的科学的方法论和认识论，要批判历史虚无主义的认识论和方法论，只有从对立统一的角度出发，在对立中把握统一，在统一中把握对立，遵循唯物辩证法的批判理路，坚持辩证的否定，才能在方法论上防止和杜绝形而上学思维方法及方式的猖獗，坚持唯物辩证法的科学性与真理性。

只有坚持辩证的否定，按照唯物主义的历史辩证法的最本然要求，用辩证、全面、联系的观点看待历史，拒斥形而上学的思维方式，才能坚持马克思主义的唯物史观和辩证法，与时俱进，创新与发展马克思主义，增强运用唯物辩证法分析和研究历史的自觉性、主动性和坚定性，才能在科学阐释历史的同时，破除历史虚无主义。

（2）坚持历史唯物主义分析法。

历史唯物主义分析法就是在分析和研究历史时，从具体的历史语境和社会历史条件出发，来评价历史事件和历史人物，一切以时间、地点和条件为转移，以全面的、系统的、整体的叙事方式建构特定时代的历史记忆。马克思主义的历史辩证法要求研究历史时，透过历史现象看本质，把研究对象置于一定的历史环境和历史条件中考察，用历史唯物主义分析方法对研究对象作出科学的认知和评价。坚持历史唯物主义分析方法，尊重并运用唯物主义的历史辩证法，才能善于区别现象和本质，抓住历史的主流、本质，把握研究对象的内在的本质的联系，分清事物的内容与形式，在辩证分析的基础上把握事物的本质和主流，作出符合实际的历史评判。

---

❶ 《马克思恩格斯选集》（第2卷），人民出版社2012年版，第94页。

历史唯物主义与历史唯心主义的根本区别在于能否用正确的历史观、科学的方法论和认识论来解读和研究历史。只有坚持历史唯物主义分析方法，真正运用历史唯物主义的立场、观点和方法，坚持历史唯物主义分析方法的科学态度，对历史虚无主义思潮所折射出来的热点问题、历史问题、社会问题进行理论阐释，才能给予马克思主义的正确解答，辩证地、全面地看待历史，认识把握社会发展的客观规律。

作为坚持批判继承的历史唯物主义分析方法，研究和分析历史必须秉持唯物史观，采用历史唯物主义分析方法，才能还历史本真面貌，正确认识和研究历史。在评价历史人物时，坚持历史唯物主义思维，既看到他的历史功绩，也要看到历史人物因阶级和时代的局限所具有的缺陷和过失。只有把历史放到客观的历史场景下分析，坚持历史唯物主义分析方法评价历史人物，才能真正地理解和把握客观历史事实，对历史人物在历史上的功绩和缺点、过失作出实事求是的辩证分析。在历史虚无主义的历史叙事中存在无法自圆其说的历史逻辑和理论逻辑矛盾，根源就在于历史虚无主义者使用非历史唯物主义的分析方法和逻辑思维，因而就无从做到科学地研究历史、阐释历史，自身反而陷入理论误区和方法论的悖论困境之中。

（3）坚持联系全面的观点。

唯物主义的历史辩证法是研究社会历史问题的科学思维方法和认识工具，要求我们在正确分析社会和历史现象时，着眼于全局和整体，"坚持发展地而不是静止地、全面地而不是片面地、系统地而不是零散地、普遍联系地而不是单一孤立地观察事物，准确把握客观实际，真正掌握规律，妥善处理各种重大关系。"❶ 如果用孤立的、片面的、静止的观点解读史料，拒绝以联系发展的眼光看待历史，就难以发现历史的真正面貌，就会陷入唯心主义的理论误区和方法论陷阱。

为了克服历史虚无主义形而上学的认识论和方法论，唯物主义的历史

---

❶《习近平在中共中央政治局第二十次集体学习时强调坚持运用辩证唯物主义世界观方法论提高解决我国改革发展基本问题本领》，《人民日报》，2015年1月25日。

辩证法要求人们在认识客观历史时从整体上全面洞悉掌握历史发展的主流和主线，坚持联系全面的观点，从点到面，由表及里，从社会历史发展的各种关系、各种因素相互作用中，认识和掌握历史发展的本然过程。"如果不是从整体上、不是从联系中去掌握事实，如果事实是零碎的和随意挑出来的，那么它们就只能是一种儿戏，或者连儿戏也不如。"❶ 坚持全面、联系的观点，正确处理整体与部分、内容与形式的关系，用全面的、系统的方法审视历史，才能避免形而上学方法论的固有缺陷，得出具有普遍性的结论，作出不偏不倚的公正的历史评判。

（六）坚定"四个自信"

坚定"四个自信"是坚持和发展中国特色社会主义的本质要求和主要内容之一，也是中国特色社会主义理论体系最新理论成果的题中应有之义，必须从实践层面和理论阐释的战略高度来坚定"四个自信"，宣传正确的历史观、党史观和文化观。"中国特色社会主义是改革开放以来党的全部理论和实践的主题，全党必须高举中国特色社会主义伟大旗帜，牢固树立中国特色社会主义道路自信、理论自信、制度自信、文化自信，确保党和国家事业始终沿着正确方向胜利前进。"❷ 在批驳和反对历史虚无主义的斗争中，只有坚持以马克思主义的唯物史观为指导，凝心聚力，形成共识，坚定"四个自信"，才能夯实反对和抵制历史虚无主义的理论基础和思想堡垒，增强站在唯物史观的立场上批驳历史虚无主义的历史自觉，进一步压缩历史虚无主义存在的空间，增强民族的向心力、战斗力、凝聚力，弘扬社会正能量，为实现中华民族的伟大复兴提供精神动力。

1. 坚定"道路自信"

"道路自信"是抵御和反对历史虚无主义的根本路径和思想动力。"道

---

❶ 《列宁全集》（第28卷），人民出版社1990年版，第364页。
❷ 《习近平谈治国理政》（第二卷），外文出版社2017年版，第59页。

路自信"是指党和人民"对中国特色社会主义道路发展历史的充分肯定、发展现状的理性认知、未来发展的充满信心"❶。"道路自信"是批判历史虚无主义的精神动力和理论依据。"道路自信已成为解构历史虚无主义的历史依据。"❷道路问题是革命、建设和改革过程中最根本的问题,道路决定方向、前途和命运。中国"决不能在根本性问题上出现颠覆性错误"❸。中国特色社会主义是党领导人民在实践中开辟的一条迥异于"传统社会主义"的正确道路,是历史和人民的必然选择。这条道路既具有中国特色,又代表广大人民的根本利益和发展要求,遵循社会主义在中国实践和演进的客观历史规律,因此我们必须坚定"道路自信",坚定社会主义、共产主义的理想信念。

历史记忆是政治认同和"道路自信"的基础。坚定"道路自信",就要以大历史观的视野不断总结中国走上社会主义道路以来取得的历史性成就和沧桑巨变,通过中国近现代历史发展轨迹一方面讲清楚中国特色社会主义道路的历史根源、理论依据,另一方面弄明白这条道路在中华民族伟大复兴中的现实作用和发展前景。历史和实践都证明,中国既不能回归封闭僵化的旧道路,也不能亦步亦趋地走改路换道的"西化"道路,把中国引到资本主义的邪路上去。历史虚无主义解构历史,否认中国特色社会主义道路,企图使中国改换道路和方向,我们必须对历史虚无主义的政治图谋和历史观、价值观保持政治上的清醒和警觉。解决中国的发展问题,不能照搬西方的发展道路和发展模式,必须从现实的国情出发,借鉴国内外发展经验,走具有中国特色的社会主义发展道路。

中国特色社会主义道路的开辟,一方面使世界政治格局发生了划时代的变化,另一方面使中国社会发生了翻天覆地的变化,社会主义中国在国际事务中发挥着越来越重要的作用,这些都以无可辩驳的事实证明了中国

---

❶ 杨红柳、钟明华:《"四个自信"视阈下历史虚无主义思潮批判》,《思想理论教育导刊》,2018年第5期,第95页。

❷ 杨红柳、钟明华:《"四个自信"视阈下历史虚无主义思潮批判》,《思想理论教育导刊》,2018年第5期,第95页。

❸ 习近平:《深化改革开放 共创美好亚太》,《人民日报》,2013年9月8日,第3版。

特色社会主义道路优于西方资本主义的发展模式和道路，这个全新发展模式拥有巨大的发展潜力。崛起的中国成为一些西方国家竞争者极力打压的对象。历史虚无主义者千方百计否定中国道路，妄图使中国推行西方的发展模式和发展道路。其根本目的就是质疑中国选择社会主义道路的合法性、合理性和必然性，进而否定党的领导和中国的社会主义制度。因此反对和批驳历史虚无主义错误思潮，与之进行坚决、彻底、长期的斗争，必须理直气壮、旗帜鲜明地在思想观念层面坚定中国特色社会主义"道路自信"。

只有坚定"道路自信"，才能取得反对历史虚无主义这个意识形态斗争的新胜利。历史虚无主义通过网络发布关于中国近现代革命和改革开放的错误言论，动摇社会公众的"道路自信"。历史虚无主义者诋毁革命，鼓吹改良，在改革开放问题上，叫嚣"改革开放失败论""改革开放过头论"，夸大改革开放中出现的问题，完全曲解历史，其目标就是集中指向党的领导和社会主义道路。中国特色社会主义是历史的必然选择和人民的正确抉择，历史虚无主义者却在这一问题上质疑中国特色社会主义和党的领导的历史根据。因此我们只要坚定"道路自信"，树立正确的历史观，加强学习教育，知晓中国特色社会主义道路的选择具有历史的必然性，明辨是非，坚定正确的政治立场和理想信念，正确认识与应对历史虚无主义思潮，有力驳斥历史虚无主义的错误论调。

社会主义取代资本主义是社会历史发展的必然，但这一过程又充满着曲折和挫折。"中国特色社会主义道路，是实现我国社会主义现代化的必由之路，是创造人民美好生活的必由之路。"❶ 古人有云："心有所信，方能行远。"自信是国家富强、民族振兴的精神动力，也是抵制和反对历史虚无主义的根本途径。❷ 道路问题是历史虚无主义要解决和回答的根本问题，他们企图在这个问题上大做文章，实现其险恶的政治目的，因此必须

---

❶ 中共中央文献研究室编：《十八大以来重要文献选编》（上），中央文献出版社2014年版，第75页。

❷ 王玉周：《坚定道路自信理直气壮抵制历史虚无主义》，《前线》，2018年第4期，第51页。

警惕和抵制历史虚无主义的政治意图和表现样态。坚定"道路自信",对中国特色社会主义寻根溯源,洞悉社会发展的历史趋势和普遍规律,才能理直气壮、旗帜鲜明抵制历史虚无主义等各种错误思潮,保证改革开放和现代化建设的社会主义方向,取得批判历史虚无主义思潮的决定性胜利。

2. 坚定"理论自信"

中国特色社会主义"理论自信"主要是指对马克思主义及其中国化科学理论所具有的理论指导意义的充分认可、对理论革命性和人民性的高度称誉、对理论指导力的深度认同、对理论感召力的强大信念。因此,"理论自信,就是坚信中国特色社会主义理论体系是与时俱进的科学理论,是实现中华民族伟大复兴的正确理论。"❶ 坚持"理论自信",就能淡化西方价值观和错误思潮的冲击袭扰,筑牢思想之魂,补足精神之钙。"理论自信"是巩固党和人民团结奋斗的共同的理论基础和思想基础,是批判历史虚无主义的理论武器和思想指南。

理论是社会实践的先导和行动指南。"理论在一个国家实现的程度,总是决定于理论满足这个国家的需要的程度。"❷ 理论需要与否、正确与否直接关系到政党的宗旨性质和国家的发展方向与前途。坚定中国特色社会主义"理论自信",增强理论认同,不断结合当代中国和世界产生的新变化、新问题、新实践,弄清楚中国特色社会主义理论的导向与价值功能,主动增强理论自觉。中国特色社会主义理论是开放的科学的理论体系,其理论本质就是实事求是、与时俱进。中国特色社会主义理论是建立在中国革命、建设和改革伟大实践基础之上的科学理论体系,是根植于人民群众的科学理论体系,是认识世界并进而改造世界的科学理论和行动指南,也是不断创新发展的开放的科学理论。坚定"理论自信",从中汲取精神力量,用马克思主义的历史观探寻并把握社会发展规律,努力用马克思主义

---

❶ 胡中月:《历史虚无主义的四重逻辑陷阱及其克服》,《思想教育研究》,2018年第1期,第60页。

❷ 《马克思恩格斯选集》(第1卷),人民出版社1995年版,第11页。

科学理论改变主观世界和客观世界，具有重要的理论意义和现实意义。"理论自信"是批驳历史虚无主义混淆是非、抹黑历史的锐利武器。坚定"理论自信"，有利于坚决抵制和驳斥历史虚无主义，让历史虚无主义虚无中国特色社会主义理论的种种荒谬主张不攻自破，有利于新时代坚持和发展中国特色社会主义。

坚定"理论自信"，必须坚持以马克思主义的认识论和方法论分析和解决问题，自觉维护中国特色社会主义理论体系的指导地位。坚定"理论自信"，必须批驳历史虚无主义在马克思主义及其中国化理论问题上的各种错误观点，如马克思主义"过时论"。历史虚无主义者诋毁和抹黑毛泽东，武断地提出毛泽东思想主要是关于中国革命和建设的理论体系，主要产生于革命战争年代，现在搞改革开放和现代化建设，毛泽东思想也就不再有任何指导意义，自然也是"过时"了，应加以否定。历史虚无主义把中国改革开放和现代化建设过程中出现的各种具体问题和产生的社会矛盾都归因为中国特色社会主义理论的悖论和缺陷，从而否定中国特色社会主义理论的指导意义，消解"理论自信"。历史虚无主义者秉持唯心主义的方法论和认识论，解构历史的整体性、连续性，否认历史发展的客观规律，从根本上颠倒实践与理论的辩证关系，企图达到消解我们的"理论自信"的目的。中国特色社会主义理论为遏制历史虚无主义的流布和演变，提供了方法论的基础。因此，只有坚定"理论自信"，弘扬社会主义核心价值观，引领社会思潮，用中国特色社会主义理论筑牢反对历史虚无主义消极影响的理论堡垒，才能大力批驳历史虚无主义的错误论调，采取多种手段有效遏止历史虚无主义的传播、泛滥，坚决抵制历史虚无主义的侵蚀。

3. 坚定"制度自信"

制度问题是一个根本性的问题，直接关系到党和国家的性质及发展方向。"自信"是社会主义主流意识形态建构的一个关键词，是思想文化的核心论题之一。中国特色社会主义是社会发展进步和实现中华民族伟大复兴的制度保证。"制度自信"是对中国特色社会主义制度的自信，是党团结带领人民在艰苦卓绝奋斗的光辉历程中的正确选择。中国特色社会主义制度主要有三种类型，分别是根本制度、基本制度和具体制度，其中的根本制度、基本制度是制度的内容，保证制度的社会主义性质不可变更和偏离，具体制度是形式，主要是各种体制机制。内容决定形式，形式又反作用于内容，要在改革中不断创新发展完善各项具体制度，以保证社会主义制度的活力和优越性。"随着中国特色社会主义不断发展，我们的制度必将越来越成熟，我国社会主义制度的优越性必将进一步显现，我们的道路必将越走越宽广。"❶

坚定"制度自信"，就要实现和加强党的领导，在改革开放和社会主义现代化建设中彰显中国特色社会主义的制度优势和价值功能。中国特色社会主义制度是在党的领导下不断完善创新、不断改革发展的"以人民为中心"的社会制度，它立足于改革开放和社会主义现代化建设的伟大实践，奠基于在对"三大规律"深度把握和体悟的基础上，是历史和人民的选择。中国特色社会主义制度具有西方资本主义制度无可比拟的制度优势，能够在极短时间内最大限度调动和整合社会资源，迅速实现集中力量办大事。中国改革开放40多年来取得的巨大历史成就和社会发生的深刻变化，无可辩驳地证明了中国特色社会主义制度是富有活力和强大生命力的先进的社会制度。

只有对中国特色社会主义制度进行认真的哲学思考，对其寻根溯源，才能坚定"制度自信"。"制度自信"是批判历史虚无主义的锐器和有力抓手。坚定"制度自信"，才能有力地批驳历史虚无主义的各种错误论断。历史虚无主义打着"学术研究"的幌子，质疑新民主主义革命的正义性，虚无社会主义改造的必然性、合理性，扭曲改革开放的社会主义性质，他们剪裁历史，从自己的主观愿望出发，解构中国特色社会主义的制度优势，否定中国特色社会主义制度，使社会公众出现认识上的混乱和政治立

---

❶ 中共中央文献研究室编：《十八大以来重要文献选编》（上），中央文献出版社2014年版，第111页。

场、政治方向上的偏差。历史虚无主义者将新中国的历史以党的十一届三中全会为界，人为割裂为两个历史时期，为达到其政治目的，以后一个历史时期取得的历史成就否定前一个时期的社会主义制度，污称改革开放前中国的社会制度"落后"；或以前一个历史时期的成就否定后一个历史时期的社会主义制度，污称改革开放使中国"改换了方向"，完全虚无中国特色社会主义制度的制度优势和治理效能。历史虚无主义的上述论调割裂了历史的整体性、连续性，抹黑历史，鼓吹社会主义制度"落后论"、"失败论"和"超越论"，企图否定中国的社会主义制度，主张推行西式民主，实行多党轮流执政。历史虚无主义割裂历史与现实的有机联系，以东欧剧变、苏联解体诋毁社会主义制度，散布社会主义"失败论"，诋毁和贬损共产党的领袖，否定中国选择社会主义道路的必要性和必然性。因此历史虚无主义对中国特色社会主义制度历史逻辑和实践逻辑的质疑和彻底否定，也就从根本上否定了中国特色社会主义制度。历史虚无主义通过解构历史来建构一种新的"历史意义"或"历史认知"以实现其背后隐匿的政治目的，这在社会上产生了严重的后果，消解了"制度自信"。因此，为了坚持和发展新时代中国特色社会主义事业，我们要积极应对、防范，有力地揭露历史虚无主义颠覆中国特色社会主义制度的政治图谋，在学理上坚持唯物主义的历史辩证法，提高对历史虚无主义思潮的分辨力、抵制力、战斗力，坚决抵御历史虚无主义错误思想的侵蚀和污蔑，彻底摆脱历史虚无主义对历史观、文化观和国家观的影响和销蚀。

　　坚持党的领导是中国特色社会主义制度最为本质、最为核心的问题。"制度自信"是批驳历史虚无主义否认党的领导和中国特色社会主义制度的重要举措和根本路径。坚定"制度自信"，坚持党的领导，才是真正的马克思主义，才能坚持科学社会主义的基本原则。批驳历史虚无主义消解"制度自信"反映了国家意识形态建设的深层次诉求。历史虚无主义思潮消解、破坏"制度自信"，危害党和人民的根本利益，我们必须充分发动和依靠人民群众，发动反对历史虚无主义的"人民战争"，增强批驳历史虚无主义的有效性，取得反击历史虚无主义的决定性胜利。只有坚定"制度自信",不断创新和发展中国特色社会主义的制度体系,增强制度自觉,才能进一步彰显中国特色社会主义制度的治理效能和无可比拟的优越性,让历史虚无主义无容身之所,其荒谬言论不攻自破。

4. 坚定"文化自信"

文化是一个国家和民族的价值依托和灵魂。中国特色社会主义文化是党团结带领人民在伟大实践中锻造的先进文化,主要由中华优秀传统文化、革命文化、社会主义先进文化三个部分有机构成。社会主义核心价值观决定文化前进方向和意识形态发展道路。中国特色社会主义文化为人类文明发展和社会进步贡献了中国智慧和力量。"文化自信"是批驳历史虚无主义反动实质和荒谬言论的动力源泉和价值工具。"文化自信"就是指对中国特色社会主义先进文化有强烈的归属感、自豪感和认同感。"没有高度的文化自信,没有文化的繁荣兴盛,就没有中华民族伟大复兴。"❶ 只有深刻体认中国特色社会主义文化的价值功能、历史逻辑与世界意义,提升文化软实力,才能不断坚定"文化自信"、增强文化自觉,建构主流价值观,取得遏制历史虚无主义思潮斗争的新胜利。

社会主义核心价值观是中国特色社会主义"文化自信"的内核。"核心价值观,承载着一个民族、国家的精神追求,体现着一个社会评判是非曲直的价值标准。"❷ 坚持以中国特色社会主义文化为精神内核和价值坐标的"文化自信",就必须培育和践行社会主义核心价值观。坚定"文化自信",从历史学习中汲取历史经验、寻找精神力量,凝聚党和人民共同的价值追求,就可以说扭住了反对历史虚无主义的关键和根本。从世界范围来看,一个民族、一个国家的消亡和政权更替,与思想文化领域错误思潮的泛滥密切相关,历史虚无主义的传布,消解了主流意识形态,就埋下了政党垮台、政权解体的巨大隐患,东欧剧变、苏联解体就是明证。历史虚

---

❶ 中共中央党史和文献研究院编:《十九大以来重要文献选编》(上),中央文献出版社2019年版,第29页。

❷ 中共中央文献研究室编:《十八大以来重要文献选编》(中),中央文献出版社2016年版,第2页。

无主义者割裂文化的整体性、连续性，既虚无中华优秀传统文化，又否定中国革命先进文化，导致民族虚无主义和文化虚无主义的泛滥。历史虚无主义思潮贬损优秀传统文化，鼓吹抽象的人性论，倡导西方的价值观，虚无革命文化的红色基因，诋毁和丑化英雄模范人物，娱乐和消费历史，解构社会主义核心价值观，消解"文化自信"，否定马克思主义在思想文化领域的主导地位，危害甚大。我们必须知晓历史虚无主义虚无中国特色社会主义文化的真实意图和政治目的。因此在批判历史虚无主义的意识形态斗争中，我们必须深刻认识和洞悉历史虚无主义传播的新样态、新特点，认清历史虚无主义的政治本质与现实危害，坚持正确的价值引领和价值导向，对历史虚无主义的种种荒谬观点进行认真辨析和彻底批判，这样才能增强文化自觉、坚定"文化自信"，树立正确的历史观和文化观，提升文化软实力。因此，反对历史虚无主义，必须坚定"文化自信"。

中国特色社会主义文化的孕育形成和创新发展，既是对优秀传统文化进行扬弃和现代化的结果，也是运用马克思主义理论阐释和挖掘，进行文化价值引领的结果。中国特色社会主义文化为"文化自信"提供了丰富的"养料"，是实现中华民族复兴伟业的精神动力和智慧源泉。主流意识形态决定着一个国家、一个民族的文化发展方向和前进道路。坚定"文化自信"必须以中国特色社会主义文化为理论依据，发掘其文化引领和理论导向的功能，筑牢抵御历史虚无主义错误思潮的文化根基。

以马克思主义引领文化建设是坚定"文化自信"的必然要求，也是夯实主流意识形态阵地、筑牢意识形态安全根基的理论依据和思想基础。中国特色社会主义文化在回答时代之问的伟大实践中贡献了中国智慧，文化的价值引领提升了社会公众对主流意识形态的认同感。中国特色社会主义文化是以马克思主义及其中国化科学理论为指导的、建构社会主义主流意识形态的先进文化。在很大程度上说，中国特色社会主义文化是马克思主义文化的特定表现和文化形态。主流意识形态的阶级性规定着文化的发展方向和价值旨趣，以马克思主义为指导是坚定"文化自信"的题中应有之义。

坚定"文化自信",必须洞悉和理解中国特色社会主义文化的历史渊源和价值效用。"坚定中国特色社会主义道路自信、理论自信、制度自信,说到底是要坚定文化自信。文化自信是更基本、更深沉、更持久的力量。历史和现实都表明,一个抛弃了或背叛了自己历史文化的民族,不仅不可能发展起来,而且很可能上演一场历史悲剧。"❶ 弘扬核心价值观蕴含的积极、健康、向上的价值理念和价值取向是坚定中国特色社会主义"文化自信"、维护社会主义主流意识形态安全的题中应有之义。坚定"文化自信"和构建社会主义主流意识形态是一致的、相通的。"文化自信"是社会主义主流意识形态确立发展的精神之源、塑魂之基。只有坚定"文化自信",加强先进文化的价值引领,坚持以马克思主义为指导,不断创新发展中国特色社会主义文化,才能强化意识形态的话语体系建构,牢牢掌握意识形态工作领导权,以"文化自信"厚植意识形态安全的文化根基,加强文化的引领力、凝聚力、号召力和影响力,取得遏制历史虚无主义的决定性的新胜利。

---

❶ 《习近平谈治国理政》(第二卷),外文出版社2017年版,第339页。

第五章

历史虚无主义批判的经验与启示

改革开放以来,中国共产党以马克思主义理论为指导,加强意识形态建设,逐步把反对历史虚无主义的斗争纳入制度化和法治化轨道,取得了批判和反对历史虚无主义思潮的决定性的新胜利,积累了宝贵的"中国经验",为新时代反对历史虚无主义、新自由主义、民主社会主义等错误思潮的袭扰提供了借鉴和启示。

一、历史虚无主义批判的经验

改革开放以来,党在领导反对历史虚无主义的斗争中,以唯物史观为指导,不断总结反对错误思潮的历史经验,以遏制历史虚无主义的泛滥和传播。这些经验主要有:加强党的领导、坚持人民立场;开展学理研究、提高批判能力;严肃党纪国法、加强法治建设;加强思政教育、筑牢思想防线;加强网络治理、引导网络舆情;强化价值引领、引领社会思潮。只有认真借鉴历史经验,才能具备科学、理性的态度,为新时代抵御和反对历史虚无主义思潮提供理论指导和精神动力。

(一)加强党的领导,坚持人民立场

改革开放以来,历代中央领导集体在领导开展错误思潮的斗争中都重视加强党的领导、坚持人民立场,这是反对历史虚无主义取得决定性胜利的根本原因。

1. 加强党的领导

改革开放初期,以邓小平为核心的党中央领导集体,重视加强思想理论建设,旗帜鲜明地批驳历史虚无主义等各种错误思潮。20 世纪 80 年代初,邓小平就旗帜鲜明地提出:"加强党对思想战线的领导,克服软弱涣散的状态,已经成为全党的一个迫切的任务。"❶ 针对历史虚无主义的"非毛论"和否定党的领导地位、制造新的思想混乱的错误言论,邓小平明确

---

❶《邓小平文选》(第 3 卷),人民出版社 1993 年版,第 47 页。

地提出了坚持四项基本原则的问题。在邓小平的推动和主持下，党的第二个"历史决议"对毛泽东思想的含义作了系统科学的概括，正确地评价了毛泽东的历史地位。"如果真搞'非毛化'，那就要犯历史性的错误。"❶"不写或不坚持毛泽东思想，我们要犯历史性的大错误。"❷ 这就有力地回击了历史虚无主义"非毛论"的错误思潮，澄清了思想认识上的混乱局面。

20世纪80年代中期，西方敌对势力不断变换形式和手法推行"和平演变"战略，加紧意识形态领域的渗透和攻势，国内各种错误思潮交织叠加，致使资产阶级自由化思潮作为一股政治思潮大肆泛滥，不断兴风作浪。资产阶级自由化思潮就是历史虚无主义的一个变种和特殊表现样态，是西方资本主义国家企图"西化""分化"中国的一种舆论工具和思想理论武器，因此我们同资产阶级自由化思潮的斗争就是意识形态领域一场没有硝烟的激烈的阶级斗争。"这股思潮的代表人物要把我们引导到资本主义方向上去。"❸ "一些外国资产阶级学者的议论，大都是要求我们搞自由化，包括说我们没有人权。我们要坚持的东西，他们反对，他们希望我们改变。"❹ "你闹资产阶级自由化，用资产阶级人权、民主那一套来搞动乱，我就坚决制止。"❺ 邓小平的讲话准确深刻地揭露了资产阶级自由化的本真面目和政治目的，也表明了党加强思想理论建设、反对历史虚无主义错误思潮的决心。

改革开放初期，一些人"对于西方各种哲学的、经济学的、社会政治的和文学艺术的思潮，不分析、不鉴别、不批判，而是一窝蜂地盲目推崇。"❻ 党非常关注思想战线的动态和变化，加强党的思想理论建设，加强社会主义精神文明建设，大力批评各种错误思潮和倾向，批评资产阶级抽

---

❶ 《邓小平年谱（1975—1997）》（下），人民出版社2004年版，第725页。
❷ 《邓小平文选》（第2卷），人民出版社1994年版，第300页。
❸ 《邓小平文选》（第3卷），人民出版社1993年版，第181页。
❹ 《邓小平文选》（第3卷），人民出版社1993年版，第182页。
❺ 《邓小平文选》（第3卷），人民出版社1993年版，第364页。
❻ 《邓小平文选》（第3卷），人民出版社1993年版，第44页。

象人道主义观点和人性论。在加强思想理论建设的过程中,党中央强调要严格区分学术和政治的界限,不能把二者混为一谈,"批评或自我批评都要站在马克思主义立场上,不能站在'左'的立场上。"❶ 中央提倡学术自由,但不能打着"学术自由"的幌子攻击社会主义制度和党的领导,这就不是简单的学术自由的问题,而是严肃的意识形态领域里的政治斗争和阶级斗争。在加强思想理论建设、反对各种错误思潮的斗争中,邓小平在不同场合,多次强调加强党的领导的重要性,"中国没有共产党的领导,不搞社会主义是没有前途的。这个道理已经得到证明,将来还会得到证明"❷。

党的十三届四中全会以来,以江泽民同志为核心的第三代党中央领导集体大力加强党的思想理论建设,坚持和完善党的领导,推进马克思主义中国化,加强党的建设理论创新,大力推进新形势下党的建设新的"伟大工程",坚决抵制和批判以资产阶级自由化和"告别革命论"为标志的错误思潮。

1989年12月底,为了抵御西方社会思潮的袭扰,江泽民在党建理论研究班上的讲话中明确提出警惕"历史虚无主义"的问题,强调要反对西方的各种错误思潮,认清其理论本质和现实危害,大力加强党的思想建设和理论建设。"在社会主义现代化的整个过程中,要始终注意防止和反对资产阶级自由化。"❸ 对此我们必须引起高度重视,加强党的思想理论建设,提高理论水平和认识水平,大力抵御错误思潮的袭扰,绝不能让其兴风作浪,造成思想领域的混乱。

20世纪90年代中期,以"告别革命论"为代表的历史虚无主义思潮开始泛起,"告别革命论"效力于西方"和平演变"战略,极力赞誉改良,从根本上扭曲和否定中国近现代以来的革命历史,质疑党的领导。这是历史虚无主义思潮在当时的一个新变种和表现形态,意识形态色彩越来越

---

❶ 《邓小平文选》(第3卷),人民出版社1993年版,第47页。
❷ 《邓小平文选》(第3卷),人民出版社1993年版,第195页。
❸ 《江泽民文选》(第一卷),人民出版社2006年版,第573页。

浓，政治图谋越来越明显。抵御和批驳历史虚无主义错误思潮就必须认清"告别革命论"的理论基础、政治本质和现实危害，这就要求党中央必须加强党的领导，加强党的思想理论建设。1996年10月10日，为进一步加强精神文明建设，建构主流意识形态，江泽民强调必须加强马克思主义学习与研究工作，巩固唯物史观的指导地位，繁荣发展哲学社会科学，并将其作为党的思想理论建设的一项重要任务。1999年9月29日，为了抵御西方社会思潮的侵蚀，进一步加强社会主义精神文明建设，中共中央发出《关于加强和改进思想政治工作的若干意见》，明确提出：必须大力加强党的思想和理论建设，如果"对各种错误思潮掉以轻心，任其泛滥，我们就会犯历史性的错误"❶。只有加强党的领导，学习研究马克思主义的基本理论，加强党的思想理论建设，把思想建设放在党的建设的首位，才能抵御错误思潮的侵袭，实现思想上的统一和政治上的坚定。

党的十六大以来，以胡锦涛同志为总书记的党中央，加强党的领导，加强马克思主义理论的宣传和研究工作，维护国家意识形态安全，巩固思想文化阵地，旗帜鲜明、理直气壮地同各种错误思潮展开斗争。胡锦涛指出："意识形态领域并不平静、各种非马克思主义思潮有所滋长。"❷ 为了巩固党执政的思想基础，维护安定团结的政治局面，必须大力加强党的领导，加强思想理论建设，对错误思潮敢于亮剑，勇于斗争，用唯物史观坚决反对历史虚无主义。2004年1月，为了加强马克思主义宣传、学习与研究，党中央决定启动马克思主义理论研究和建设工程，以进一步繁荣发展哲学社会科学，加强思想理论建设，巩固社会主义主流意识形态。党的十七大以后，党中央为反对错误思潮，加强党史学习教育，树立正确的历史观、价值观，反对党史研究中的错误倾向，2010年6月，党中央发出《关于加强和改进新形势下党史工作的意见》，成为新形势下反对历史虚无主义等各种错误思潮的根本遵循和行动指南。胡锦涛在庆祝中国共产党成立

---

❶ 中共中央文献研究室编：《十五大以来重要文献选编》（中），人民出版社2001年版，第195页。
❷ 《胡锦涛文选》（第2卷），人民出版社2016年版，第527页。

90周年大会上发表重要讲话，指出："办好中国的事情，关键在党。"[1] 只有学习马克思主义的科学的世界观、方法论，加强党的领导，加强唯物史观的学习教育，才能取得反对和批驳历史虚无主义思潮的决定性胜利。

党的十八大以来，以习近平同志为核心的党中央，加强党的思想理论建设工作，大力推进"四大平台"建设工作，进一步开展马克思主义理论的宣传教育，开展深入的理论研究和学术研讨。习近平总书记在新时代发表了大量关于意识形态建设、反对历史虚无主义的重要讲话和理论文章。只有认真学习习近平总书记的讲话精神和重要理论文章，才能一方面清除思想理论界的噪声杂音，避免贬低和边缘化马克思主义理论研究的错误倾向，在重大问题上澄清理论误区和认识误区，另一方面树立正确的党史观、历史观，用唯物史观坚决反对错误思潮，彻底揭穿历史虚无主义思潮的政治本质和谎言谬论，使社会主义主流意识形态弘扬激荡，维护国家意识形态安全。

综上所述，改革开放以来，面对历史虚无主义销蚀党治国理政的思想基础和理论逻辑，面对越来越严峻的意识形态斗争形势，党中央坚持不懈地大力加强对意识形态建构工作的领导，把历史虚无主义批判作为思想文化领域一项基础性的战略工程，使马克思主义的科学理论成为社会变革的先导。中国特色社会主义理论体系是马克思主义中国化的理论成果，具有丰富的思想理论内涵。在思想理论界展开的对历史虚无主义的批判中，只有加强党的领导，深入学习、宣传和研究马克思主义及其中国化最新理论成果的理论体系，进一步增强理论学习的思想自觉、行动自觉，才能使思想理论穿过迷障，保障思想理论工作正确的方向，使思想理论战线呈现有利于巩固社会主义主流意识形态的态势，提升主流价值观建构工作的社会引导力和认同度，遵循马克思主义话语体系建设逻辑，坚定中国特色社会主义的"四个自信"，增强党和人民团结奋斗的共同思想基础。

---

[1] 胡锦涛：《在庆祝中国共产党成立90周年大会上的讲话》，《人民日报》，2011年7月2日，第2版。

2. 坚持人民立场

马克思主义是人民的科学理论体系，以人民为中心是马克思主义的根本立场。在反对历史虚无主义的斗争中，我们取得的一个重要经验就是坚持人民立场和立足点，就是要站在人民立场上，以人民为中心，把握正确的历史观，坚持历史唯物主义的科学理论，用历史唯物主义观点、立场分析和解决问题。历史唯物主义坚持人民立场，坚持以人民为中心，人民是历史的创造者和发展动力，以科学的认识论和方法论揭示历史的本质和规律。改革开放以来，中央领导人关于党的思想理论建设的重要讲话和理论文章都贯穿着人民立场，坚持以人民为中心的伦理向度，坚持党的群众路线，尊重人民主体地位。只有站稳政治立场，坚持以人民为中心，才能发动反对错误思潮的"人民战争"，遏制历史虚无主义错误思潮的侵袭，维护和巩固国家的总体安全，建构社会主义主流意识形态。

历史唯物主义认为，对社会历史的认识和评判，必须以人民群众的根本利益为准绳。历史虚无主义否认人民的主体性，用抽象的价值观和资产阶级的人性论来掩盖其政治图谋和理论本质，背离了人民立场，因而是十分错误的。"正如《历史虚无主义的破产》一文所讲的：历史虚无主义的反人民性、反正义性、反真理性及其唯心本质，决定了它走向破产的必然。"❶ 秉持唯心主义的认识论和方法论，历史虚无主义者把人民立场上的崇高、正义、奉献等价值观和情感一概虚无、遮蔽，甚至否定人民立场，丧失阶级意识，也就决定了其历史命运。因此寻根溯源，我们只有批判历史虚无主义的反人民的立场，坚持以人民为中心，顺应时代要求，才能赢得人民的拥护和支持，夯实中国共产党的执政基础和批驳西方社会思潮的群众基础，才能遏制历史虚无主义等错误思潮的流布和演进。

历史虚无主义是背弃人民立场、违背人民利益的错误理论。坚持人民立场，坚持以人民为中心的导向，是战胜历史虚无主义的强大思想动力和

---

❶ 龚云：《在批判历史虚无主义中坚持历史唯物主义》，《马克思主义研究》，2016年第4期，第123页。

理论武器。习近平指出："历史充分证明，江山就是人民，人民就是江山，人心向背关系党的生死存亡。赢得人民信任，得到人民支持，党就能够克服任何困难，就能够无往而不胜。"❶ 只有坚持党的领导，坚持人民立场，坚持人民至上，实现人民群众的根本利益，与马克思主义的价值观高度契合，把握正确政治方向，才能树立正确的党史观、历史观，承担起与新自由主义、历史虚无主义、民主社会主义、"普世价值论"等错误思潮作坚决斗争的重大任务和使命，取得抵御历史虚无主义斗争的决定性胜利。

（二）开展学理研究，提高批判能力

在反对历史虚无主义的斗争中，我们必须开展学理研究，认清历史虚无主义的理论基础、政治本质、表现样态和现实危害，才能提高各种错误思潮的辨识能力和批判能力。开展学理研究、提高批判能力是反对历史虚无主义的基本经验之一。

1. 开展学理研究

历史虚无主义错误思潮的研究和批驳成为近年来学术理论界乃至全社会最为关注的焦点和热门话题之一。为了遏制历史虚无主义思潮的传播、泛滥，我们必须从学理上、学术上开展研究，揭穿它的本真面目，才能赢得这场斗争的决定性胜利。改革开放以来，党中央注重哲学社会科学发展繁荣，组织理论界、学术界的专家学者开展跨学科的研究，批判历史虚无主义，形成打破"学科壁垒"的理论批判的强大合力，马克思主义理论、哲学、历史学、政治学、传播学、社会学等学科领域的专家学者撰写论著，积极发声，为反对历史虚无主义作出了巨大的理论贡献。第一，举办学术论坛或召开理论研讨会。社科理论界举办历史虚无主义批判的相关研讨会，如2005年3月在北京举办了一次别开生面的关于"中国近现代历史研究与历史虚无主义思潮"学术研讨会，会后把专家学者的研讨成果以论文集的形式结集出版了《警惕历史虚无主义思潮》一书。2014年11月，

---

❶ 习近平：《在党史学习教育动员大会上的讲话》，《党建》，2021年第4期，第8页。

社科理论界的专家学者在北京召开了"历史虚无主义评析学术研讨会",与会专家学者的讲话和理论文章有部分发表在 2015 年 1 月 16 日的《中国社会科学报》上,如梁柱的《历史虚无主义是对社会主旋律的消解》、田居俭的《同错误思潮斗争是马克思主义发展的规律》、龚云的《历史虚无主义思潮具有复杂国际背景》、左玉河的《革命与现代化:正确看待近代中国两大历史任务》、高希中的《从学理上批判与克服历史虚无主义》、曹守亮的《警惕历史虚无主义思潮新动向》等。《历史研究》在 2015 年第 3 期专门开设"历史虚无主义评析"专栏,推出了四篇批判历史虚无主义的大家力作,分别是卜宪群研究员的《历史唯物主义与历史虚无主义琐谈》、于沛研究员的《后现代主义历史观和历史虚无主义》、郑师渠教授的《当下历史虚无主义之我见》和武力研究员的《唯物史观视角下的历史虚无主义辨正》,以上四篇文章有的是"历史虚无主义评析学术研讨会"的理论文章,有的是专门约稿文章。这些研讨会的召开扩大了学术交流,批驳历史虚无主义的反真理性与反科学性,深化了对历史虚无主义的学理批判,也标志着社科理论界对历史虚无主义思潮批判的研究进入一个新的发展阶段。第二,发表论文和学术著作。社科理论界的专家学者在《人民日报》《光明日报》《求是》《思想理论教育导刊》《思想教育研究》《思想理论教育》《人民论坛》等报刊发表了数以千计的关于历史虚无主义批判理论文章,出版了十多部高质量的学术专著或论文集。

  学术界、理论界这些政治性和学术性结合的前瞻性的理论成果深度剖析历史虚无主义思潮,从学理上开展对历史虚无主义的揭露批判,为反对历史虚无主义精准施策提供了学理支撑。

  开展学理研究是批判和纠治历史虚无主义错误思潮的重要手段和理论工具,理论界、学术界必须解疑释惑、正本清源,聚焦历史虚无主义思潮的学理研究,以更创新的理论成果、更科学的理论话语、更完整的理论体系来剖析历史虚无主义的理论基础、表现样态、政治本质、叙事逻辑并在此基础上提出应对之策,以生动多样的方法和途径向社会传递理论研究的具有指向性和前瞻性的最新成果,为反对历史虚无主义提供学理支撑,达到维护和巩固国家意识形态安全的目的。

历史虚无主义往往打着"学术研究""学术创新"的旗号用所谓的"学术新发现""解密真相"等形式,来传播带有迷惑性的错误观点,消解主流意识形态,只有开展学理研究,不断推进马克思主义理论体系和话语体系的创新,才能洞察历史虚无主义的本真面目,不断提升反对历史虚无主义思潮的战斗力、抵制力和敏感力,为批判和反制历史虚无主义提供理论指导和根本遵循。

2. 提高辨识能力和批判能力

西方推行"和平演变"的战略不止息,历史虚无主义就会以新的样态和更具欺骗性、迷惑性的形式出现,造成人们思想信仰和理论认识的混乱,继续销蚀党的执政基础和社会主义的根基。只有对历史虚无主义作全面的学理透视,形成理论研究的合力,形成数量众多的政治性和学术性相统一的高质量的研究成果,才能提高辨识能力和批判能力,消除历史虚无主义思潮造成的思想混乱的状况,粉碎历史虚无主义给主流意识形态建构工作带来的干扰和破坏。提高辨识能力和批判能力是反对历史虚无主义的基础和前提。

实践证明,对历史虚无主义开展有说服力、针对性的批判需要建立在提高辨识能力和批判能力的基础之上,只有认清历史虚无主义的叙事逻辑、思想根源、理论基础,揭开其打着"学术研究"幌子的本真面目,深刻认识和把握唯心主义错误思潮的理论实质和现实危害,才能提高对历史虚无主义的辨识能力和批判能力。

如近年来出现的历史虚无主义的新变种——软性历史虚无主义,由于它改换了传播的话语方式,许多人对其本质和危害认识不清,陷入了软性历史虚无主义编织的迷雾之中。从 2018 年以来,一些研究者积极发声,撰写理论文章,据中国知网的不完全统计,从 2018 年以来,学界发表了约 20 篇左右批判软性历史虚无主义的学术论文,这些论文揭穿软性历史虚无主义的理论本质、叙事逻辑,从学理上提出了理论批判和实践纠治的方法路径,从而提高了人们对软性历史虚无主义的辨识能力,提高了批判能力。

历史虚无主义的传播越来越具有隐蔽性、欺骗性,对辨识的准确性提出更高的标准和要求,这给辨识工作和批判工作带来巨大压力和严峻挑战。综上所述,只有加强学理研究,提高辨识能力和批判能力,解读出历史虚无主义叙事话语中蕴含的错误思想,正确区分学术和政治的界限,避免"一刀切"和"简单粗暴"的做法,防止将正常的学术话语误判为历史虚无主义的叙事逻辑,才能取得抵制和消解历史虚无主义的新胜利。

(三) 严肃党纪国法,加强法治建设

改革开放以来,党中央为抵御错误思潮的侵袭,强化党纪党规建设,加强国家法治建设,坚守制度底线,使反对历史虚无主义的斗争进入制度化、常态化、法治化轨道,这也是抵御和批判历史虚无主义取得的重要经验。

1. 严肃党规党纪

一些党员、干部理想信念丧失,无视党纪党规的存在和威严,言谈举止屡屡突破党纪国法、规章制度的下限、底线,屡屡触犯政治纪律红线、突破党的政治规矩下限,更有甚者,一些党员、干部忘记了共产党人的政治本色和中国共产党的宗旨,在不同场合公然发表反对党的领导和社会主义制度的错误言论,因此严肃党规党纪,对党员传播历史虚无主义的言行加大纪律处分的力度和广度,进一步有效遏制历史虚无主义在党内的传播和泛滥势在必行。

为了全面从严治党,严明政治纪律,防止党员干部触犯纪律红线,2003年12月,党中央印发了《中国共产党纪律处分条例》,条例对引领党员遵守党章和党内法规,对新形势下全面从严治党发挥了积极的作用。但随着历史虚无主义的传播泛滥,并一度渗透到党内来,不少党员也成了历史虚无主义的"代言人",而《中国共产党纪律处分条例》又对传播历史虚无主义的党员没有作出相应的纪律处分和处罚,随着时间的推移,此条例越来越不适应全面从严治党的实践需要和要求。因此党的十八大和十九

大以后党中央先后两次修订了《中国共产党纪律处分条例》。新修订的《中国共产党纪律处分条例》是党的十八大以来党中央加强党规党纪建设，以捍卫历史真相和维护英雄烈士及领袖的人格、名誉的重要党规，是从党规党纪的刚性纪律层面遏制历史虚无主义在党内传播和泛滥的基本手段。党规党纪中对于那些恶意诋毁领袖和英雄先烈、歪曲历史的，明确规定要根据其动机、后果，视其严重程度，给予不同的纪律处分，严重者要开除党籍，甚至承担相应的法律责任，以维护党规党纪的神圣和国家意识形态安全。

《中国共产党纪律处分条例》是为了全面从严治党的需要，根据党章内容和要求制定的重要的党内法规和纪律遵循，是以党规党纪的形式对全面从严治党、反对历史虚无主义作出的纪律建设和重大制度安排，条例明确规定：把背弃四项基本原则、解构历史、诋毁国家领导人和丑化英雄先烈等历史虚无主义的错误观点和行为视为违反党内政治纪律和政治规矩，必须按照党规党纪严厉处分和惩罚制造、传播错误言论的相关行为人。因此，加强党规党纪建设，必须以底线思维和法治思维约束党员行为。将反对历史虚无主义融入党的政治建设、组织建设、制度建设、思想建设，使党员干部发挥先锋模范作用，带头驳斥和抵御错误思潮，规范言行与党中央保持高度一致，构筑维护意识形态安全的坚固壁垒，以纪律手段严惩历史虚无主义者，从而在思想和行动上遏制历史虚无主义在党内的传播泛滥。

2016年10月，为了有效遏制历史虚无主义思潮在新形势下的传播与泛滥，从严治党，党的十八届六中全会通过了以纪律手段严惩历史虚无主义错误言行的《关于新形势下党内政治生活的若干准则》，该准则明确地提出在党内反对历史虚无主义的要求，对处罚范围和标准作出明确规定，严明党纪，这是新形势下全面从严治党和反对历史虚无主义的重要举措。

2. 加强法治建设

党的十八大以来，历史虚无主义的一个重要表现就是贬损、抹黑英雄人物、革命先烈和党的领袖，歪曲党史、国史和军史，为了有效地抵御历史虚无主义，捍卫历史真相，维护英雄先烈和领袖人物的荣誉，我国开始加强反对历史虚无主义的法治建设，运用法律武器和手段回击历史虚无主义的侵蚀，法治化进程明显加快，开始步入制度化、法治化正轨。

2018年5月，为了用法律法规对历史虚无主义者进行具体而明确的规范和约束，《中华人民共和国英雄烈士保护法》颁布实施，这是第一部专门尊崇英雄烈士、维护烈士荣誉人格、反对历史虚无主义的专项法规，通过法律手段和途径旗帜鲜明地维护英雄烈士的人格名誉，尊崇爱戴先烈，捍卫历史真相，维护对革命先烈牺牲精神与奉献精神的价值认同，展现了党和人民对英雄烈士的缅怀与褒扬。这部法规填补了反对错误思潮相关领域的法律空白，对反对历史虚无主义法治化建设具有里程碑式的意义，也是反对历史虚无主义的有力法治举措。

2020年12月，为了运用好法律武器的惩治功能和警醒作用，反对历史虚无主义，全国人大常委会通过了《中华人民共和国刑法修正案（十一）》，将解构革命历史、贬损和丑化革命英烈的相关行为依照法律明确规定为犯罪。这进一步打击了历史虚无主义者的嚣张气焰，让他们在法律武器的威慑下，不能为所欲为，不敢"肆无忌惮"。上述法律法规旗帜鲜明地捍卫历史，维护了英雄烈士的人格、尊严、名誉，给我们依照法律惩处那些具有明显政治意图的历史虚无主义者提供了依据，展现了党和国家运用法治力量打赢反对历史虚无主义斗争的决心和信心。

运用法治思维，建立完备的法治体系，依靠法律手段维护英雄烈士荣誉，处理历史虚无主义的典型案件，是批判和反制历史虚无主义的锐利武器和根本途径。实践证明，运用法律武器，依靠法治手段，依法依规严厉惩罚蓄意传播历史虚无主义者才具有更为强大的威慑力和更为刚性的约束力。对抹黑英雄先烈，肆意贬损和妖魔化领袖人物的历史虚无主义者，要旗帜鲜明地敢于亮剑、敢于斗争，拿起法律武器严肃惩处，树立典型，以起到警示作用。

综上所述，历史虚无主义不是一般意义上的政治思潮，要树立典型案例，切实增强法治思维，旗帜鲜明地以党纪国法来批判和应对历史虚无主义等错误思潮，使党员、干部自觉接受党纪国法的约束，把反对历史虚无主义纳入法治轨道，凸显法律威慑性、严肃性、权威性、稳定性的特点。党规党纪和国家法律形成批驳历史虚无主义错误思潮的强大合力。随着法治建设的推进和加强，法治的规范约束织牢织密，反对和批判历史虚无主义错误思潮的自觉性、警醒性和主动性必将提升，历史虚无主义错误思潮的传播路径必将被斩断，历史虚无主义错误思潮的存在时空将被大大压缩。

（四）加强思政教育，筑牢思想防线

面对历史虚无主义思潮的侵袭，我们要提高政治站位，加强思政教育，推行大、中、小学思政课一体化教学，培育和践行社会主义核心价值观，抵御错误思潮的袭扰，弘扬正能量，筑牢思想防线，维护国家意识形态安全，这也是反对历史虚无主义的重要经验之一。

1. 加强思政教育

学校思政课教师，担负着培养学生形成正确的历史观、价值观、人生观的历史重任。"思政课是落实立德树人根本任务的关键课程，思政课作用不可替代，思政课教师队伍责任重大。"[1] 这就指明了思政课教师的光荣使命，给我们提出了思政课建设的根本遵循和基本方向。

学校已经成为西方社会思潮渗透和意识形态主导权争夺的重要阵地。在思政课教学中，思政课教师要根据课程教学内容的体系和特点，理论联系实际，帮助学生提升认识能力，避免陷入历史虚无主义的认识误区和理论陷阱。思政课教师须引导学生对历史虚无主义等错误思潮大力进行驳斥，通过开展有针对性、实效性的思政教育，帮助学生树立正确的历史观、价值观，打牢"四个自信"的基础。

思政课教师应根据课程内容，结合学生实际，对学生因势利导，因材施教，开展思政教育。思想政治理论课教师要向学生深入开展共产主义理

---

[1] 习近平：《思政课是落实立德树人根本任务的关键课程》，《求是》，2020年第17期，第4页。

想信念、中国特色社会主义学习教育活动，坚持用习近平新时代中国特色社会主义思想培根铸魂，充分弘扬社会主义核心价值观，充分发挥思政课主渠道作用，进一步夯实马克思主义的引领地位，使中华民族伟大复兴成为学生共同追求的奋斗目标，不断增强学生对走中国特色社会主义道路的自信心、自豪感和信任感，使共产主义远大理想成为学生矢志追求的奋斗目标。思政课教师要用好思政课主渠道，注重引导大学生学深学透马克思主义基本理论，树立正确的历史观和价值观，成功应对当代社会思潮多样化挑战，筑牢马克思主义理论的主导地位。思政课教师找准各门课程的着力点，用马克思主义中国化最新成果帮助学生筑起反对历史虚无主义的坚固堡垒，真正发挥好思想政治理论课在学生思想政治教育中的主阵地作用，帮助学生释疑解惑，以正视听，建设好学生真心喜爱、终身受益的思想政治理论课，使学生能够辨析善恶、是非、美丑，提升学生抵制错误思潮的能力。

针对历史虚无主义者扭曲中国近现代历史的荒谬论调，思政课教师应对这些错误的历史认知给予及时纠正。教师根据历史虚无主义传播的特点，一方面组织学生参加社会实践，参观红色遗址和红色教育基地，改变硬性的单纯的理论灌输方法，强化有针对性、教育性、实效性的实践教学环节，开展形式多样的实践活动，积极引导学生参与体验式实践教学；另一方面推动思政教育向多元化与创新性方向改进，对接实践教学内容，在教学过程中努力发挥学生的主体作用，采取问题导向和案例教学的方式，实现教育客体和主体之间的良性互动，引导学生认知、感悟历史，树立正确的历史观，激发学生历史思辨能力，提升历史认同感，从而不断增强正确的历史观和价值观对中外历史和现实社会热点问题的阐释力、洞察力和说服力。只有大力开展思政教育，加强历史教育，才能使学生进一步认清历史虚无主义错误思潮的本质、样态和危害，才能提高学生对于历史虚无主义等各种错误思潮的甄别、辨析和抵御能力。

2. 筑牢思想防线

开展好学生的思政教育工作，筑牢思想防线，对反对历史虚无主义、建构社会主义主流意识形态至关重要。因此思想政治理论课教师必须有强烈的阵地意识、大局意识。在反对历史虚无主义的斗争中，我们必须一方面充分发挥思政课主渠道作用，把握主流价值观建构的主动权、领导权、话语权，抵制历史虚无主义等错误思潮，另一方面必须坚持大思政理念，推进大、中、小学思政课一体化建设，整体谋划、系统推进学生的思想政治教育，筑牢思想防线和制度防线，捍卫社会主义意识形态安全，从而在源头上斩断历史虚无主义传播的路径。

思想政治理论课担负着对学生进行思想政治教育、传播和弘扬社会主义主流价值观的重要任务。思政课教师必须深入学习和贯彻习近平总书记2019年3月18日在北京主持召开的学校思想政治理论课教师座谈会上的重要讲话精神、2022年4月25日习近平在中国人民大学考察的重要指示，坚决抵制西方意识形态渗透战略，用实际行动全面落实立德树人根本任务，通过收集、整理相关资料和深入研究历史虚无主义的传播特点，积极开展针对性教学活动，大力抵制错误历史观、价值观在学生中的传播蔓延，精准引导新时代大学生思想和行为，增强教学的实效性、针对性和科学性。思政课教师在批驳历史虚无主义的教育实践中，只有加强历史教育，帮助学生还原历史真相，有针对性地纠正学生的错误观点和看法，使学生明确地洞察历史虚无主义等各种错误社会思潮背后暗含的险恶的政治目的和现实危害，澄清可能使学生受影响的错误认识和思想倾向，才能形成抵制历史虚无主义的理性自觉，提升辨识历史虚无主义错误观点的能力，敢于亮剑，勇于斗争，进一步增强与历史虚无主义作彻底的坚决的斗争的信心和勇气，从而在根本上彻底摒弃历史虚无主义错误思潮对学生的思想荼毒。

综上所述，思想政治理论教育对人们树立正确的历史观、价值观，筑牢思想防线有着不可估量的显著效果。加强思政教育，注重理论教育和正面教育，筑牢抵御历史虚无主义思潮的思想防线是批判各种唯心主义错误思潮的基础和前提。一个国家的解体往往是从意识形态瓦解和思想阵线破防开始的，因此我们必须直面和批驳各种错误观点和社会思潮，把好思想防线的源头。只有充分认识历史虚无主义的理论基础和历史逻辑，探寻历史虚无主义传播特点和表现样态，加强思政课教学的针对性，构建应对历史虚无主义的纵深路径，巩固马克思主义价值引领地位，让学生深刻理解"四个选择""三个为什么"的道理，从根本上和源头上筑牢批判历史虚无主义的思想防线，才能驱散历史虚无主义者编织的迷雾，切断历史虚无主义的传播路径，维护国家的意识形态安全。因此在反对历史虚无主义的斗争中，我们必须巩固思想防线，巩固主流意识形态，提升学生对历史虚无主义的免疫力，否则就要犯颠覆性的历史性错误。

（五）加强网络治理，引导网络舆情

新媒体时代，网络是历史虚无主义等各种错误思潮快速传播的重要平台和主要通道，已经成为西方"和平演变"与我们反"和平演变"的意识形态斗争的主战场。我们必须加强网络空间治理，占领网络阵地，弘扬正能量和主旋律，引导网络舆情，营造风清气正的网络空间。加强网络治理、引导网络舆情也是我们成功应对历史虚无主义错误思潮取得的重要经验。

1. 加强网络治理

新媒体时代，网络的迅捷性、虚拟性、开放性和汇聚性特点使人类的生存和交往方式发生了革命性的变化，网络是思想文化信息的滋生地、中转站和集散地，成为社会效应的放大器。一些负面信息和历史虚无主义的错误观点在网络发酵后快速传播，消解主流意识形态的号召力与影响力，威胁着主流价值观的建构和党的执政基础的稳固。党的十八大以来，党中央发出了网络治理的最强音，高度重视网络的趋利避害问题，高度重视主流意识形态的网络建构问题，2018年8月，为了有效净化网络空间，反对网络历史虚无主义，习近平总书记在全国宣传思想工作会议上强调提升网络治理水平时指出："我们必须科学认识网络传播规律，提高用网治网水平，使互联网这个最大变量变成事业发展的最大增量。"❶ 互联网是一把

---

❶ 《习近平谈治国理政》（第三卷），外文出版社2020年版，第311页。

"双刃剑",不是法外之地,我们应该加强网络立法,健全相关法律体系,完善信息生产、推送和管理等方面的网络法律法规,使互联网受到相应的监督和管理。

党的十八大以来,互联网在法治轨道上健康运行,历史虚无主义者在网络空间的荒谬论点得到有力驳斥和打击。依法治理网络、驳斥网络历史虚无主义的错误言论是反对历史虚无主义的重要环节。只有加强依法治理网络,使负面信息和言论在网络空间发酵、流布的网络环境得到治理,用法律之剑激浊扬清,才能铲除网络历史虚无主义的生存空间。在加强网络治理的过程中,我们一方面加大网络的监管力度,聚焦网络治理难点和找准网络监管盲点,实行实名管理、全程监控,及时删除和界面屏蔽错误信息,依法处置危害国家意识形态安全的历史虚无主义错误言论的客户端和载体,净化网络空间;另一方面依法严惩传播历史虚无主义的个人,规范社会公众在网络空间的言论和行为,形成依法惩治历史虚无主义错误言论的强大的震慑威势和态势,提升网民的法律意识。

在加强依法治网的过程中,我们首先要加强立法建设,加强网络治理,建构良好的网络生态,"要抓紧制定立法规划,完善互联网信息内容管理、关键信息基础设施保护等法律法规"❶。根据形势需要和立法要求把一些反映社会良知的道德诉求及时上升为法律规范,出台《中华人民共和国网络安全法》等有关互联网的法规、条例和管理办法,把法律作为基本裁决标准,震慑历史虚无主义者,压缩历史虚无主义传播的网络时空。

网络监管部门依法依规加强网络监管和治理力度,要提升技术手段,加强网络空间治理技术的创新,加大网络技术研发的力度,为网络历史虚无主义言论及行为的治理提供强有力的技术支持和平台支撑。此外,要建立健全网络信息发布和传播的监督体制机制,利用人工智能技术建立健全网络负面信息预警系统和应急机制,鼓励社会公众和广大网民对兜售错误观点、传播虚假言论的人敢于亮剑,大力批驳。网络技术的开发、完善、

---

❶ 《习近平谈治国理政》(第一卷),外文出版社2014年版,第198–199页。

创新可以净化网络环境,有效降低历史虚无主义错误观点推送和传播的概率,梗阻错误信息的发布与传播,迅速切断历史虚无主义在媒体和网络空间的传播路径。

党的十九大以来,为躲避主流媒体的批判抵制,历史虚无主义通过网络平台改变话语体系,隐蔽传播、渗透,从而加大了纠治的难度。在依法治理网络的过程中,我们要及时掌握网络舆论走向和动态,坚持问题导向与效果导向相结合,洞察历史虚无主义传播的新样态、新动向,从而作出科学研判,精准施策,有针对性、系统性地打击历史虚无主义。

2. 引导网络舆情

根据新时代国内外形势发展需要,反对历史虚无主义要引导网络舆情,加强网上正面宣传,消解历史虚无主义网络传播的基础,把网络舆论工作作为反对历史虚无主义的中心工作来抓。在涉及主流意识形态安全、关系网络舆情走向的敏感话题和言论时,新闻主流媒体必须及时、快捷地抢占网络阵地,揭露历史虚无主义者的险恶用心,强化舆论宣传引导,及时引导网络舆论正确走向,增强网民的鉴别能力,防止虚假言论对社会公众的蛊惑和诱导,维护网络空间安全和秩序。

在反对网络历史虚无主义的斗争中,我们必须一方面坚持正确的政治导向、舆论方向和价值趋向,将网络空间的法治建设要求与网民内生性的自律要求有机统一起来,加强网络治理,创新改进网上宣传方法方式;另一方面坚持以人民为中心的原则,运用网络传播规律,形成以弘扬主旋律、激发正能量完全压制网络历史虚无主义错误言论的舆论态势,坚持以社会主义核心价值观引领网络空间风向。习近平总书记指出:"网络空间是亿万民众共同的精神家园。网络空间天朗气清、生态良好,符合人民利益。网络空间乌烟瘴气、生态恶化,不符合人民利益。"❶ 只有把握好网络空间舆论引导的领导权、主动权、发言权,实现对网络舆论的全方位、立体化治理,落实网络平台主体责任,才能抵御历史虚无主义的侵扰,强化

---

❶ 《习近平谈治国理政》(第二卷),外文出版社2017年版,第336页。

社会主义主流意识形态的舆论指向，建构清朗网络空间和良好网络生态。

总之，在反对历史虚无主义的斗争中，我们只有加强网络管理，加强互联网法治建设，强化网民道德自律建设，净化网络生态，才能一方面有效净化网络空间，提高对历史虚无主义等不良信息的敏锐度，提升网络舆情的分析和引导能力，化解舆情危机；另一方面坚持以社会主义核心价值观引领风向，弘扬社会正能量和主旋律，以积极、向上、健康的宣传内容充盈网络空间，不断增强正面舆论影响力。

（六）强化价值导向，引领社会思潮

历史虚无主义是一股具有强烈意识形态色彩的社会思潮，具有鲜明的价值导向，试图消解社会主义核心价值观的一元价值导向和主导地位。历史虚无主义同民主社会主义、"普世价值论"、新自由主义等错误思潮交织叠加，严重威胁国家意识形态安全。核心价值观决定着一个民族和国家的精神旨趣和价值导向，因此，我们必须用社会主义核心价值观引领社会思潮，强化主流价值观的一元价值导向功能，增加主流意识形态的受众性，才能抵御历史虚无主义的进攻和袭扰。因此，强化正确的价值导向，用社会主义核心价值观引领社会思潮也是反对和抵制历史虚无主义错误思潮的基本经验之一。

1. 强化价值导向

历史虚无主义解读历史的动机和旨趣不是研究和评判历史，其背后隐藏着扭曲的价值导向功能，价值导向越来越隐蔽化、神秘化。历史虚无主义以唯心史观为基础，以颠覆传统、解构历史为价值导向，往往同各种错误、庸俗、落后的价值观杂糅在一起，其背后或隐或明的价值导向就是西方资产阶级个人主义的价值观。"历史虚无主义虚无掉了历史进程中的整体真实，以碎片化的历史事实歪曲甚至全盘否定历史，并用被篡改的历史幻象引导社会舆论树立'恶'的价值导向，做'恶'的价值选择。"[1] 历

---

[1] 武卉昕、刘喜婷：《历史虚无主义的道德虚无》，《红旗文稿》，2015年第7期，第29页。

史虚无主义混淆价值判断标准，消解以人民为中心的价值导向和价值规范，侵蚀着核心价值观，使传统价值的供给模式呈现严峻态势，导致价值相对主义和虚无主义的肆虐。

核心价值观体现了一个社会评判是非曲直的价值标准，是一个社会的共同价值追求。在反对历史虚无主义的斗争中，我们要"积极发挥社会主义核心价值观的价值导向功能、思想引领功能和道德规范功能"❶。只有以社会主义核心价值观为精神引领，坚持以社会主义主流意识形态为价值导向，才能从根本上驳斥和批判历史虚无主义淡化主流意识形态的错误倾向，铲除错误思潮的生存根基，筑牢社会主义主流意识形态的主阵地。

在批判历史虚无主义的过程中，只有营造积极向上、健康理性的环境氛围，聚焦社会热点问题、敏感事件，增强社会责任感、使命感，坚持符合社会主流的正确的价值导向，才能一方面提高文化品位和素质，树立正确的价值观，坚持真善美的审美情趣，培养高尚的精神追求，引导广大人民群众把主流价值观根植于心，外化于行；另一方面增强批判历史虚无主义错误思潮的政治自觉、道德自觉、行动自觉，让社会公众养成批判历史虚无主义的自觉意识，提升抵制历史虚无主义的战略定力。

2. 引领社会思潮

核心价值观是一个国家和民族发展最具有潜力的源源不断的思想动力和力量源泉，具有凝心聚力的功能。用社会主义核心价值观引领社会思潮的走向，是抵御历史虚无主义、建构社会主义主流意识形态的题中应有之义。坚持社会主义核心价值观的精神引领和价值取向是事关社会主义性质和前进方向的底线、红线和下限，是发展中国特色社会主义文化的基本要求，也是"文化自信"的根本保证。

全球化背景下，在中西文明碰撞、交流、融合的过程中抵制西方社会思潮的侵袭是维护国家意识形态安全、巩固意识形态主阵地的重要内容和

---

❶ 胡中月：《苏共党内历史虚无主义的表现、危害及启示》，《当代世界与社会主义》，2019年第6期，第73页。

主要举措。"社会思潮是在社会变革年代,由一定思想理论引领的,反映社会历史走向诉求的,影响面很广的思想观念或倾向。"❶ 西方社会思潮蕴含的价值观与社会主义核心价值观是对立的。新自由主义、历史虚无主义等各种社会思潮忽视社会主流意识形态的价值导向,引导错误的社会价值导向,消解权威,抹黑历史,解构主流价值观,违背社会公序良俗,改变人们对历史的正确认知,消解人们的理想信念,荼毒人们的心灵和灵魂,引导社会公众作出与主流价值观相悖的价值选择。新时代多元的西方社会思潮杂糅并存,使社会主义主流意识形态的认同存在种种威胁,它对社会主义主流意识形态的合法性的解构、动摇、诘难就是无法回避的,对介于传统与现代之间的意识形态造成所谓的"合法性危机"。因此我们反对历史虚无主义,必须抵御和防范西方错误思潮对社会主义主流意识形态的蛀蚀,肩负起批驳和反制形形色色的西方错误思潮的重任,但我们很难仅用行政手段实现这一目标,要用社会主义核心价值观引领西方社会思潮。

社会主义核心价值观坚守崇高、追寻意义,通过国家层面的富强、民主、文明、和谐,社会层面的自由、平等、公正、法治,个人层面的爱国、敬业、诚信、友善等思想导向和道德来引领社会思潮,彰显社会主流的价值导向,丰富人们的精神生活和内心世界,引导人们自觉防范、警惕和抵制历史虚无主义传播泛滥。

反对和遏制历史虚无主义,必须立足中国国情培育和践行社会主义核心价值观,夯实马克思主义理论基础,坚持和发展中国特色社会主义文化建设,形成特色和优势,才能保证正确的政治价值导向,加强社会主义主流意识形态话语权建设。

随着全球化的进行,西方形形色色的社会思潮在中国的涌动从来没有止息,与社会主义核心价值观的碰撞与交锋也没有停止。2006 年 10 月,党的十六届六中全会根据国内外形势的变化在历史上第一次鲜明地提出了

---

❶ 林泰:《问道:改革开放以来的社会思潮与青年思想政治教育研究》,中国社会科学出版社 2013 年版,第 3—4 页。

以社会主义核心价值体系引领社会思潮的新命题和新任务。反对历史虚无主义是21世纪以来维护国家主流意识形态安全的一场尖锐、持久而复杂的政治斗争。"价值导向不健康的东西,越是搞得精巧,就越容易在不知不觉中腐蚀青少年的灵魂。"❶ 在当前各种西方社会思潮相互交织交锋的格局中,只有彰显中国风格和中国气派,坚守正确的政治方向和舆论导向,增强社会主义核心价值观的吸引力、感召力、引领力和战斗力,才能旗帜鲜明地反对历史虚无主义,用社会主义核心价值观引领多元的西方社会思潮,整合西方社会思潮,这也是21世纪以来反对历史虚无主义取得的基本经验之一。

二、历史虚无主义批判的启示

改革开放以来,党中央旗帜鲜明地反对各种错误思潮,以苏共垮台和苏联解体的教训为鉴戒,加强主流意识形态安全建设,维护国家意识形态安全,反对和抵御历史虚无主义取得了决定性的新胜利,认真分析和总结成功经验,不重蹈历史教训的覆辙,对我们新时代抵御和遏止历史虚无主义错误思潮的袭扰有着重大的意义和深刻的启示。

(一)坚定政治立场,敢于亮剑交锋

反对历史虚无主义,我们一方面必须坚持站在人民的立场上,坚定政治立场、政治信仰、政治方向,坚持以人民为中心,揭批历史虚无主义反对党的领导、否定社会主义的错误政治立场和方向,另一方面对待历史虚无主义的错误言行,我们必须敢于亮剑交锋,勇于批驳斗争。

政治立场是分析解决问题的根本立足点和出发点,其背后蕴含的思想和理论形态决定了认知主体的价值理念和政治方向。政治立场的根本属性决定了批驳历史虚无主义的矛头所向首先应该是历史虚无主义错误思潮的

---

❶ 苏颂兴、胡振平主编:《分化与整合:当代中国青年价值观》,上海社会科学院出版社2000年版,第271页。

政治立场。历史虚无主义的认识观和方法论建立在历史唯心主义的理论基础之上，其历史观违背历史发展的逻辑和趋势，这也注定了其反人民的错误政治立场和价值取向。历史虚无主义的政治立场往往先入为主，极力鼓吹"西方中心论"，认为西方资本主义的社会制度和价值观优于非西方国家，因此在政治立场和方向上也是反人民的，背离了社会主义的基本原则。反对历史虚无主义，我们必须坚定政治立场，在政治方向、政治原则和政治观点上遵守政治纪律，树立政治规矩，在大是大非面前坚守党性，与党中央保持高度一致。"坚持党性，核心就是坚持正确政治方向。在我国，最大的政治方向就是社会主义方向，就是要坚决同党中央保持高度一致，坚决维护党中央权威，站稳政治立场。"❶ 因此反对历史虚无主义，必须坚定正确的政治方向，始终代表人民的利益，坚持党性和人民性相统一，站在党和人民立场上。

历史虚无主义是西方国家推行"和平演变"战略的工具，以西方的价值观为圭臬，否认党的领导和社会主义道路是历史和人民的选择，动摇社会公众的政治立场和政治方向，站在维护西方资产阶级利益和价值观的立场上，阻碍画好凝心聚力、凝聚共识的最大同心圆。因此在反对历史虚无主义的问题上，我们不能被历史虚无主义错误言论所影响、所左右，不能做两面人，态度暧昧，模棱两可，必须坚定政治立场，坚持正确的价值观，保持清醒的思想理论思维，坚决同解构历史、虚无历史的错误言行作坚持不懈的斗争，通过"四史"教育形成正确的历史认知，以此批驳历史虚无主义在历史迷雾下遮蔽的意识形态立场和政治立场。

历史虚无主义思潮逐渐从硬性的偏激的政治立场、露骨直白的语言叙事向软性的所谓"学术性"、柔性话语转变，试图逐步销蚀正确的价值观念，这就增加了辨识的难度。一些人在这种软性历史虚无主义的进攻面前丧失了政治立场，政治方向开始动摇。因此在反对历史虚无主义的政治斗

---

❶ 洪晓楠、顾燕：《中共党史研究中的历史虚无主义及其批判》，《思想理论教育导刊》，2021年第11期，第118页。

争中，坚定政治立场是前提，必须以党性为根本原则。历史虚无主义解构民族文化标识和表征符号，极具欺骗性、蒙蔽性、迷惑性，这就要求我们坚定政治立场，提高斗争本领，敢于亮剑斗争，具体而言就是在反对错误思潮的斗争中坚守正确政治方向，阐明党的反对历史虚无主义政策举措的理论逻辑、历史依据和实践基础，建构社会公众的政治归属和理论认同、思想认同，站稳政治立场，坚定中国特色社会主义"四个自信"，在此基础上敢于亮剑，勇于斗争，才能取得反对和抵御历史虚无主义的决定性胜利。

（二）开展红色教育，注重实践养成

红色文化蕴含的历史史实、革命精神、价值理念是批判和反制历史虚无主义的工具和武器。在反对历史虚无主义的斗争实践中，只有牢牢巩固意识形态领域的主阵地，加强红色文化资源建设，将宝贵的红色文化资源转化为优质的教育资源，开展红色文化教育，注重在社会实践中砥砺品格，构建完善的红色文化教育体系，才能坚持"文化自信"，夯实中华民族的精神根基。

1. 开展红色教育

历史虚无主义公然否定革命红色文化，推崇西方文化，诋毁英雄先烈，虚无革命历史，亵渎红色经典，肆意戏谑、矮化甚至恶搞、颠覆英雄和精神偶像的高尚行为，消解早已形成的正确的历史认知，社会公众的价值观和历史观也将被解构甚至被扭曲，从而使社会主义核心价值观的建构遭受重大的冲击，颠覆了红色文化和中国共产党人革命精神谱系的认同。如一段时间内历史虚无主义解构井冈山精神、抗战精神、延安精神、西柏坡精神、雷锋精神等红色文化蕴含的价值，亵渎红色文化承载的革命英雄主义精神、爱国主义精神、集体主义精神，在社会上造成恶劣的影响。

红色是中国革命最鲜艳的底色。马克思指出："革命之所以必需，不仅是因为没有任何其他的办法能够推翻统治阶级，而且还因为推翻统治阶级的那个阶级，只有在革命中才能抛掉自己身上的一切陈旧的肮脏东西，

才能胜任重建社会的工作。"❶ 红色文化蕴含的红色精神具有感召人心、凝心聚力的价值功能，能够帮助人们坚定正确的政治立场和理想信念，因此反对历史虚无主义，必须积极构建传承红色文化、赓续红色血脉的浓厚氛围，大力开展红色文化教育，学习红色革命理论，赓续红色文化血脉。

红色文化资源有多种表现形式，丰富多彩，既有物质形态的，也有精神层面的。在反对历史虚无主义的斗争中，应肯定红色文化所特有和独有的历史意义和价值意蕴，重视红色文化教育内容的丰富和形式的多样，如，通过举办"红色文化""红色历史"讲座，开展讲红色故事、红色名著导读、红色文艺作品创作、红色诗词诵读等活动，对人们进行红色文化教育，赓续中国共产党红色文化血脉。红色文艺作品具有意识形态功能，立足于红色革命史实，成为再现红色历史的文艺载体，其形象化、时代化、艺术化的创作有利于建构社会主义核心价值观，对反对和批判历史虚无主义作出了不可估量的贡献。我们可以通过建立红色文化基地，开展红色教育活动，了解红色文化与革命史实，或通过组织重大公祭活动等方式来形成正确的历史认知，在学习过程中铭记历史、提高历史认同度和历史责任感，提高辨别是非黑白能力、辩证思维能力，强化社会公众的红色记忆和历史情怀，敬仰革命先烈，厚植爱国主义情感，从而增强红色文化的吸引力、感召力、凝聚力和创造力。总之，红色文化是反对历史虚无主义错误思潮的锐利武器，我们对于扭曲红色革命历史的历史虚无主义错误思潮，只有利用丰富多彩的红色文化资源，开展红色教育，赓续红色血脉，才能予以坚决的回击和驳斥批判，揭穿历史虚无主义的险恶目的与政治企图，才能为人们树立正确的历史观、党史观和价值观奠定基础、提供遵循。

红色文化是红色精神的主要载体，红色精神是红色文化主流价值和精神实质的表现。不畏艰险、敢于斗争、敢于牺牲的红色精神是红色文化资源精神宝库中的核心和灵魂。红色精神是中国共产党人革命精神、革命理

---

❶ 《马克思恩格斯文集》（第1卷），人民出版社2009年版，第543页。

想、革命信念、革命情操的表征，给人们反制和批判历史虚无主义提供了自信心与精神力量。社会公众可以从红色文化教育中汲取精神给养，形成正确的价值取向与文化认同，树立正确的历史观、政治观、民族观和价值观，有助于人们勇敢地肩负起时代赋予他们的光荣使命，同时让红色文化、红色血脉、红色精神得到传承和弘扬，有助于提升文化自信，有效地遏制历史虚无主义的传播和扩散。

2. 注重实践养成

社会实践是批判错误思潮、涵养人心的路径和手段。在反对历史虚无主义的斗争中，我们必须注重实践养成，重视实践的育人作用，一方面充分利用红色资源，开展社会实践，进行红色主题的社会实践活动，让人们在现实中感受红色历史，认识革命英雄，感悟崇高形象。另一方面在社会实践中全面认识社会，了解国情，体验对于中国共产党领导革命成功的深厚感情，可以培养社会公众的爱党和爱国情怀，增强对党和社会主义的政治认同，增强理性分析与看待社会问题的能力，有效地批判和反制历史虚无主义，坚定中国特色社会主义"文化自信"。习近平总书记曾深情地指出："西柏坡我来过多次，每次都怀着崇敬之心来，带着许多思考走。对我们共产党人来说，中国革命历史是最好的营养剂。"❶ 红色文化资源具有一定的重温历史的价值功能，参观红色基地，学习红色文化，可以印证红色历史，近距离地感悟革命历史，陶冶高尚的革命情操，砥砺人心，更加深刻领会红色精神的内涵。

在反对历史虚无主义的实践斗争中，我们必须增加社会实践环节，参观红色革命文化遗址和红色爱国主义教育基地，走访重大历史事件的发生地，可以身临其境地体会中国革命精神与红色文化，陶冶高尚情操，传承红色文化和红色精神。红色精神是红色文化的核心和灵魂，具有无可比拟的思想政治教育功能。这些红色文化资源蕴含着英雄先烈崇高的革命信

---

❶ 《调动干部和群众积极性　保证教育实践活动善做善成》，《人民日报》，2013年7月13日，第1版。

仰、坚定的革命毅力以及高尚的革命情感。通过红色文化教育和社会实践，人们能感受红色文化资源的价值熏陶和社会主义核心价值观的正向引领，培养批驳历史虚无主义错误思潮的辨析能力和政治素养，培养社会责任感、使命感与爱国主义情感，形成正确的党史观、历史观和自我价值判断。

综上所述，从红色文化教育中学习革命历史，把握历史客观规律，在社会实践中认清历史虚无主义的本真面目，领会红色精神的内涵，加强实践养成，一方面可以培养社会公众的使命感与责任感，树立正确的价值观、文化观，另一方面在红色资源的教育和熏陶下，可以涵养历史思维辨析能力，厚植社会公众的家国情怀和使命担当，使社会主义主流价值观占领意识形态的主要阵地。因此，开展红色教育，注重实践养成，体会红色精神与红色文化，在潜移默化中遏制历史虚无主义思潮的袭扰，坚定"文化自信"，强化实践育人的效果，用红色文化和红色精神引领社会思潮，也是我们反制和批判历史虚无主义的一个重要历史经验和启示。

（三）加强历史教育，建构政治认同

开展历史教育，加强历史学习，批判历史虚无主义，在当前具有重大而紧迫的理论意义和现实意义。中国共产党自诞生以来在各个历史时期都非常重视历史学习，注重加强历史教育。在反对历史虚无主义的斗争中，只有加强历史教育，通过"四史"的学习，强化对人们的历史传统教育、爱国主义教育，提升社会公众对历史教育的认知沉浸度，才能培养对优秀传统历史文化的认同感、归属感和自豪感，建构政治认同、历史认同，树立正确的历史观、党史观、政治观、价值观。

1. 加强历史教育

古人有云，"灭人之国，必先去其史"。历史虚无主义否定人民群众的历史主体地位，歪曲历史，扭曲历史，混淆视听，颠覆正确的历史观和早已形成的历史认知，其背后的真实意图是解构主流意识形态，颠覆社会主义核心价值观，为西方的"和平演变"战略服务，企图否定党的领导和中国的

社会主义制度。因此我们通过开展历史教育，树立和传输正确历史观，利用大量客观历史事实全面地理性地恢复被历史虚无主义扭曲的历史本真面目，批驳历史虚无主义错误观点，就可以实现对历史的尊重与认同，做到激浊扬清、扶正祛邪，维护国家意识形态安全，巩固主流意识形态。

在反对历史虚无主义的斗争实践中，我们要深入开展历史知识学习及普及活动，采取灵活多样的形式，开展历史教育，定期组织参观历史博物馆，参加红色遗址的社会实践，把知、情、意、行融于一体，拓展历史教育的渠道，才能陶冶情操，凝聚共识，增强人们的历史观念，提高人们的行动自觉、历史自觉，培育历史认同，增强战胜历史虚无主义的信心。

在反对历史虚无主义的斗争中，我们必须一方面以重大历史节点和时间节点为契机，借助纪念日、重大历史事件，充分挖掘历史事件中蕴藏的丰富资源，以历史唯物主义为科学指导，加强历史教育活动，开展历史主题教育活动，不断丰富和完善历史教育的内容，另一方面揭露并批判历史虚无主义的理论本质和政治意图，强化"四史"和中华民族文明史教育，"引导人们深刻认识历史和人民选择中国共产党、选择马克思主义、选择社会主义道路、选择改革开放的历史必然性，深刻认识我们国家和民族从哪里来、到哪里去，坚决反对历史虚无主义"❶。只有大力营造学习氛围，运用唯物史观的科学原理，注重历史教育的内容和方式方法，形成良好的参与意识，才能筑牢思想防线，廓清历史虚无主义的思想毒害和认识迷雾。

近年来，历史虚无主义变换传播话语，利用网络平台采取软性的方式渗透，以图像化的所谓"创新"形式传播其荒谬的隐性错误观点，因此反对历史虚无主义，我们必须创新历史教育载体，利用网络更新颖、更有效的方式开展历史教育，使网络这把"双刃剑"成为抵御历史虚无主义的主阵地和坚强堡垒。主流网站必须开设声情并茂、形式新颖、健康向上、视野开阔、更新迅捷的历史教育栏目，积极运用微视频、QQ 群、微信群、

---

❶ 《新时代爱国主义教育实施纲要》，中国法制出版社 2019 年版，第 8—9 页。

微信公众号等各种平台中介开展喜闻乐见的充满正能量的日常化的历史教育，真正落实网络正确舆论的导向和引领功能，传输正确的历史认知和历史观，积极推进社会主义核心价值观建设。因此在反对错误思潮的斗争实践中，只有拓展历史教育活动的文化载体，创新历史教育的方式方法，才能强化社会公众的历史记忆和历史尊重，树立正确的价值观，建构社会主义主流意识形态。

2. 建构政治认同

历史虚无主义脱离客观的、整体性的具体历史进程，其泛滥传播是对历史本真面目最大的颠覆、解构，造成社会公众思想上的极大混乱和历史观上的彻底颠覆。只有树立正确的价值观、历史观，有效地建构历史认同、政治认同，才能捍卫历史真相，在与历史虚无主义的正面较量和交锋中赢得先机。因此改革开放以来，历代中央领导集体都从党和国家事业长远发展的大局和战略高度出发，高度重视和抓好历史学习、历史教育，通过历史教育建构对国家的政治认同、历史认同、文化认同。

党的十八大以来，习近平总书记在不同场合多次剖析历史虚无主义思潮的错误观点和理论本质，强调历史学习教育的重要性，指出："历史是最好的教科书。学习党史、国史，是坚持和发展中国特色社会主义、把党和国家各项事业继续推向前进的必修课。"[1] 历史是一个国家、一个民族永续发展、安身立命的根基，是民族文化的集中展现和延展。只有开展权威正规的历史教育，加强历史学习与研究，体认历史虚无主义流布的样态、规律，洞悉历史虚无主义思潮的变化新特点，以科学的哲理分析、系统的理论体系、真理的指导作用研究和解读历史，才能传递正确的历史观，洞悉历史发展规律和脉络，培育人们对历史的集体记忆，增进历史的价值认同，坚定对中国特色社会主义道路的信心和决心，树立共产主义的远大理想信念。

---

[1] 《在对历史的深入思考中更好走向未来 交出发展中国特色社会主义合格答卷》，《人民日报》，2013 年 6 月 27 日。

历史教育是建构政治认同和历史认同的前提和基础。改革开放以来，党中央认识到历史教育以史鉴今、资政育人的不可估量的作用，认识到全社会的历史教育在建构主流意识形态中的重要地位，加强历史学习，通过马克思主义唯物史观的学习和丰富多样的历史教育，让社会公众与历史近距离地亲密接触，逐步建构社会主义主流意识形态，自觉摒弃历史虚无主义的蛀蚀，从而有力地打击历史虚无主义错误思潮的狂妄气焰。因此加强历史学习，开展历史教育，并且在学习教育的过程中插入对历史虚无主义的表现样态、理论本质和现实危害的剖析，坚持历史唯物主义的科学态度，解决与现实密切相关的理论问题、热点问题，提高历史教育的实效，在释疑解惑的过程中树立正确的历史观、价值观，建构历史认同和政治认同，也是我们反制和批判历史虚无主义的一个重要历史经验和启示。

（四）健全机制体制，形成强大合力

反对和批判历史虚无主义是一项全面性、系统性、复杂性、综合性的重大工程，在反对历史虚无主义的斗争中，我们各个部门要齐抓共管，同心合力，不断革除体制机制弊端，建立健全反对历史虚无主义的体制机制，形成强大合力，这也是我们反制和批判历史虚无主义的重要历史经验和启示之一。

1. 健全机制体制

改革开放以来，历史虚无主义错误思潮在中国不断泛滥传播，始终没有止息，一方面是因为随着时代的推移，历史虚无主义逐步改变传播话语，采取新的样态，增加了辨识难度，另一方面是我们反击、批驳错误思潮的体制机制尚不健全不完备，是在反对历史虚无主义的过程中逐步建立健全完善的。遏制历史虚无主义，弘扬社会主义核心价值观，"不仅要靠思想教育、实践养成，而且要用体制机制来保障"❶。反对历史虚无主义必

---

❶ 中央文献研究室编：《习近平关于全面深化改革论述摘编》，中央文献出版社2014年版，第89页。

须不断突破利益固化的藩篱，突破原有的思维模式，不断革除体制机制弊端，合力建构坚固阵地。

反对历史虚无主义，必须建立健全反对历史虚无主义的体制机制，使相关制度成熟稳定而持久，体制机制更加完备，如治理网络历史虚无主义需要建立健全完备长效、系统综合的体制机制，首先要建立信息安全监督监管机制，从信息生产的"源头"入手对网络信息是否违背主流价值观进行严格监管。其次要建立网络舆论的引领和导向机制，对不良倾向及时疏导，化解舆情危机，形成主流意识形态的引领力和凝聚力。最后是建立网络信息的预警机制，一旦发现不良信息，进行预警，将错误认识和观点扼杀在初始阶段。网络历史虚无主义治理是一项综合性、整体性、系统性的战略工程，上述体制机制是一个有机的综合系统，无论哪一个环节出现问题，体制机制不完备，就难以预测和监控历史虚无主义演进与流布情况，从而在很大程度上影响了历史虚无主义思潮的批判与遏制。只有完善完备反对错误思潮的体制机制和各项具体制度，合力破除历史虚无主义产生、流变的社会土壤，才能取得批判和反制历史虚无主义的新的伟大胜利。

反对和批判历史虚无主义，需要各部门齐心协力，齐抓共管，才能取得遏制历史虚无主义的根本性胜利。在反对历史虚无主义的斗争中，需要理顺关系，不断建立健全体制机制，特别是政府管理部门、学校思政教育、网络媒体平台要完善制度机制，综合发力，一致发声，形成一个反对错误思潮的系统有机的整体。

政府宣传部门主抓意识形态工作，反对历史虚无主义是宣传管理部门工作的题中应有之义。宣传部门推动马克思主义理论的学习研究，发展繁荣哲学社会科学，推动理论工作"四大平台建设"，组织理论界、学术界的专家学者撰写论著，从学理上剖析历史虚无主义的理论特征、传播样态、现实危害，为历史虚无主义批判提供学理上的支撑。思想政治理论课是实施思想政治教育和马克思主义理论教育的主阵地，担负着传播主流价值观的重任。我们要推行大、中、小学思政课一体化建设，遵循教育发展的规律，做好各个学段学生的思想政治教育工作，提升思想政治理论课教学的吸引力、实效性，帮助学生树立正确的价值观、历史观。网络媒体是一把"双刃剑"，既给人们带来了便捷的信息，使信息的收送和传播发生了革命性的变化，又传播一些不良信息，导致网络历史虚无主义泛滥。为了遏制网络历史虚无主义的泛滥传播，需要净化网络空间，弘扬正能量和主旋律，进一步弘扬社会主义核心价值观。

因此在反对历史虚无主义的斗争中，需要政府主管部门、学校思想政治理论课、网络媒体平台主管部门，联合发声，建立健全反对错误思潮的体制机制，形成宣传、管理、教育、监督齐抓共管、协调发力、互相融合、各有侧重、综合推进的局面。

"抵制历史虚无主义的传播和渗透是需要政府、传媒和社会齐抓共管的一个系统工程。"❶ 中国特色社会主义的各项体制机制具有凝心聚力的优势，在反对历史虚无主义的斗争中，我们必须不断破除不合时宜的思想观念，创新体制机制，以独具特色的体制机制安排凝聚力量，综合发力，发挥中国特色社会主义制度的管理效能，释放中国特色社会主义体制机制层面的制度优势。

2. 形成强大合力

社会主义制度能够迅速调动广大人民群众的积极性、主动性，形成强大合力，集中力量办大事，能够迅速及时应对历史虚无主义批判过程中的各种困难和问题，因此在批判历史虚无主义的过程中，凝聚抵制错误思潮的广泛人心，形成抵制错误思潮的强大合力和协同效应，才能有效批驳和反制历史虚无主义错误思潮。

凝聚共识、形成合力是中国特色社会主义的一个重要特征，也是中国特色社会主义的一个制度优势。只有形成抵制历史虚无主义的多层次、多维度的合力，从多方面合力批判历史虚无主义，才能构筑意识形态认同和

---

❶ 陈清、刘珂：《自媒体时代历史虚无主义传播的特点、危害及对策》，《广西社会科学》，2016年第3期，第61页。

历史认同的大厦根底,坚定"四个自信"。在反对历史虚无主义的斗争中,各部门既要有明确的分工,各司其职,又要协同行动,共同发声,综合推进,不能"各说各话",单打独斗,敷衍塞责,出现"两张皮"的局面,不能瓦解应对历史虚无主义思潮的凝聚力、团结力和战斗力。"我们应该坚持'批判的武器'和'武器的批判'的辩证统一,以此来形成有效的批判'合力'。"[1] 反对历史虚无主义,要联合发力,协同推进,既要通过党规党纪建设和国家法治建设形成合力,遏制历史虚无主义的传播,也要在社科理论界从理论的高度和深度对历史虚无主义在学理上进行深度的剖析批判,形成理论研究的合力。更主要的是政府主管部门要从维护国家意识形态安全的战略全局出发,掌握主流意识形态建构工作的主动权和话语权,总体布局,持之以恒,系统推进,形成合力,开展对历史虚无主义错误思潮的批判斗争。

一言以蔽之,在批判和反制历史虚无主义错误思潮的斗争实践中,我们要不断建立健全反对历史虚无主义的相关体制机制,汇合各方面的力量,发动批判历史虚无主义的人民战争,形成反对历史虚无主义思潮的强大合力。

(五)运用科学方法,实现破立并举

历史虚无主义在认识和研究历史时拒绝宏大的历史叙事,背弃了历史研究的科学方法,从研究者的主观目的和情感好恶出发来解读历史评判历史,故意剪裁使用历史资料,借重所谓"心理史学"分析法来阐释歪曲历史、肆意颠覆历史。因此在反对历史虚无主义的斗争中,我们必须一方面采用历史唯物主义的科学的研究方法,另一方面在深度揭示和批判历史虚无主义的基础上,坚持以唯物史观为指导研究和评判历史,实现破立并举。

---

[1] 李文:《唯物史观视域下历史虚无主义批判的基本路向》,《思想教育研究》,2019年第3期,第69页。

1. 运用科学方法

在分析和研究历史的过程中，唯物史观主张从历史研究的客观规律出发，坚持科学的研究方法，如定量分析与定性分析相统一分析法、历史与逻辑相统一分析法、阶级分析法和理论与实践相统一等科学分析方法，与之相反，历史虚无主义者以"揭秘历史""学术创新"为幌子，背离了辩证分析的立场和方法，碎片化地研究历史，剪裁史料，肆意解构历史以达到其政治目的和政治图谋。历史虚无主义者囿于阶级和政治立场，全然放弃了历史唯物主义对历史研究的指导，采用片面、孤立、静止的观点来阐释历史，拒绝宏大的历史叙事，因而其研究方法是非科学的，要想取得批判历史虚无主义思潮的根本胜利，必须在研究历史的方法上全面坚持马克思主义唯物史观的科学理论。

历史唯物主义是指导人们认识历史和研究历史的科学方法论和认识论。在批判和反制历史虚无主义的斗争中，我们要强化唯物史观的科学性认同，坚定用历史唯物主义批判历史虚无主义错误思潮的信心，以马克思主义的科学认识论和方法论来指导"四史"的学习研究和宣传教育，坚定"四个自信"。坚持历史唯物主义的科学方法不仅能使人们正确地认识和评价历史，洞察历史本来面目，把握历史发展规律，消除历史虚无主义在意识形态领域中的侵扰，而且能坚持以人民为中心，坚持人民的主体地位，实现史学研究的社会效用和价值功能。

在社会历史研究过程中，历史唯物主义第一次使历史研究真正建立在科学基础和真理基础之上，正确地阐释历史和历史发展普遍规律，使历史学第一次成为真正的社会科学。历史虚无主义者罔顾研究历史科学方法的内在要求，否认历史事实的因果联系，否认历史发展的整体性、连续性、客观性。历史虚无主义者大肆诋毁和贬损历史唯物主义，污称唯物史观宣扬"阶级斗争学说"、"经济决定论"、资本主义的"历史终结论"等错误政治观点和理论体系。历史虚无主义者对领袖人物的评价，坚持片面、孤立、静止的立场，完全抛弃辩证分析的科学方法，无限放大领袖人物的错误，对领袖人物的历史功绩则采取熟视无睹的态度，完全抹煞，相反对中国近现代历史上的反动统治阶级的代表人物,历史虚无主义者的评价和认知却又走向了另一个极端,对这些统治阶级人物的评价抱着"无限同情"的态度,以正面评价为主,虚无他们对社会历史发展的消极阻碍作用,颠覆已有的历史认知和历史观。"历史虚无主义所谓的虚无绝不是不要任何价值,历史虚无主义从来都是有所虚无,有所不虚无,在其虚无主义的价值观背后,实际上暗含着险恶的政治目的。"❶ 历史虚无主义对历史人物的错误评价和认知,从本源上说是缺乏辩证分析的科学方法和正确态度的支撑。

2. 实现破立并举

破立并举是破旧与立新的辩证统一过程,"既'破'历史虚无主义的错误观点,又'立'历史唯物主义的科学观点,筑牢人民群众的思想根基"❷。破立并举符合历史唯物主义的科学方法,体现了辩证统一。"破立并举"中的"破"是指在揭露历史虚无主义的政治立场的基础上,充分揭露和深刻批判历史虚无主义的表现样态、理论本质和现实危害;"立"是指坚持唯物史观的指导地位,坚持以马克思主义的科学的认识论和方法论研究历史、阐释历史,牢牢掌控反对历史虚无主义错误思潮的领导权、话语权、主导权。

批判历史虚无主义的破立并举的方法论和认识论,为反制和批判历史虚无主义提供了有效途径和应对之策。针对历史虚无主义为西方"和平演变"战略效力的政治图谋,一方面,我们要善于"破",由于历史虚无主义的思维模式和认识方法带有天然的局限性,我们必须大力揭批历史虚无主义认识论和方法论的荒谬,揭露历史虚无主义哲学根基的唯心史观,批判历史虚无主义对历史的歪曲和虚无,对客观历史的本真与原貌的遮蔽;另一方面,我们要敢于"立",唯物史观是科学的认识论和方法论的统一,

---

❶ 陈清、刘珂:《自媒体时代历史虚无主义传播的特点、危害及对策》,《广西社会科学》,2016年第3期,第59页。

❷ 杜玥:《中国共产党在批判历史虚无主义中凝聚共识的百年实践与经验》,《思想教育研究》,2021年第1期,第75页。

我们要一以贯之地坚持唯物史观对历史研究的指导地位，提高历史唯物主义阐释热点问题和现实问题的能力，夯实社会主义核心价值观的基础，维护社会主义主流意识形态安全，大力抵御和反制历史虚无主义的传播和侵蚀。

在反对历史虚无主义的过程中，我们必须大力揭批历史虚无主义，才能实现破立并举，这是反对历史虚无主义的前提条件和基础。历史虚无主义认识论建构在唯心史观的基础之上，片面扩大人的主观意图和意志在历史发展中的决定作用。历史虚无主义在方法论上否定唯物辩证法的科学方法，采取形而上学的认识方法和立场，以主观方式"嫁接"客观历史，肆意解构历史，虚无社会历史发展规律。因此历史虚无主义的认识论和方法论是非科学的，其研究历史势必陷入唯心史观的泥淖。

在反对历史虚无主义的过程中，我们必须坚持马克思主义唯物史观的指导地位，才能实现破立并举，这是反对历史虚无主义的理论工具和锐利武器。唯物史观使"历史破天荒第一次被置于它的真正基础上"❶。唯物史观坚持人民群众的历史主体地位，坚持以马克思主义阶级分析法来阐释和研究历史，能够帮助人们树立科学的历史观、认识论和方法论，划清与历史虚无主义的界限。唯物史观作为科学的方法论，一方面能够揭开历史虚无主义思潮的虚假面具，驱散历史虚无主义的迷雾；另一方面能够用建设性的理论建树和理论批驳斩断历史虚无主义传播泛滥的理论根源、认识根源和思想根源。

综上所述，是否坚持以人民为中心、坚持人民立场是唯物史观与唯心史观的根本区别。唯物史观分析和研究历史建立在尊重历史事实和遵循历史规律的科学基础上，因而是批驳错误思潮、夯实主流意识形态建设基础的理论武器。只有坚持和发展唯物史观，运用科学方法，实现破立并举，才能正本清源，旗帜鲜明地反对历史唯心主义和历史虚无主义，实现历史叙述和价值评判的辩证统一，汇聚起批判和反制历史虚无主义的强大洪流。

---

❶ 《马克思恩格斯文集》（第3卷），人民出版社2009年版，第459页。

（六）强化舆情管控，弘扬社会正气

新媒体时代，信息传播主体大众化和匿名化，大量错误观点和不良信息通过网络传播推送，一段时间内造成网络历史虚无主义的泛滥。网络媒介不是法外之地，在反对历史虚无主义的斗争实践中，我们要加强与互联网相关的法治建设，强化网络舆情监控，清除非法和不良网络信息，净化网络空间，弘扬社会主义核心价值观，巩固社会主义主流意识形态。

1. 强化舆情管控

新媒体时代网络信息发布便捷、即时，信息推送和接收的门槛大大降低，社会公众可以即时发布信息、传播信息和评论信息，信息来源渠道数量众多且更加多元，因此加强网络信息监管是批判和反制历史虚无主义错误思潮的重要手段和方法。

发布信息的社会公众动机、立场、素质、能力不同，各种信息在网络平台相互裹挟、交织，历史虚无主义者趁机浑水摸鱼、混淆视听，通过网络新媒体大肆传播错误观点，迷惑和混淆人们的正确历史认知，网络在这一过程中发挥了推波助澜的重要作用。曾经一段时间内，由于新媒体平台监管技术的缺位，再兼以社会公众通过互联网发布信息可以隐匿身份，很多解构主流意识形态的错误言论通过匿名形式在网络空间发表，并大肆泛滥。

反对网络历史虚无主义，我们必须完善网络舆情监控体制机制和互联网相关的法治保障机制，要充分认识新媒体平台和中介作为舆论防控阵地和反击错误思潮的堡垒作用，利用成熟的、先进的新媒体技术，推行网络实名监控制。在净化网络空间方面，我们一方面要建立有效的信息生产、传播的安全监管体系，加大媒体监控力度和强度，实时监测网络舆情走势和动态，及时发现和处理倾向性、错误性、苗头性问题；另一方面要规范和约束各种传播平台和媒介的网络行为，对历史虚无主义的错误观点及网络负面情绪进行有效的管理，清除非法和不良网络信息，反驳错误历史言论，传播凝心聚力的正能量和主旋律，消除网络空间反马克思主义、反社会主义等历史虚无主义的杂音和错误论调。唯有如此，才能在网络空间让肆意扭曲的历史得到正本清源，不断消除历史虚无主义的严重危害和消极影响，营造一个风清气正的网络空间和社会主义主流意识形态话语建构的良好社会氛围，让社会主义核心价值观引领网络空间主阵地、新阵地，共同构建和维护清朗、健康的精神家园。

2. 弘扬社会正气

在反对历史虚无主义的斗争中，我们一方面必须积极构建现代传媒体系，坚持马克思主义新闻观，加强网络监管和信息把关，提升网络空间治理能力，引导社会舆论，讲好中国故事，明辨是非，激浊扬清；另一方面必须加强对影视作品和文学作品的监管，弘扬社会正气，传播正能量，建构社会主义核心价值观，不断消解历史虚无主义产生的负能量。只有加强网络监管和治理，及时洞察历史虚无主义思潮的传播动向和表现样态，才能不断消除历史虚无主义的影响及危害，有效地抵御历史虚无主义错误思想的侵蚀。

在反对历史虚无主义的斗争中，我们必须一方面建立网络综合治理体系，整顿互联网不良信息，坚持正确的舆论导向，营造清朗的网络空间；另一方面拓宽意识形态引导的渠道和方式方法，积极传播赞颂英雄人物的主旋律，培育和践行社会主义核心价值观，引导社会公众树立正确的历史观、价值观、文化观，弘扬社会正气，凝聚传播正能量，捍卫主流意识形态。只有致敬红色经典、褒扬英雄先烈，捍卫民族与历史记忆，宣传维护好英雄模范人物的美好、光辉和高大形象，才能用健康向上的先进思想革除庸俗媚俗的不良风气，形成崇尚英雄、争做模范的良好社会氛围，夯实社会主义主流意识形态的阵地，引领网络空间舆论，净化网络生态空间，形成健康向上的网络文化。

反对历史虚无主义，必须占领网络意识形态主阵地，扩大主旋律和正能量的传播范围，弘扬社会主义核心价值观。"做强网上正面宣传，培育积极健康、向上向善的网络文化，用社会主义核心价值观和人类优秀文明成果滋养人心、滋养社会，做到正能量充沛、主旋律高昂，为广大网民特别是青少年营造一个风清气正的网络空间。"❶ 因此我们通过网络空间传播正能量、弘扬主旋律，形成强大的示范引领效应，有助于消除历史虚无主义负面影响，在复杂尖锐的网络意识形态争夺战中赢得话语权、主动权，有助于维护党和国家意识形态安全。

综上所述，在反击历史虚无主义的斗争中，只有积极发挥网络传媒的特点和优势，加强网络文化综合治理，强化网络舆情管控，大力开展正面宣传，弘扬社会正气，传播主流价值，让正能量成为网络空间的主流，才能凝聚社会共识，提升网络空间主流意识形态渗透力、感召力、影响力，提高社会公众对于历史虚无主义错误思潮的辨识能力和批驳能力，抵制历史虚无主义错误思潮的侵蚀，让历史虚无主义无容身之所。

---

❶ 《习近平在中共中央政治局第七次集体学习时强调：在践行新发展理念上先行一步，让互联网更好造福国家和人民》，《光明日报》，2016年4月20日，第1版。

结　论

历史虚无主义是一种极为有害的社会思潮，具有明显政治诉求和意识形态目标，打着挖掘真相、"还原历史"的幌子，虚无中华民族优秀的历史文化，成为西方国家推行"和平演变"战略、颠覆社会主义国家的工具。历史虚无主义从本质上说是典型的"西方中心论"的流变和演进。进入21世纪后，历史虚无主义改变了传播方式，出现了软性历史虚无主义，这是历史虚无主义的一个新变种、新样态。历史虚无主义思潮逐渐从硬性的偏激的政治立场、露骨直白的语言叙事向软性的所谓"学术性"、柔性话语转变，由显性传播变为隐性传播，意识形态趋向于以种种感性形式影响受众，因而更具有迷惑性、欺骗性、蒙蔽性，危害性更大。从历史虚无主义的理论基础、政治本质、表现样态和现实危害来看，新时代我们必须从以下两个方面着手继续批判和反制历史虚无主义。

一、汲取历史经验，反对和平演变

改革开放以来，西方敌对势力积极推行"和平演变"战略，企图分化、西化中国，历史虚无主义成为西方推行"和平演变"战略的工具和代言人，历史虚无主义又开始在中国重新泛起。党中央在领导开展历史虚无主义批判的过程中，大力汲取国内外反对错误思潮的历史经验，反对西方的"和平演变"战略，成功应对历史虚无主义的袭扰和危害，因此汲取历史经验、反对"和平演变"是我们批驳历史虚无主义的终极目标和重点任务。

一是汲取历史经验。改革开放以来，党中央在领导反对历史虚无主义的斗争中，大力汲取和总结历史经验，其中既有东欧剧变、苏联解体的反面教训，也有中国批判"非毛化"思潮、资产阶级自由化思潮，成功应对资产阶级自由化思潮取得的经验，这些经验对新时代批判历史虚无主义错误思潮有着重要的借鉴和启示意义。

苏联解体的原因是多方面的，有着复杂的国内外历史背景，但不可否认，历史虚无主义的泛滥是导致苏共下台、苏联解体的一个重要原因，历史虚无主义在苏联解体过程中扮演了一个极其重要的角色。历史虚无主义思潮的泛起从赫鲁晓夫抹黑斯大林，全盘否定斯大林开始，进而攻击诽谤列宁等苏共重要领导人，扭曲苏联历史，质疑十月革命开创的社会主义道路，虚无和否定苏联20世纪二三十年代的社会主义革命和建设成就，最终导致苏联全民族的精神支柱和价值观倾覆，消解了主流意识形态，撼动了苏联共产党的执政基础。到80年代中期，苏联领导人戈尔巴乔夫在西方"和平演变"战略的渗透和影响下，开始推行人道的民主的社会主义改革，实质上就是放弃社会主义制度，改旗易帜，彻底否定苏联共产党的领导，终于导致苏联亡党亡国。苏联解体的教训是深刻的，我们必须从中吸取历史教训，不能放松主流媒体管控，不能让历史虚无主义大肆泛滥，任其兴风作浪，不能让社会主义意识形态处于弱化和被动地位，不能照搬西方的社会制度和发展模式，否则就会亡党亡国。

改革开放初期，我们成功应对和批判"非毛论"错误思潮和资产阶级自由化思潮，取得了批判和反制历史虚无主义的初步胜利。"文化大革命"结束以后，国内一部分人在国外敌对势力的煽风点火下，掀起了"非毛化"的思潮，妄图通过抹黑和贬损毛泽东，否定党的领导和毛泽东思想的科学指导意义。以邓小平同志为核心的党的第二代中央领导集体，旗帜鲜明地提出了坚持四项基本原则，大力批驳这股错误思潮，《关于建国以来党的若干历史问题的决议》对毛泽东的历史地位和毛泽东思想的指导意义作出了科学的评价，从而粉碎了历史虚无主义者的政治意图。从20世纪80年代中期开始，思想阵线出现了软弱涣散的局面，使资产阶级自由化思潮的浊流兴风作浪，造成思想上的极大混乱，最后酿成了1989年"政治风波"。以邓小平同志为核心的党的第二代中央领导集体成功应对了西方的"和平演变"和"政治风波"，捍卫了历史真相，巩固了党的执政地位和社会主义的根基大厦。

党的十三届四中全会以来，党中央大力汲取苏联亡党亡国的教训，认真总结改革开放初期党的第二代中央领导集体应对"非毛论"和1989年"政治风波"的成功经验，大力批驳历史虚无主义、新自由主义、民主社会主义、"普世价值论"等错误思潮，用社会主义核心价值观引领形形色色的各种社会思潮，夯实主流意识形态建设基础，维护国家意识形态安全和国家总体安全，取得了批判和反制历史虚无主义错误思潮的新的阶段性的重大胜利。

二是反对"和平演变"战略。随着全球化的进行，西方国家加大"和平演变"战略推行的力度，对中国进行意识形态领域的渗透。"和平演变"战略"是国际帝国主义对社会主义国家武装干涉、军事包围和政治孤立遭到失败之后，以经济、政治、思想和文化渗透为主要形式，企图使社会主义国家政权从内部演变，从而达到颠覆社会主义制度的目的"❶。在西方"和平演变"渗透和国内历史虚无主义思潮相呼应的复杂背景下，批驳和反制历史虚无主义必须大力反对西方的"和平演变"战略，因为究其实质历史虚无主义就是西方"和平演变"的先行者、代言人和政治工具。历史虚无主义是一股带有强烈意识形态色彩的社会思潮，历史虚无主义与和平演变互相交织、相互裹挟，二者政治意图和目的并无二致，殊途同归，都是要解构社会主义主流意识形态，使中国改旗易帜，实现分化和西化中国的战略目的。因此，"在意识形态领域斗争上，我们没有任何妥协、退让的余地，一刻也不能放松和消弱意识形态工作，否则就要犯不可挽回的历史性错误"❷。反对历史虚无主义同抵制西方"和平演变"战略和意识形态渗透具有一致性，反对历史虚无主义实质上是阶级斗争和政治斗争在意识形态领域的现实体现。

意识形态渗透是西方推行"和平演变"战略、西化中国的重要工具和基本手段。20世纪80年代末90年代初，在西方国家实施"和平演变"战略和意识形态渗透的过程中，历史虚无主义作为西方资本主义国家意识形态渗透的锐利武器致使东欧剧变、苏联解体。在20世纪80年代中后期，西方国家也希望通过"和平演变"、意识形态渗透的方式在中国实现完全西化的目的，西方的社会思潮与中国国内的资产阶级自由化思潮相呼应，

---

❶ 《要充分认识历史虚无主义思潮的严重危害性——访中国社会科学院马克思主义研究院特聘研究员梁柱》，《马克思主义研究》，2009年第3期，第16页。

❷ 习近平：《论党的宣传思想工作》，中央文献出版社2020年版，第23页。

一时间中国落入敌对力量"和平演变"战略的陷阱之中,历史虚无主义思潮大肆泛滥,兴风作浪,造成极大的思想混乱。历史表明,政党的垮台和政权的瓦解大都是以丧失意识形态工作的领导权、主导权和话语权为先声。因此我们反对历史虚无主义,必须汲取苏联解体的历史经验教训,大力抵制西方"和平演变"战略和意识形态的渗透,对西方各种错误的政治和社会思潮保持着高度的警惕,始终保持着清醒的头脑。

一言以蔽之,历史虚无主义迎合和效力于西方敌对势力"和平演变"战略的企图,"和平演变"并不和平,是一场没有硝烟的政治斗争和阶级斗争。只要西方国家西化中国、运用各种手段推行"和平演变"战略不停止,历史虚无主义错误思潮在中国的传播就不会止息。抑制来自国内外的各种挑战和压力,汲取历史经验,抵制西方"和平演变"图谋和意识形态渗透是我们不能松懈的任务。

二、尊重历史文化,涵养文化自信

历史是一个民族的文化标识和集体记忆。历史虚无主义虚无中华民族的历史文化,否认历史文化的连续性、整体性、传承性和人民性的本质特点,背弃历史文化发展的理论和实践逻辑,其历史观、价值观和文化观站在唯心主义的立场上,因而是十分错误和有害的。我们在反对和抵制历史虚无主义的斗争中,必须尊重历史文化,反对文化虚无主义和民族虚无主义,撷取中华民族光辉灿烂的历史文化的精华;树立文化自信,大力弘扬社会主义核心价值观和民族精神,全力传承好中华民族的优秀传统文化。因此尊重历史文化、涵养文化自信是批判和抵制历史虚无主义的前提和基础。

一是尊重历史文化。中华民族的历史悠久,文化精深。增强历史文化认同感是任何一个国家和民族进步的精神动力,为社会发展提供精神和价值支撑,因此我们必须传承优秀历史文化,唱响时代主旋律。

历史虚无主义虚无民族的历史文化,颠覆文化信仰和人们的正确的历史观,不断销蚀中华优秀历史文化的价值体系和精神标识,严重威胁国家的意识形态安全，影响着总体国家安全观的贯彻落实。

随着西方历史虚无主义思潮的传入，20世纪二三十年代，以陈序经等为代表的自由派知识分子提出了"全盘西化"的主张，他们一方面痛切中国的落后，急于改变中国贫穷落后的状况，另一方面他们有着深切的文化自卑心理，认为中国文化从各个方面都落后于西方，因而主张全盘输入西方的科技和思想文化，全盘否定中国的历史文化。这种文化虚无主义论调意识形态色彩虽然还不是十分浓厚，但在当时也受到了知识界的批判和抵制。

20世纪80年代中后期，中国国内资产阶级自由化思潮泛滥。资产阶级自由化思潮是典型的民族虚无主义，这股思潮极力贬损中国的历史文化，认为中国"黄色文明"比不上西方的"海洋文明"或"蓝色文明"，实际上就是虚无中华民族的历史文化，鼓吹中国走改旗易帜的西化道路，为西方的"和平演变"战略的推行充当"急先锋"和"吹号手"。这种虚无中国历史文化的错误论调，严重动摇了党的执政地位和社会主义的基础。可见，否定和虚无历史文化，让资产阶级自由化错误观点大肆传播，产生了严重的后果和消极影响。江泽民总书记在当时就旗帜鲜明地强调："当前在这个问题上，要特别注意反对那种全盘否定中国传统文化的民族虚无主义和崇洋媚外思想。"❶

反对历史虚无主义的斗争中，我们必须重视中华民族的优秀历史文化遗产，坚定我们的民族自信心和自豪感。"一个只依赖过去的民族是没有发展的，但是，一个抛弃祖先的民族是不会有前途的。"❷ 此论一语中的，我们必须坚持以马克思主义的唯物史观来评判历史文化，深刻揭露历史虚无主义的理论本质和政治意图，尊重中国的历史文化遗产，承认历史文化的传承性、整体性和连续性，从博大精深的优秀历史文化遗产中汲取营养，在多元价值冲突中树立正确的历史观、文化观和价值观，增强历史认

---

❶ 中共中央文献研究室编：《十三大以来重要文献选编》（中），人民出版社1991年版，第627页。

❷ 李政道：《读〈河殇〉有感》，《光明日报》，1988年11月4日。

同和社会主义意识形态认同,弘扬核心价值观和提升文化软实力。

二是涵养文化自信。中华民族的历史文化是主流价值观和民族精神的历史积淀,历久而弥新。贬损和否定中国的优秀历史文化是文化自卑的一种表现。因此遏制和批判历史虚无主义,必须坚定文化自觉、行动自觉,大力批判文化虚无主义和民族虚无主义,涵养文化自信。"中华文化积淀着中华民族最深沉的精神追求,是中华民族生生不息、发展壮大的丰厚滋养","是中华民族的突出优势,是我们最深厚的文化软实力"❶。民族历史文化就是一个国家和民族永续生存、自强不息的动力源泉和精神标杆。

文化是历史的产物,任何一种文化都会带有特定历史时代的印记和影响。为了实现中华民族伟大复兴和社会进步,只有传承和弘扬优秀民族历史文化,树立正确的历史文化观,一方面注重优秀传统文化的价值功能,另一方面弘扬民族历史文化的时代特色,才能遏制文化虚无主义和民族虚无主义的袭扰,实现文化自信和自觉,使优秀历史文化资源成为中华民族前进的精神动力。

反对历史虚无主义,我们必须实现文化自信、文化自觉和文化自强,充分利用、传承和发展历史文化,提高民族历史文化的凝聚力、感召力和影响力,弘扬正能量、唱响主旋律,提高社会公众对历史文化的自信心、归属感和认同感,筑起抵制错误价值观、历史观、文化观的"防火墙"。坚持文化自觉,涵养文化自信,对于树立正确的文化观、历史观,提升文化软实力,批判和反制历史虚无主义错误论调具有重大的理论意义和实践意义。

文化虚无主义、民族虚无主义同西方的新自由主义、"普世价值论"、民主社会主义等错误思潮裹挟在一起,相互呼应,威胁着社会主义中国的意识形态安全和共产党执政的合法基础。虚无主义错误思潮从颠覆民族历史文化传统、解构民族历史文化自信着手,其目的和政治旨趣就在于为西

---

❶ 林峰:《历史虚无主义的根源、困境、工具及克服》,《学术探索》,2016 年第 11 期,第 32 – 33 页。

方推行"和平演变"战略和意识形态渗透服务,认为西方的历史文化和文明模式才是现代文明的起源地和摇篮,否定中华文化的独特价值,认为中国必须推行西方发展模式、走彻底西化的资本主义道路。因这股自我否定、自我丑化的社会思潮打着"学术研究""揭秘真相"的旗号,极具目的性、快速性、欺骗性、迷惑性和多样性。历史与文化是相通的,二者水乳交融、浑然一体,历史文化是一个国家和民族生生不息、发展进步的精神支柱。为了反击和批判历史虚无主义消解民族自信和文化自信的错误立场和观点,我们必须一方面尊重历史文化,维护历史文化的尊严,另一方面涵养文化自信,建构文化认同和历史认同的支柱。我们重视和利用民族历史文化的价值,撷取历史文化中的精华,把中华民族优秀的历史文化作为增强民族自信心、民族自尊心的力量源泉,作为提升民族凝聚力和向心力的精神动力。尊重历史文化、涵养文化自信是新时代我们批判和反制历史虚无主义的前提和基础。

综上所述,只要西方国家西化中国、运用各种手段推行"和平演变"战略的行为不停止,历史虚无主义错误思潮在中国的传播就不会止息,因此汲取历史经验、反对和平演变是我们批驳历史虚无主义的终极目标和重点任务。

参考文献

一、经典著作文献

[1] 马克思恩格斯选集（第1—4卷）[M].北京：人民出版社，2012.

[2] 马克思恩格斯文集（第1—10卷）[M].北京：人民出版社，2009.

[3] 马克思恩格斯全集（第7卷）[M].北京：人民出版社，1959.

[4] 列宁全集（第18卷）[M].北京：人民出版社，2017.

[5] 列宁全集（第37卷）[M].北京：人民出版社，2017.

[6] 列宁全集（第28卷）[M].北京：人民出版社，1990.

[7] 列宁全集（第25卷）[M].北京：人民出版社，2017.

[8] 列宁专题文集·论马克思主义[M].北京：人民出版社2009.

[9] 毛泽东选集（第1—4卷）[M].北京：人民出版社，1991.

[10] 毛泽东文集（第6—8卷）[M].北京：人民出版社，1999.

[11] 邓小平文选（第3卷）[M].北京：人民出版社，1993.

[12] 邓小平文选（第2卷）[M].北京：人民出版社，1994.

[13] 邓小平年谱（1975—1997）（下）[M].北京：中央文献出版社，2004.

[14] 江泽民文选（第一卷）[M].北京：人民出版社，2006.

[15] 江泽民思想年编（1989—2008）[M].北京：中央文献出版社，2010.

[16] 胡锦涛文选（第二卷）[M].北京：人民出版社，2016.

[17] 十一届三中全会以来重要文献选读（上）[M].北京：人民出版社，1987.

[18] 十三大以来重要文献选编（中）[M].北京：人民出版社，1996.

[19] 十五大以来重要文献选编（中）[M].北京：人民出版社，2001.

[20] 十六大以来重要文献选编（上）[M].北京：中央文献出版社，2005.

[21] 十七大以来重要文献选编（中）[M].北京：中央文献出版社，2011.

[22] 十八大以来重要文献选编（上）[M].北京：中央文献出版社，

2014.

[23] 十八大以来重要文献选编（中）[M]．北京：中央文献出版社，2016.

[24] 十八大以来重要文献选编（下）[M]．北京：中央文献出版社，2018.

[25] 十九大以来重要文献选编（上）[M]．北京：中央文献出版社，2019.

[26] 十九大以来重要文献选编（中）[M]．北京：中央文献出版社，2021.

[27] 习近平谈治国理政（第一卷）[M]．北京：外文出版社，2014.

[28] 习近平谈治国理政（第二卷）[M]．北京：外文出版社，2017.

[29] 习近平谈治国理政（第三卷）[M]．北京：外文出版社，2020.

[30] 习近平．论中国共产党历史［M］．北京：中央文献出版社，2021.

[31] 习近平．论党的宣传思想工作［M］．北京：中央文献出版社，2020.

[32] 习近平．在纪念陈云同志诞辰110周年座谈会上的讲话［M］．北京：人民出版社，2015.

[33] 习近平总书记系列重要讲话读本［M］．北京：学习出版社，人民出版社，2016.

[34] 习近平关于全面深化改革论述摘编［M］．北京：中央文献出版社，2014.

[35] 习近平关于社会主义文化建设论述摘编［M］．北京：中央文献出版社，2017.

[36] 中华人民共和国宪法［M］．北京：中国法制出版社，2018.

[37] 中华人民共和国英雄烈士保护法［M］．北京：中国民主法制出版社，2018.

[38] 新时代爱国主义教育实施纲要［M］．北京：人民出版社，2019.

二、学术专著（文集）

[1] 洪晓楠. 当代西方社会思潮研究［M］. 北京：人民出版社，2017.

[2] 邹诗鹏. 虚无主义研究［M］. 北京：人民出版社，2016.

[3] 金炳华. 马克思主义哲学大辞典［M］. 上海：上海辞书出版社，2003.

[4] 胡适. 胡适论学近著［M］. 济南：山东人民出版社，1998.

[5] 蒋廷黻. 中国近代史［M］. 长沙：岳麓书社，1987.

[6] 钱穆. 国史大纲（上）［M］. 北京：商务印书馆，1996.

[7] 杨耕. 马克思主义历史观研究［M］. 北京：北京师范大学出版社，2012.

[8] 龚自珍全集（上）［M］. 北京：中华书局，1959.

[9] 陈序经学术论著［M］. 杭州：浙江人民出版社，1998.

[10] 吴敬琏，马国川. 重启改革议程［M］. 上海：三联书店，2013.

[11] 罗荣渠. 从"西化"到现代化（中册）［M］. 合肥：黄山书社，2008.

[12] 梅荣政，张晓红. 论新自由主义思潮［M］. 北京：高等教育出版社，2004.

[13] "王震传"编写组. 王震传［M］. 北京：人民出版社，2008.

[14] 沙健孙，龚书铎. 走什么路——关于近代中国历史上的若干重大是非问题［M］. 济南：山东人民出版社，1997.

[15] 李大钊文集（第3卷）［M］. 北京：人民出版社，1999.

[16] 林泰. 问道：改革开放以来的社会思潮与青年思想政治教育研究［M］. 北京：中国社会科学出版社，2013.

[17] 龚书铎，刘桂生，王俊义. 民族文化虚无主义评析［M］. 北京：中国人民大学出版社，1990.

[18] 梁柱，龚书铎. 警惕历史虚无主义思潮［M］. 北京：人民教育出版社，2006.

[19] 梅荣政. 用马克思主义引领社会思潮［M］. 武汉：武汉大学出版社，2008.

[20] 周新城. 围绕改革问题马克思主义同反马克思主义的斗争——改革开放 30 年历程的回顾与反思［M］. 北京：中国社会科学出版社，2010.

[21] 梁柱. 历史虚无主义评析［M］. 北京：社会科学文献出版社，2012.

[22] 朱汉国，等. 当代中国社会思潮研究［M］. 北京：北京师范大学出版社，2012.

[23] 唐忠宝. 虚无主义及其克服——马克思的启示［M］. 北京：人民出版社，2014.

[24] 杨金华. 历史虚无主义的生成机理及其克服［M］. 北京：中国社会科学出版社，2015.

[25] 中国社会科学院. 中国社会科学院历史虚无主义批判文选［M］. 北京：中国社会科学出版社，2015.

[26] 中共中央党史研究室. 反对历史虚无主义［M］. 北京：中共党史出版社，2017.

[27] "历史虚无主义辨析"编写组. 历史虚无主义辨析［M］. 北京：学习出版社，2017.

[28] 宋月红. 历史虚无主义的破产［M］. 北京：当代中国出版社，2017.

[29] 周兵. 历史虚无主义批判文选［M］. 北京：红旗出版社，2018.

[30] 郭彦林. 历史虚无主义思潮评析［M］. 北京：中国社会科学出版社，2018.

[31] 丁辉. 历史虚无主义研究与批判［M］. 上海：格致出版社，2019.

[32] ［德］黑格尔. 历史哲学［M］. 王造时，译. 上海：上海书店出版社，1999.

[33] ［德］尼采. 权力意志（上卷）［M］. 孙周兴，译. 北京：商务印书馆，2007.

[34] ［德］马丁·海德格尔. 形而上学导论［M］. 熊伟，王庆节，译. 北京：商务印书馆，1996.

[35] ［德］马丁·海德格尔. 尼采（下）［M］. 孙周兴，译. 北京：商

务印书馆，2017.

[36] [德] 哈贝马斯. 包容他者 [M]. 曹卫东，译. 上海：上海人民出版社，2002.

[37] [美] 伊曼纽尔·沃勒斯坦. 开放社会科学：重建社会科学报告书 [M]. 上海：三联书店，1997.

[38] [美] 尼克松. 真正的和平 [M]. 北京：世界知识出版社，1999.

[39] [美] 布热津斯基. 大失败——二十世纪共产主义的兴亡 [M]. 北京：军事科学出版社，1989.

[40] [德] 马丁·海德格尔. 海德格尔选集（下）[M]. 孙周兴，译. 上海：三联书店，1996.

[41] [美] 大卫·科兹，弗雷德·威尔. 来自上层的革命——苏联体制的终结 [M]. 曹荣湘，孟鸣歧，等译. 北京：中国人民大学出版社，2002.

[42] [美] 迈克尔·H. 亨特. 意识形态与美国外交政策 [M]. 北京：世界知识出版社，1999.

[43] [美] 罗斯·特里尔. 毛泽东传 [M]. 胡为雄，郑玉臣，译. 北京：中国人民大学出版社，2006.

[44] [英] 埃里克·霍布斯鲍姆. 史学家——历史神话的终结者 [M]. 马俊亚，郭英剑，译. 上海：上海人民出版社，2002.

[45] [美] 丹尼尔·贝尔. 意识形态的终结 [M]. 张国清，译. 南京：江苏人民出版社，2001.

[46] [美] 格奥尔格·伊格尔斯. 二十世纪的历史学：从科学的客观性到后现代的挑战 [M]. 何兆武，译. 长春：辽宁教育出版社，2003.

[47] [美] 海登·怀特. 元史学：十九世纪欧洲的历史想象 [M]. 陈新，译，彭刚，校，上海：译林出版社，2004.

[48] [法] 米歇尔·福柯. 知识考古学 [M]. 谢强，马月，译. 上海：三联书店，2007.

[49] [美] 凯伦·L. 卡尔. 虚无主义的平庸化——20 世纪对无意义感的回

应［M］. 张红军，原红梅，译. 北京：社会科学文献出版社，2016.

［50］［美］唐纳德·A. 克罗斯比. 荒诞的幽灵：现代虚无主义的根源与批判［M］. 北京：社会科学文献出版社，2020.

［51］［俄］亚·雅科夫列夫. "改革新思维"与苏联之命运［M］. 高洪山，等译. 长春：吉林人民出版社，1992.

［52］［俄］瓦·博尔金. 戈尔巴乔夫沉浮录［M］. 李永全，译. 北京：中央编译出版社，1996.

［53］［俄］尼·伊·雷日科夫. 大国悲剧：苏联解体的前因后果［M］. 徐昌翰，等译. 北京：新华出版社，2008.

三、学术期刊论文

［1］沈江平. "历史虚无主义"的历史唯物主义评判［J］. 中国高校社会科学，2021（3）.

［2］杨红柳，钟明华. "四个自信"视阈下历史虚无主义思潮批判［J］. 思想理论教育导刊，2018（5）.

［3］张国义，郭斌. "四史"学习中的历史虚无主义批判［J］. 思想理论教育，2021（6）.

［4］杨萍，李包庚. 对当前"非毛化"思潮的若干思考［J］. 毛泽东思想研究，2015（4）.

［5］江大伟、张秀. 改革开放以来党抵御历史虚无主义思潮的历史审视——以毛泽东和毛泽东思想的评价为例［J］. 湘潭大学学报（哲学社会科学版），2020（1）.

［6］陈明凡. 解析历史虚无主义思潮的政治属性［J］. 马克思主义研究，2017（4）.

［7］梁柱. 警惕历史虚无主义新变种［J］. 人民论坛，2015（3）.

［8］王斌、张志初. 历史虚无主义的表现、本质、根源及应对［J］. 湖湘论坛，2017（2）.

［9］何文校. 软性历史虚无主义的实践新样态［J］. 马克思主义研究，

2021（3）.

[10] 郑志康. 当代中国软性历史虚无主义思潮的四维逻辑透视［J］. 当代世界与社会主义，2020 年（6）

[11] 胡中月. 苏共党内历史虚无主义的表现、危害及启示［J］. 当代世界与社会主义，2019 年（6）

[12] 朱继东. 学习党史必须旗帜鲜明反对历史虚无主义［J］. 天津师范大学学报（社会科学版），2021（5）.

[13] 张蕊，张志丹. 揭开"幽蔽的面纱"：文艺领域中的历史虚无主义批判［J］. 理论导刊，2019（2）.

[14] 张博，孙兆阳. 廓清历史虚无主义的迷雾［J］. 史学理论研究，2021（4）.

[15] 何文校. 历史虚无主义"靶向批判"体系建构的四重维度［J］. 思想教育研究，2021（4）.

[16] 钟贞山，王希金. 历史虚无主义的道德批判［J］. 伦理学研究，2021 年（6）

[17] 李文. 唯物史观视域下历史虚无主义批判的基本路向［J］. 思想教育研究，2019（3）.

[18] 郭昌文. 马克思主义历史观视域下历史虚无主义批判研究述评［J］. 毛泽东邓小平理论研究，2021（11）.

[19] 朱继东. 纪念抗日战争胜利 70 周年研究中的历史虚无主义表现及其危害、本质［J］. 思想理论教育导刊，2015（11）.

[20] 张海鹏，龚云. 马克思主义是历史虚无主义吗？［J］. 红旗文稿，2014（16）.

[21] 周玉文. 新时代思想舆论治理视域下抵制历史虚无主义思潮的理性审视［J］. 重庆社会科学，2022（1）.

[22] 陈松友，卢亮亮. 批判与反制：旗帜鲜明反对历史虚无主义的双重路径——学习习近平关于党史、国史的重要论述［J］. 思想教育研究，2020（4）.

[23] 江大伟. 近年来"非毛化"思潮研究评析 [J]. 湘潭大学学报（哲学社会科学版），2018（2）.

[24] 江大伟. 抵制历史虚无主义在网络上蔓延需精准发力 [J]. 红旗文稿，2018（2）.

[25] 李艳艳. 当前历史虚无主义思潮的新特征 [J]. 思想教育研究，2015（7）.

[26] 顾超. "后真相"语境下历史虚无主义的传播及应对 [J]. 思想教育研究，2019（1）.

[27] 杨玉玲. 文化认同：爱国主义教育的战略工程 [J]. 思想政治工作研究，2009（7）.

[28] 俞佳奇，杜玉华. 近代历史图景中虚无主义的表现形态、演进动力及应对经验 [J]. 理论导刊，2019（7）.

[29] 阮博. 爱国主义视域下青年"精日"现象论析 [J]. 中国青年研究，2019（5）.

[30] 龚云. 历史虚无主义的根源、动向与危害 [J]. 前线，2018（3）.

[31] 王瑾，文世芳. 1949—1989年《人民日报》对历史虚无主义的解析 [J]. 当代中国史研究，2017（2）.

[32] 龚书铎. 历史虚无主义二题 [J]. 高校理论战线，2005（5）.

[33] 田居俭. 必须尊重中华民族的历史渊源——评历史虚无主义的一种表现 [J]. 求是，2006（3）.

[34] 郝继松. 当代中国马克思主义视阈下的历史虚无主义批判 [J]. 理论月刊，2018（1）.

[35] 郭彦林. 划清马克思主义历史观与历史虚无主义的界限 [J]. 马克思主义研究，2021（5）.

[36] 江先锋. 大学生受历史虚无主义思潮影响的原因探析 [J]. 思想教育研究，2012（4）.

[37] 张尚字，王新刚. 历史虚无主义思潮的实质透视 [J]. 思想理论教育导刊，2017（5）.

［38］梁柱. 历史虚无主义思潮的泛起、特点及其危害［J］. 中共福建省委党校学报，2009（4）.

［39］梁柱. 历史虚无主义思潮的泛起、特点及其主要表现［J］. 马克思主义研究，2013（10）.

［40］郑志康. 软性历史虚无主义：现实成因、基本样态与纠治进路［J］. 思想教育研究，2020（8）.

［41］杨军. 透视非毛化思潮［J］. 思想理论教育，2013（21）.

［42］梁柱. 毛泽东的预见与苏联解体的历史教训［J］. 思想理论教育导刊，2011（1）.

［43］李振纲. 民族虚无主义及其理论误区［J］. 东岳论丛，1992（2）.

［44］许恒兵. 历史虚无主义思潮的演进、危害及其批判［J］. 思想理论教育，2013（1）.

［45］陶东风. 90年代文化论争的回顾与反思［J］. 学术月刊，1996（4）.

［46］郑焱. 打破束缚，更新观念［J］. 学术研究，1994（4）.

［47］胡波. 走向世界：中国近代历史不可忽视的主题［J］. 学术研究，1994（4）.

［48］周清泉. 中国近代史应当提到近代世界史的历史范围内研究［J］. 成都大学学报，1985（3）.

［49］孙洲. 当代中国软性历史虚无主义的审视与批判［J］. 思想教育研究，2019（11）.

［50］董学文. 揭一揭软性历史虚无主义的真实面目［J］. 红旗文稿，2018（16）.

［51］曹守亮. 历史是不能虚无的——读《警惕历史虚无主义思潮》［J］. 高校理论战线，2007（4）.

［52］王爱云. 改革开放以来中国共产党领导反对历史虚无主义的实践与经验［J］. 马克思主义研究，2018（5）.

［53］魏晓文、秦雪. 历史虚无主义批判的三重逻辑——学习习近平关于"四史"的重要论述［J］. 思想教育研究，2020（9）.

[54] 任贵祥. 学习领会习近平总书记关于反对历史虚无主义的重要论述［J］. 党的文献，2016（4）.

[55]《居安思危》课题组. 不能对苏联社会主义模式采取历史虚无主义态度——与左凤荣教授商榷［J］. 马克思主义研究，2013（7）.

[56] 汪亭友. 坚持用唯物主义立场观点方法研究历史问题［J］. 思想理论教育导刊，2016（2）.

[57] 杨婷. 历史虚无主义"虚无"革命榜样的策略、目的及后果［J］. 马克思主义研究，2017（1）.

[58] 谢礼圣. 历史虚无主义的理论谬误、消极影响及遏制途径［J］. 马克思主义与现实，2019（3）.

[59] 杨全海. 软性历史虚无主义的实质与危害［J］. 马克思主义与现实，2018（6）.

[60] 陶鹏. 网络语境下历史虚无主义的流变及其批判［J］. 中州学刊，2016（8）.

[61] 王晓宁. 2018年思想理论领域热点问题简析［J］. 思想政治教育研究，2019（6）.

[62] 廖海花. 自媒体时代大学生抵制历史虚无主义思潮路径探讨［J］. 思想理论教育导刊，2017（5）.

[63] 张博. 警惕"娱乐包装"下的软性历史虚无主义［J］. 毛泽东邓小平理论研究，2021（3）.

[64] 杨建义. 历史虚无主义的网络传播与应对［J］. 思想理论教育导刊，2016（1）.

[65] 马学轲. 2014年意识形态领域十个热点问题［J］. 马克思主义研究，2015（2）.

[66] 李捷. 我们需要什么样的历史观［J］. 高校理论战线，2008（10）.

[67] 沈壮海. 文化自信之核是价值观自信［J］. 求是，2014（18）.

[68] 张洁. 改革开放以来几种代表性社会思潮制度指向性论析［J］. 学术论坛，2016（12）.

[69] 黄刚, 姚雪峰. 历史虚无主义思潮研究述评与展望 [J]. 思想教育研究, 2017 (3).

[70] 李辉源, 李云雀, 张俊. 祛除网络历史虚无主义 [J]. 社会科学家, 2021 (5).

[71] 王玉周. 坚定道路自信理直气壮抵制历史虚无主义 [J]. 前线, 2018 (4).

[72] 胡中月. 历史虚无主义的四重逻辑陷阱及其克服 [J]. 思想教育研究, 2018 (1).

[73] 龚云. 在批判历史虚无主义中坚持历史唯物主义 [J]. 马克思主义研究, 2016 (4).

[74] 卜宪群. 历史唯物主义与历史虚无主义琐谈 [J]. 历史研究, 2015 (3).

[75] 于沛. 后现代主义历史观和历史虚无主义 [J]. 历史研究, 2015 (3).

[76] 郑师渠. 当下历史虚无主义之我见 [J]. 历史研究, 2015 (3).

[77] 武力. 唯物史观视角下的历史虚无主义辨正 [J]. 历史研究, 2015 (3).

[78] 武卉昕, 刘喜婷. 历史虚无主义的道德虚无 [J]. 红旗文稿, 2015 (7).

[79] 洪晓楠, 顾燕. 中共党史研究中的历史虚无主义及其批判 [J]. 思想理论教育导刊, 2021 (11).

[80] 朱佳木. 在同历史虚无主义的斗争中推进中国特色马克思主义史学理论话语体系的建设 [J]. 马克思主义研究, 2016 (11).

[81] 郑流云, 佘璐. 历史虚无主义思潮对大学生政治认同的影响及消弭 [J]. 学校党建与思想教育, 2016 (24).

[82] 陈清, 刘珂. 自媒体时代历史虚无主义传播的特点、危害及对策 [J]. 广西社会科学, 2016 (3).

[83] 要充分认识历史虚无主义思潮的严重危害性——访中国社会科学院

马克思主义研究院特聘研究员梁柱［J］．马克思主义研究，2009（3）．

［84］林峰．历史虚无主义的根源、困境、工具及克服［J］．学术探索，2016（11）．

［85］杜玥．中国共产党在批判历史虚无主义中凝聚共识的百年实践与经验［J］．思想教育研究，2021（1）．

［86］刘书林．2013历史虚无主义"装扮"特点[J]．人民论坛，2014（4）．

［87］焦连志，黄一玲．网络舆论中的"非毛化"思潮及其批判［J］．当代青年研究，2015（5）．

［88］张远新．对"非毛化"思潮几个代表性观点的批驳［J］．毛泽东邓小平理论研究，2019（11）．

［89］张晓红．反对资产阶级自由化，巩固马克思主义在意识形态领域的指导地位［J］．马克思主义研究，2004（5）．

［90］陈前，吴敏先．邓小平关于反对资产阶级自由化的战略思考及其现实启示［J］．政治学研究，2007（1）．

［91］李强．邓小平与反对资产阶级自由化［J］．马克思主义研究，2009（3）．

［92］马福运．邓小平论反对资产阶级自由化及其启示［J］．马克思主义研究，2016（12）．

［93］项启源．关于全面改革必须坚持正确方向的学习体会——兼评资产阶级自由化思潮的谬误［J］．毛泽东邓小平理论研究，2014（2）．

［94］周新城．对二十世纪八十年代我国反对资产阶级自由化斗争的回顾——过程、性质和基本经验［J］．贵州师范大学学报（社会科学版），2011（3）．

［95］卢毅．"告别革命论"评析［J］．云南社会科学，2000（2）．

［96］吴爱萍．革命是近代中国历史发展道路的必然选择——兼析"告别革命"论［J］．清华大学学报（哲学社会科学版），2008（S1）．

［97］朱永嘉．辛亥革命前前后后与百年来中国历史的结论——兼评以李泽厚为代表的"告别革命论"［J］．探索，2011（1）．

［98］沈成飞，袁洪亮. 告别不了的革命——有关"辛亥革命爆发的历史条件"的教学体会［J］. 思想理论教育导刊，2011（9）.

［99］欧阳军喜，于洋. 无法告别的革命：关于辛亥革命的几个问题辨析［J］. 思想理论教育导刊，2014（10）.

［100］邢中先，张平. 软性历史虚无主义的生成机理及其异化历史观批判［J］. 毛泽东邓小平理论研究，2019（7）.

［101］洪晓楠，王坤平. 智媒时代软性历史虚无主义：表征、实质及其治理［J］. 思想教育研究，2021（2）.

［102］方艳华. 以社会主义核心价值体系引领历史虚无主义思潮论析——唯物史观视域下的考察［J］. 求实，2010（10）.

［103］逄先知. 准确把握党的历史发展的主流本质［J］. 世界社会主义研究，2021（7）.

［104］刘玉珂. "两个不能否定"的认识论和方法论意义——兼对历史虚无主义的批判［J］. 湖南社会科学，2016（2）.

［105］闫方洁，宋德孝. 历史虚无主义的解构主义叙事及其方法论悖论［J］. 思想教育研究，2017（4）.

［106］庞超. 意识形态安全视阈下历史虚无主义批判的基本路向［J］. 马克思主义与现实，2018（4）.

［107］李元鹏. 学习习近平关于历史、历史问题重要论述的几点认识［J］. 思想理论教育导刊，2018（9）.

［108］王志国. 唯物辩证法批驳历史虚无主义的方法论维度［J］. 晋阳学刊，2020（6）.

［109］余斌. 历史虚无主义批判［J］. 思想理论教育导刊，2018（4）.

［110］杨军. 历史虚无主义的三个表现［J］. 人民论坛，2019（2）.

［111］齐卫平. 论树立正确党史观［J］. 思想理论教育，2021（5）.

［112］刘晓鹏. 历史虚无主义诘难改革开放的表现形态、主要推手与纾解之道［J］. 理论导刊，2022（2）.

［113］阚和庆. 习近平反对历史虚无主义思想的鲜明特色［J］. 中国高校

社会科学，2018（4）.

[114] 孙帅. 国外毛泽东思想研究中的历史虚无主义思潮批判［J］. 思想教育研究，2018（8）.

[115] 刘白杨. 当代中国虚无主义的理论样态与演变逻辑［J］. 思想教育研究，2019（4）.

[116] 乔茂林，刘旸. 习近平反对历史虚无主义的思想结构与启示［J］. 马克思主义与现实，2021（1）.

[117] 卢黎歌，武星星. 道德虚无主义的学理批判——兼论恩格斯《反杜林论》中的马克思主义道德观［J］. 马克思主义研究，2020（7）.

[118] 向玉乔. 论中国共产党的集体道德记忆［J］. 齐鲁学刊，2021（4）.

[119] 汪亭友，吴深林. 历史虚无主义的思想认识基础、理论本质及其批判［J］. 马克思主义理论学科研究，2021（9）.

[120] 刘先春，李亚. 中国共产党对社会主义意识形态的合法性重构——兼论历史虚无主义思潮的价值悖离［J］. 中南民族大学学报（人文社会科学版），2016（2）.

[121] 朱继东. 抓好意识形态工作是落实全面从严治党的关键［J］. 红旗文稿，2016（21）.

[122] 易雯，陈始发. 改革开放以来党的依法治国方略演进特点与趋势探析［J］. 理论学刊，2017（1）.

[123] 赵晓耕. 70年法治变迁：为法治现代化提供历史依据和借鉴［J］. 人民论坛，2019（31）.

[124] 吴满意，黄冬霞. 网络历史虚无主义的四性审视［J］. 天府新论，2017（1）.

[125] 黄星清. 警惕网络历史虚无主义传播的新趋势［J］. 红旗文稿，2017（1）.

[126] 周玉. 历史虚无主义网络传播的新特点及对策［J］. 马克思主义研究，2020（7）.

四、报纸文献资料

［1］新纪元——电视连续节目《河殇》第四集解说词［N］. 光明日报，1988-06-26.

［2］习近平. 在哲学社会科学工作座谈会上的讲话［N］. 人民日报，2016-05-19.

［3］习近平在中共中央政治局第十八次集体学习时强调牢记历史经验历史教训历史警示 为国家治理能力现代化提供有益借鉴［N］. 人民日报，2014-10-14.

［4］胡锦涛. 在中共中央政治局第九次集体学习时的讲话［N］. 人民日报，2003-11-25.

［5］习近平. 在网络安全和信息化工作座谈会上的讲话［N］. 人民日报，2016-04-26.

［6］敏锐抓住信息化发展历史机遇 自主创新推进网络强国建设［N］. 人民日报，2018-04-22.

［7］邓小平. 在接见首都戒严部队军以上干部时的讲话［N］. 人民日报，1989-06-28.

［8］胸怀大局 把握大势 着眼大事 努力把宣传思想工作做得更好［N］. 人民日报，2013-08-21.

［9］习近平. 在纪念中国人民抗日战争暨世界反法西斯战争胜利69周年座谈会上的讲话［N］. 人民日报，2014-09-04.

［10］中共中央关于党的百年奋斗重大成就和历史经验的决议［N］. 人民日报，2021-11-17.

［11］习近平. 在庆祝中国共产党成立95周年大会上的讲话［N］. 人民日报，2016-07-02.

［12］习近平在中共中央政治局第二十五次集体学习时强调让历史说话用史实发言，深入开展中国人民抗日战争研究［N］. 人民日报，2015-08-01.

[13] 刘云山. 在全国纪念毛泽东同志诞辰 120 周年学术研讨会上的讲话 [N]. 人民日报, 2013 - 12 - 28.

[14] 胡锦涛. 在美国耶鲁大学的演讲 [N]. 人民日报, 2006 - 04 - 23.

[15] 进行中国近代史现代史及国情教育, 使小学生中学生大学生认识人民政权来之不易, 提高民族自尊心自信 [N]. 人民日报, 1991 - 06 - 01.

[16] 历史是最好的教科书——学习习近平同志关于党的历史的重要论述 [N]. 人民日报, 2013 - 07 - 22.

[17] 刘奇葆在推进理论工作"四大平台"建设工作会上强调: 用中国理论回答中国问题 用中国话语解读中国道路 [N]. 人民日报, 2015 - 07 - 29.

[18] 张洋. 习近平在全国宣传思想工作会议上强调 举旗帜聚民心育新人兴文化展形象 更好完成新形势下宣传思想工作使命任务 [N]. 人民日报, 2018 - 08 - 23.

[19] 中共中央政治局召开民主生活会 对照贯彻落实党的十八届六中全会精神 研究加强党内政治生活和党内监督措施 中共中央总书记习近平主持会议并发表重要讲话 [N]. 人民日报, 2016 - 12 - 28.

[20] 调动干部和群众积极性 保证教育实践活动善做善成 [N]. 人民日报, 2013 - 07 - 13.

[21] 习近平在中共中央政治局第七次集体学习时强调: 在践行新发展理念上先行一步, 让互联网更好造福国家和人民 [N]. 光明日报, 2016 - 04 - 20.

五、博士学位论文

[1] 王莉. 当代中国历史虚无主义思潮研究 [D]. 石家庄: 河北师范大学, 2016.

[2] 韩吉木斯. 当代中国历史虚无主义思潮研究 [D]. 呼和浩特: 内蒙古大学, 2017.

后 记

后 记

《历史虚无主义批判：历史、理论和方法》一书是本人在省教育厅人文社科项目基础上取得的研究成果。历史虚无主义是一种带有特定政治倾向的错误思潮，危害甚大。反对和批判历史虚无主义错误思潮，是建构社会主义主流意识形态和维护国家总体安全的必然要求和重要手段。本书从历史、理论、方法三个维度对历史虚无主义批判进行了初步的研究，希冀对这一问题的研究有所深化，有助于读者增强批判错误思潮的理论自觉。

本书的出版，首先，要感谢我在贵州大学攻读硕士学位期间的导师罗玉达教授。先生学识渊博、治学严谨，在短短的求学期间，先生给予了许多指导和帮助，开阔了我的研究视野，使我受益终生。感谢他引领我走上学术研究的道路！

其次，要感谢学界的同仁。20世纪90年代以来，学术界、理论界研究西方社会思潮、批判历史虚无主义的理论成果较为丰硕，增强了历史虚无主义批判研究内容的深度与厚度，为历史虚无主义批判奠定了坚实的理论基础。在写作过程中，本人阅读了大量的论著，如果不参考这些研究成果，本书可能无法做到整体性、宏观性的深入研究，也不能实现历史叙述和价值评判的辩证统一。由于篇幅有限，参考的论著恕不一一列举，在此一并致谢。

再次，知识产权出版社的宋云女士惠纳书稿，为本书的出版穿针引线，做了大量细致工作，另外，责任编辑罗慧博士一丝不苟，认真修改，从框架设计到遣词造句，提出了许多建设性的修改意见、建议，使本书增色不少。在这里我要对两位女士的敬业精神表示衷心的感谢！三明学院财务处、社科处和马克思主义学院的领导和老师对本书出版提供的帮助与方便，使本书得以出版，在此，本人也一并表示衷心的感谢。

最后，我要感谢我的家人。写作期间，我的家人提供了大力支持和充分理解，使我能安心工作，按时完成本书的写作。对家人的宽容、支持、理解，对关心、鼓励和帮助我的师友表示衷心的感谢！

历史虚无主义批判的研究是一个比较宏大的论题，由于本人学识、学力有限，本书的研究肯定会存在一些问题和不足，衷心希望学界同仁和研究者不吝批评指正。

范文文
于 2023 年 2 月